高等职业教育公共基础课教材
根据中共中央国务院《关于全面加强新时代大中小学劳动教育的意见》编写

劳动实务
——高等职业院校劳动教育读本

安鸿章　主编

北京理工大学出版社
BEIJING INSTITUTE OF TECHNOLOGY PRESS

版权专有　侵权必究

图书在版编目（CIP）数据

劳动实务：高等职业院校劳动教育读本 / 安鸿章主编. —北京：北京理工大学出版社，2020.8（2022.9重印）

ISBN 978-7-5682-8617-6

Ⅰ.①劳…　Ⅱ.①安…　Ⅲ.①劳动教育-高等职业教育-教材　Ⅳ.①G40-015

中国版本图书馆CIP数据核字（2020）第110119号

出版发行 / 北京理工大学出版社有限责任公司
社　　址 / 北京市海淀区中关村南大街5号
邮　　编 / 100081
电　　话 /（010）68914775（总编室）
　　　　　（010）82562903（教材售后服务热线）
　　　　　（010）68944723（其他图书服务热线）
网　　址 / http：//www.bitpress.com.cn
经　　销 / 全国各地新华书店
印　　刷 / 定州市新华印刷有限公司
开　　本 / 787毫米×1092毫米　1/16
印　　张 / 15.5　　　　　　　　　　　　　　　　　　责任编辑 / 徐艳君
字　　数 / 351千字　　　　　　　　　　　　　　　　文案编辑 / 曾繁荣
版　　次 / 2020年8月第1版　2022年9月第10次印刷　　责任校对 / 李雪冬
定　　价 / 42.50元　　　　　　　　　　　　　　　　责任印制 / 边心超

图书出现印装质量问题，请拨打售后服务热线，本社负责调换

编写委员会

主　　编： 安鸿章

副主编： 孔　震　贾云飞　王险峰

编　　委：（按姓氏笔画排序）

丁兆永　于　澍　方　俊　刘　佳　刘　艳
许朝雪　陈美玲　李　曼　陆　群　吴　杰
杨佳闻　杨珍明　张春青　张伟伟　范菊雨
屈龙祥　赵　楠　夏　英　温君慧

编委单位

首都经济贸易大学　　　　　　　　吉安职业技术学院
北方工业大学　　　　　　　　　　武汉软件工程职业学院
北京信息职业技术学院　　　　　　湖北城市建设职业技术学院
北京财贸职业学院　　　　　　　　山东交通职业学院
深圳技师学院　　　　　　　　　　威海职业学院
浙江汽车职业技术学院　　　　　　唐山工业职业技术学院
江苏联合职业技术学院武进分院　　唐山职业技术学院
江苏省教育科学研究院　　　　　　辽宁铁道职业技术学院
南京信息职业技术学院

前言 Preface

"劳动是推动经济社会发展的根本力量，是人的本质。"[①]2018年9月10日，习近平总书记在全国教育大会上的重要讲话提出了培养德智体美劳全面发展的社会主义建设者和接班人的总要求。这一提法将劳动教育从以往促进青少年全面发展的途径提升为国民教育体系中与德育、智育、体育、美育并举的重要组成部分。

2020年3月，中共中央、国务院颁布了《关于全面加强新时代大中小学劳动教育的意见》，对新时代大中小学加强劳动教育进行了全面、系统的部署，强调"劳动教育是国民教育体系的重要内容，是学生成长的必要途径，具有树德、增智、强体、育美的综合育人价值。"

2020年6月，教育部印发《高等学校课程思政建设指导纲要》，提出"课程思政建设内容要紧紧围绕坚定学生理想信念，以爱党、爱国、爱社会主义、爱人民、爱集体为主线，围绕政治认同、家国情怀、文化素养、宪法法治意识、道德修养等重点优化课程思政内容供给，系统进行中国特色社会主义和中国梦教育、社会主义核心价值观教育、法治教育、劳动教育、心理健康教育、中华优秀传统文化教育。""深化职业理想和职业道德教育。"

职业教育以努力培养数以亿计的高素质劳动者和技术技能人才为己任。旨在促进学生修养德行，沉淀智慧，积累能力，强壮体魄，健康审美，崇尚劳动，娴熟技能，更是契合了崇尚工匠精神、崇尚劳动、崇尚技能的舆论环境。

---

① 习近平. 在庆祝"五一"国际劳动节暨表彰全国劳动模范和先进工作者大会上的讲话[N]. 人民日报，2015-04-29.

因此，职业院校具有落实劳动教育的天然优势。《关于全面加强新时代大中小学劳动教育的意见》和《教育部关于印发〈大中小学劳动教育指导纲要（试行）〉的通知》（教材〔2020〕4号）均要求，"职业院校以实习实训课为主要载体开展劳动教育，其中劳动精神、劳模精神、工匠精神专题教育不少于16学时。"其实，早在2019年，《教育部关于职业院校专业人才培养方案制订与实施工作的指导意见》（教职成〔2019〕13号）就已经提出"严格按照国家有关规定开齐开足公共基础课程。""结合实习实训强化劳动教育，明确劳动教育时间，弘扬劳动精神、劳模精神，教育引导学生崇尚劳动、尊重劳动。""学校还应当组织开展劳动实践、创新创业实践、志愿服务及其他社会公益活动。"教育部门颁布的高职各专业教学标准中都载明，高职学校"可将党史国史、劳动教育、大学语文、高等数学、公共外语、信息技术、创新创业教育、健康教育、美育、职业素养等列入必修课或选修课。学校根据实际情况开设具有本校特色的校本课程"。

许多职业院校已经先行一步，积极探索。通过劳动教育课程，可以培养学生的劳动精神（含劳动态度、劳动理念、精神风貌），使其成为有素质的劳动者；进而可培养学生的工匠精神（包括爱岗敬业、刻苦钻研、精益求精、追求卓越等），鼓励其成为优秀的劳动者；更进一步的，可以激发学生向劳动模范们学习劳模精神，促使其在工作中爱岗敬业、争创一流、艰苦奋斗、勇于创新、淡泊名利、甘于奉献，成为影响别人的杰出的劳动者。

本教材是融思想性、科学性、实用性于一体的创新教材。教材既体现了劳动教育的思想性——运用马克思主义唯物史观，阐述了全面的、本原的劳动观，把劳动看成包括人类创造世界、改造世界的一切实践活动；又突出劳动科学的系统性——充分彰显了劳动形态的时代发展性，阐明了劳动与人类伦理、劳动与经济、劳动与法律、劳动与劳动关系、劳动与安全等关系，揭示了劳动与每个人的生活与发展息息相关的真理。此外，教材还特别突出了实用性——注意结合当代大学生未来的职业发展和社会生活中可能遇到的各种劳动问题，普及必要的实用的知识。

本教材以培养劳动观念、指导劳动实践、提升劳动能力为基本理念，以培养大学生适应当代社会需要的核心素养和现代职场需要的核心能力为具体要求，以日常生活劳动、服务性劳动、生产劳动能力的培养为教学目标。其主要内容包括：劳动本源与劳动教育、劳动分工与劳动组织、劳动法律与劳动权益、劳动素养修炼与提升等理论知识，教材采取分场景的劳动实践（学校、家庭、社会、职场）方式，介绍了有关通用劳动技能和职业素养的内化训练方法，旨在引导新时代大学生坚定树立马克思主义劳动观，正确认识劳动的现象与本质，正确理解劳动与社会的关系，正确认识与处理中国特色劳动关系，真正懂得劳动创造价值、劳动关乎幸福人生的道理。

——在日常生活劳动教育上，以体力劳动为主，侧重基本生活知识和技能积累，在日常生活劳动实践中学会认知、学会生活、学会生存、学会共处，适应生活环境、适应社会生活。服务家人起居，参与家庭事务管理，达成生活自理，同时树立绿色意识、环保意识，学会美化环境，愉悦心情，使得生活和工作充满希望，提高生活质量。

——在服务性劳动教育上，以智力劳动为主，侧重于用知识、技能、工具、设备等为他人和社会提供服务，以自身劳动成果奉献他人，造福社会，陶冶情操，美化心灵，学会共处、学会奉献、学会担当，增强公益服务意识，培育志愿者精神、奉献精神，增强专业服务意识，强化社会责任，提升技能和人文素养，培育担当精神。通过服务性劳动，推动学生接触社会，深入生活，参加各种社会实践，形成良好的社会风尚；培养大学生为人民服务、为公众谋利益的良好思想品德。

——在生产劳动教育上，集体力、脑力劳动于一体，侧重技术技能训练与积累，分层分步推进，在劳动实践中学会学习、学会工作、学会创造，达成劳动美感、获得感、成就感。培养团队协作精神、创新精神、劳模精神，增强劳动获得感，取得初步的生产经验，扩展生产技术知识，为就业和未来职业发展赋能，增加成就感，同时强化劳动纪律和安全防范意识。

劳动教育是一门实践性很强的课程。除了扎实推进新时代高校劳动教育的课程建设外，各职业院校至少还需要做到以下7个方面"相结合"：即劳动教育与思想政治教育相结合、劳动教育与专业教育相结合、劳动教育与实习实训相结合、劳动教育与社会实践和志愿服务相结合、劳动教育与创新创业教育相结合、高校劳动教育与产教融合相结合、劳动教育与职业生涯教育及就业指导相结合，进一步完善劳动教育体系，将劳动教育融入学校育人各个环节中。

中国特色社会主义伟大事业需要依靠一代又一代中国人的辛勤劳动、接续奋斗来实现。青年有理想、有本领、有担当，国家就有前途，民族就有希望，让我们这代青年人在职场的人生舞台上，通过日常生活劳动、生产劳动和服务性劳动创造社会财富，创造美好人生。

安鸿章[①]
2020年7月

---

① 安鸿章（1949— ），中国劳动学会原常务理事，我国著名劳动经济学专家，首都经济贸易大学教授。

目 录 Contents

第一部分　认知劳动世界

模块一　劳动本源与劳动教育 ········· 2
　主题 1.1　劳动的基本概念和价值 ········· 3
　主题 1.2　马克思主义劳动观 ········· 9
　主题 1.3　中国劳动教育的前世今生 ········· 15

模块二　劳动分工与劳动组织 ········· 22
　主题 2.1　劳动者和人力资本开发 ········· 23
　主题 2.2　社会劳动分工 ········· 32
　主题 2.3　劳动基本制度 ········· 42

模块三　劳动法律与劳动权益 ········· 48
　主题 3.1　劳动法律法规 ········· 49
　主题 3.2　劳动合同及权利保障 ········· 54
　主题 3.3　顶岗实习权益 ········· 61

模块四　劳动素养与劳动精神 ········· 66
　主题 4.1　劳动精神和劳动纪律 ········· 67
　主题 4.2　工匠精神和技能成才 ········· 75
　主题 4.3　劳模精神和劳动素养 ········· 82

第二部分　培养劳动能力

模块五　学校劳动实践 ··· 92
- 主题 5.1　校园清洁和环保行动 ·· 93
- 主题 5.2　义务劳动和勤工助学 ·· 101
- 主题 5.3　专业服务和创新劳动 ·· 108

模块六　家庭劳动实践 ··· 114
- 主题 6.1　自我服务劳动 ··· 115
- 主题 6.2　日常生活劳动 ··· 119
- 主题 6.3　日常家务劳动 ··· 125

模块七　社会劳动实践 ··· 135
- 主题 7.1　社会实践和社会调查 ·· 136
- 主题 7.2　社区劳动和志愿服务 ·· 144
- 主题 7.3　农工商生产劳动实践 ·· 150

模块八　职场劳动实践 ··· 158
- 主题 8.1　劳动保护和职场安全 ·· 159
- 主题 8.2　顶岗实习和现场管理 ·· 171
- 主题 8.3　角色转换和职场适应 ·· 179

第三部分　提升职业素养

模块九　弘扬职业精神 ··· 194
- 主题 9.1　恪守职业道德 ··· 195
- 主题 9.2　树立职业意识 ··· 201
- 主题 9.3　担当职业责任 ··· 207

模块十　提升职业素养 ··· 214
- 主题 10.1　洞悉职场和职业人 ··· 215
- 主题 10.2　努力追寻人职匹配 ··· 222
- 主题 10.3　培养终身学习习惯 ··· 228

参考文献 ··· 236

第一部分

认知劳动世界

◆ 劳动本源与劳动教育
◆ 劳动分工与劳动组织
◆ 劳动法律与劳动权益
◆ 劳动素养与劳动精神

模块一

劳动本源与劳动教育

导读导学

　　劳动是人类社会生存和发展的基础，是人维持自我生存和自我发展的唯一手段。恩格斯指出，"劳动是整个人类生活的第一个基本条件，而且达到这样的程度，以致我们在某种意义上不得不说：劳动创造了人本身"。

　　人类的劳动是体力与智力的结合。随着生产力的发展和人们认识水平的提高，体力劳动和智力劳动渐渐分离。但是，体力劳动和脑力劳动作为一个整体不可分割，二者只是分工不同，没有高低贵贱之分。新的时代，人类劳动的形态已经发生了许多巨大的变化。虽然随着人工智能时代的到来，大部分可以自动化的机械性劳动都可以被替代，但是在新时代体力劳动仍然是不可或缺的。体力劳动仍然是人们维持日常生活所必备的一种基本能力，体力劳动在培养我们的好奇心、想象力和批判性思维方面的作用是不可替代的。

　　新时代重提劳动教育是对劳动教育的认识回归本质，既有马克思主义"教劳结合"思想的引领，又有"耕读传家久"的传统，高职院校的学生应该把技能与劳动精神、工匠精神、劳模精神、职业精神相结合、社会实践与责任担当相结合，树立"大劳动观"，拓展劳动的广度与深度，重构个体与他人、社会和自然的关系，立志成长为一名爱劳动、会劳动、会感恩、会助人的德智体美劳全面发展的社会主义建设者和接班人。

　　本模块主要包括劳动的基本概念和价值、马克思主义劳动观、中国劳动教育的前世今生等。通过学习引导大学生树立科学的劳动观、积极培养自己吃苦耐劳、埋头实干的劳动精神，形成在劳动实践中发现问题、展开研究、整合知识、解决问题，变单一的体力劳动为具有思维含量的创造性劳动的意识，让劳动教育落地生根，开花结果；让劳动教育凸显实效，绽放魅力；让劳动教育为学生的终身发展和人生幸福奠基。

主题1.1 劳动的基本概念和价值

学习目标

1. 深入理解劳动的定义和价值，端正对劳动的认识。
2. 加深对辛勤劳动、诚实劳动、创造性劳动的认识。
3. 养成热爱劳动、尊重劳动、崇尚劳动的态度。

引入案例

> ◎哲人隽语
>
> 劳动，不仅仅意味着实际能力和技巧，而且首先意味着智力的发展，意味着思维和语言的修养。
>
> ——苏霍姆林斯基

大学生掏粪工上岗 经严格考核脱颖而出

掏粪工这个入不了很多人法眼的职业，却在济南市环卫局出现了激烈竞争的火爆场景。

2018年3月3日，5名大学生掏粪工正式签约拜师，他们分别来自济南大学、沈阳建筑科技大学、山东经济学院和山东政法大学。3男2女，有4人是本科学历，1人是大专学历，其中两名还是党员，5人是从391名报考者中"脱颖而出"的。

据了解，此次被录取的王延峰、邢鸿雁就出自"掏粪世家"：王延峰的姥爷是著名的全国劳模掏粪工人时传祥，爷爷曾是肥料厂工人，父亲是掏粪工，而邢鸿雁的父亲也是掏粪工。

分析： 作为高校大学生，竟然能主动"降低身份"竞聘掏粪工，从事最脏、最累的工作，不仅是对劳动无贵贱、劳动最光荣的最好诠释，更是对时传祥"宁可脏一人，换来万家净"精神的最佳传承，尤其出自"掏粪世家"的两位大学生王延峰、邢鸿雁。这也是"时传祥精神"所体现出的时代性、民族性和社会性。

一、劳动的概念和分类

劳动是人类社会存在和发展的最基本的条件，劳动在人类形成过程中，起了决定性的作用。劳动是人类的本质特征，社会上一切的物质财富与精神财富都来源于劳动，可以说，没有劳动，就没有人类的生活。

劳动是人类特有的，为满足自身的物质和精神需要，有目的地调整及控制人和自然界之间的物质变换过程的一种改变自然物的社会实践活动。恩格斯在《劳动在从猿到人转变过程中的作用》一文中指出：在一定意义上说，"劳动创造了人本身"。所谓劳动是指人们运用一定的生产工具，作用于劳动对象，创造物质财富和精神财富的有目的的活动。

按照劳动复杂程度，我们可以把劳动分为简单劳动和复杂劳动两大类。简单劳动是在一定的社会条件下不需要经过特别的专门训练，每个普通劳动者都能从事的劳动。而复杂劳动是"简单劳动"的对称，需要经过专门学习和训练，从而在技术上比简单劳动复杂的劳动。它等于强化了的简单劳动。

根据劳动所依靠的主要运动器官的不同，我们可以将劳动划分为体力劳动、脑力劳动、生理性劳动。体力劳动是指以人体肌肉与骨骼的劳动为主，以大脑和其他生理系统的劳动为辅的人类劳动。脑力劳动是指以大脑神经系统的劳动为主，以其他生理系统的劳动为辅的人类劳动。生理性劳动是指除了体力劳动和脑力劳动以外的其他形式的人类劳动。

一般的人类劳动由脑力劳动、体力劳动与生理性劳动按照不同的比例关系组合而成。通常意义上的脑力劳动是指那些脑力劳动占主要比例的复合劳动，体力劳动是指那些体力劳动占主要比例的复合劳动，生理性劳动是指那些生理性劳动占主要比例的复合劳动。例如，人口的生产过程虽然以生理性劳动为主，但也伴随着一定的体力劳动和脑力劳动。

劳动具有两重性，即具体劳动和抽象劳动。抽象劳动是指撇开劳动的具体形式无差别的人类劳动。抽象劳动没有质的差别，只有量的差别。抽象劳动是价值的源泉，但抽象劳动不等于价值，抽象劳动只有凝结到商品中才能形成价值。具体劳动（又称为有用劳动）创造商品的使用价值，抽象劳动是撇开劳动的具体形式的无差别的人类一般劳动。抽象劳动是商品价值的唯一源泉，在价值中不包括任何一个自然物质的原子。

二、劳动的价值

劳动是创造物质世界和人类历史的根本动力，劳动、劳动者神圣光荣。劳动是一切社会财富的源泉，按劳分配是合乎正义的分配原则，不劳而获、少劳多得可耻不义。劳动价值是由人类自身机体所产生的，是人的劳动能力的价值体现，是由人在劳动过程中所释放出来的。

（一）劳动创造人类

劳动是人类适应自然和改造自然的独特方式。恩格斯说："首先是劳动，其次是语言和劳动一起，成为猿人发展的主要推动力，猿的脑髓逐渐变成了人的脑髓。"劳动创造智慧，智慧创造生产工具。人发明制造劳动工具让劳动创造获取更多的价值。如果没有劳动，便没有发明与创造，那样人类社会将永远停留在原始、野蛮的古代社会，根本不会创造出现在如此灿烂辉煌的物质财富和精神财富。劳动是人类生存的需要，也是安全的需要、爱的需要、发展的需要，是人最后自我实现的需要。

（二）劳动开发思维

人类的思维活动离不开实践活动，而智力的核心是思维能力。实践活动既有学习活动，又有创造活动，而劳动正是兼有学习与创造这两个功能。例如，在劳动中，往往会使大学生遇到课堂上、书本里没有的问题，这就会引起大脑思维的需要，大学生就要对劳动的结果有所预想，就要设计达到目的的过程。当大学生克服劳动中的困难，解决了劳动中的问题，看到了自己的劳动成果，便会获得成功的喜悦，这将进一步激发他们的求知欲，增进学习兴趣，促进智力发展。而这一过程在其他活动中是难以实现的。

（三）劳动培养吃苦耐劳精神

劳动不仅是一种生活体验，也是锻炼我们动手能力、社会实践能力的重要途径，更是培养我们尊重劳动、勤俭节约、劳动光荣等价值观的重要方式。虽然现在大学生就业不难，可是最让学校老师和企业头疼的是有相当多的大学毕业生在企业里干不了几天，就辞职走人。他们受不了一点苦,没有坚定的意志,缺乏吃苦耐劳的精神。因此,大学生在学校时就应多参与一些力所能及的劳动,在活动中要乐于吃苦,勇于自我挑战,使自己敢于吃苦,乐于吃苦,从而培养吃苦耐劳的劳动精神。随着社会的进步、科学的发展,大学生在未来社会所从事的劳动越来越依靠智力而不是体力。尽管如此,基础劳动总是必需的,脑力劳动不会完全替代体力劳动。

(四)劳动培养责任意识

劳动是衡量一个人综合素质的最后形式,通过劳动教育,人的道德、知识、能力、素质可以得到全面、综合的提升和展示。通过劳动教育,有助于培养大学生独立自主的生活生存能力;有助于增强大学生的公民意识和社会责任感。国内外大量的调查研究证明,从小养成劳动习惯,长大后更可能具有责任心,也更容易适应家庭生活和职场工作的需要,而不爱劳动的人恰恰相反,他们更可能成为生活与职场的失败者。

案例 1-1

从洗马桶到世界旅馆业大王

一个年轻人在一家星级酒店得到了他的第一份工作——在卫生间清洗马桶。他因此心灰意冷,十分消沉。难道自己的人生就从马桶开始,沿着马桶一直走下去吗?

这时,一位前辈适时地出现在年轻人的面前。长者什么多余的话都没说,亲自动手清洗马桶示范给他看。年轻人漫不经心地站在旁边瞧着。等清洗完毕,马桶内外光洁一新。长者从马桶里盛出一杯水,当着年轻人的面一饮而尽。这杯不同寻常的水,给了这位年轻人极大的震撼!

从此,这位洗马桶的年轻人仿佛脱胎换骨,每天兢兢业业地踏实工作,工作质量达到了无可挑剔的程度。终于有一天,他也可以从自己洗过的马桶里盛出一杯水,眉头不皱地喝下去……

这位年轻人就是后来的世界旅馆业的大王——赫赫有名的康拉德·希尔顿。

(五)劳动培养劳动价值观

思想决定行动,树立什么样的劳动价值观很重要,直接影响着人们对劳动的态度和行为。教育的本质是培养人,从人的发展视角来看,其根本目的就是全面提高劳动者的素质,为了实现这一目的,每个人必须克服轻视劳动教育的观念,把劳动教育提高到全面贯彻教育方针的高度来认识。劳动教育是德育、技术意识、创新意识和文明意识相互作用与统一的一门课程,它具有其他学科不可替代的育人的功能。新时代劳动教育是中国特色社会主义教育制度的重要内容,直接决定大学生作为社会主义建设者和接班人的劳动精神面貌、劳动价值取向和劳动技能水平。因此要重视大学生的劳动教育。树立正确的劳动观,以劳动为荣,把劳动当作一种乐趣融入物质和精神生活之中。

(六)劳动是个人和家庭幸福的源泉

幸福是个人由于理想的实现或接近而引起的一种内心满足。追求幸福是人们的普遍愿望。幸福不仅包括物质生活，也包括精神生活；幸福不仅在于享受，而主要在于劳动和创造。在科学技术日新月异的未来社会，要求大学生必须具备多方面、多层次的劳动能力和勤奋工作的态度才能适应。不论将来从事什么工作，都需要有动手的技能技巧，这与知识的掌握既有联系又有区别。如果大学生在成长过程中就珍惜动手机会，有意识地培养训练自己的动手动脑能力来解决生活中的问题，久而久之，就会使自己形成动手动脑的好习惯，在未来社会中便能很好地适应生活和工作的需要。正如习近平总书记提出的：劳动是财富的源泉，也是幸福的源泉。人世间的美好梦想，只有通过辛勤劳动、诚实劳动和创造性劳动才能实现；发展中的各种难题，只有通过劳动才能破解；生命里的一切辉煌，只有通过辛勤劳动和诚实劳动、创造性劳动才能铸就。

三、辛勤劳动、诚实劳动和创造性劳动

习近平总书记强调："要在学生中弘扬劳动精神，教育引导学生崇尚劳动、尊重劳动，懂得劳动最光荣、劳动最崇高、劳动最伟大、劳动最美丽的道理，长大后能够辛勤劳动、诚实劳动、创造性劳动。"劳动创造历史，劳动开创未来，劳动改变了我们的生活。用劳动创造美好生活，是历史的逻辑，是时代的诉求，也是未来的召唤。

（一）辛勤劳动

辛勤劳动指勤劳且肯于吃苦的劳动，它是推动社会发展的不竭动力。辛勤劳动创造了中华民族的辉煌历史，铸就了新中国成立 70 年来的伟大成就。我国广大的劳动者用自己的双手推动中国取得了举世瞩目的伟大成绩，赢得了举足轻重的国际地位，在科技日新月异、国际竞争日趋激烈的今天，广大劳动者的辛勤劳动、奉献与奋斗，关系到国家和民族的未来，更关系到亿万中国人民的光荣与梦想。无论科技进步、知识更新到何种程度，辛勤劳动依然是我们每个人实现梦想必须依靠的。展望未来，实现中华民族伟大复兴的中国梦，同样离不开全体中国人民的辛勤劳动。如今，我国正处于新时代中国特色社会主义时期，社会不断发展，经济稳步向前，人民的生活水平也越来越高，但是距离人民对美好生活的需求还有很大差距，要缩短差距必须依靠全国人民的辛勤劳动和共同奋斗。作为新时代的大学生，更应该牢固树立"以辛勤劳动为荣，以好逸恶劳为耻"的观念，并将其落实到实际行动上，用自己的劳动为中华民族的伟大复兴添砖加瓦。

案例 1-2

铁人王进喜与铁人精神

新中国成立后，广大人民成了国家的主人，劳动热情倍增。振兴中华，改变祖国一穷二白的落后面貌，成了人民群众共同的愿望和行动。被称为"铁人"的王进喜（见图 1-1 和图 1-2）就是胸怀祖国、发愤图强的一代工人的典型。

图 1-1　王进喜和同事们卸钻井机

图 1-2　用身体当搅拌机制服井喷

王进喜本是玉门石油矿普通工人，可他一心为国分忧。他看到汽车没油烧，在车顶上放着大大的煤气包，靠烧煤气行驶。他难过得吃不好、睡不着，心想："我是石油工人，现在国家缺油，我有责任啊！"不久，他被调到大庆，参加开发新油田的会战，他兴奋得像有使不完的劲儿，恨不得一拳头砸出一口井来。没有住房，他和大家住在刚打垒的简易棚子里，吃冷饭，睡地铺。钻井机到了，可没有吊车下不了火车，他一声呐喊，带着工人用绳子拉，肩膀顶，终于把机器卸下来运到工地。第一座井架竖起来了，没有水灌井，他和工人们用脸盆、水桶，硬是把水一盆一桶地弄来，争分夺秒地开了钻。发生井喷事故时，没有搅拌机，他纵身跳进泥浆池，用身体搅拌。他为什么要这样做？为的是尽快打出石油，改变祖国石油工业落后的面貌。

因为常年劳累，饮食没有规律，王进喜得了严重的胃病，经常疼得不能入睡。可他说："为了拿下大油田，我宁可少活20年！"正是这种铁人精神，正是这种为国忘我的劳动，使得大庆油田很快建成了，使我国摘掉了石油工业落后的帽子。

（二）诚实劳动

所谓"诚实劳动"，是指在各种法规、各项政策允许的范围内所从事的各种有益于社会发展的体力劳动和脑力劳动。如从事工农业生产，商业服务，科研和文教卫生工作，以及社会咨询、信息传播等。同时，"诚实劳动"又是指劳动者以主人翁的态度对待劳动的一种道德规范。它具体表现为：每一个有劳动能力的人都应该把为社会而劳动看作自己应尽的职责和神圣的义务，尽己所能地从事劳动；在劳动中发扬首创精神，不墨守成规，不满足现状，善于吸收各时代、各民族、各国的先进思想，敢于在前人、他人成果的基础上努力学习，掌握最新的科学技术，使用最先进的科技装备。诚实劳动应该是每个劳动者必须具备的优良品质。当今社会，人们的思想和文化都呈现出多元化、多样性的特点，诚实劳动就显得更为重要。只有通过诚实的劳动，才能改变自己的命运；也只有具备诚实的品质，才能真正体会生活的意义和获得他人发自内心的尊重。一个诚实的劳动者，必定于己无愧，于人无损，于国有益。"诚实劳动"的本质特征是自觉的工匠精神。

（三）创造性劳动

创造性劳动，即通过人的脑力劳动萌发出技术、知识、思维的革新，从而高效提升劳动效率、产生出超值社会财富或成果的劳动。创造性劳动是建立在开放性思维和挑战性实践的基础之上的，不仅仅是靠激情、靠运气、靠蛮干，而是要以扎实的学识和技能为其逻辑支点的。创造性劳动就是一种巧干，这种巧干，在具体的生产实践中能起到事半功倍，甚或以一当十的经济效益。

 总结案例

最美清洁工 20 年未过春节

新春佳节家家户户燃放烟花爆竹，欢度春节，却给环卫工人增加了繁重的工作量，他们的工作量比平常至少增加了两三倍。李萍叶是七里河城管局清扫所清扫二站的环卫工人，她当环卫工人 20 多年来，每年春节基本上都在马路上清扫垃圾。

春节期间，每天李萍叶都把闹铃调到凌晨 3 点钟，从安西路的家骑车 10 余分钟，抵达负责的清扫路段。大年三十由于燃放的烟花爆竹比较多，她和同事们早晨 2 点钟就开始出动了。以往上最早班时一天能清扫两三车垃圾，春节期间，经常一天就能扫五六车垃圾，除夕和元宵节还要多。

烟花爆竹遍地开花，纸屑和残渣随风乱飘，有些还刮到了绿化带里，清扫难度也增大了。经常还会有前脚刚扫完，后面又燃放鞭炮的情况发生，她们只好回过头去再扫，从早到晚要来来回回扫好多遍。

（资料来源：《西部商报》，2020-1-30，有删节）

分析： 平凡的工作，更需要坚守。美好的城市环境，正是来自一位位普通的清洁工的辛苦劳动。正是出于对工作的热爱，对劳动的热爱。工作虽然辛苦，但李萍叶和同事们的内心是快乐的。当代大学生是祖国的未来，民族的希望，更需要这种坚守平凡岗位、努力工作的精神和毅力。

 课堂活动

关于"大学生快递脏衣服回家"现象的调研

一、活动目标

通过调研让学生充分认识到劳动的意义和价值，热爱劳动，崇尚劳动，积极参加劳动。

二、活动时间

一周时间。

三、活动流程

（1）教师向学生说明调研的背景和现象。

2014 年 3 月 9 日全国两会新闻中心举行的网络访谈中，国家邮政局市场监管司副司长说，高校的快递业务有很大一部分来自学生把积攒一段时间的衣服寄回家去，家里洗完之后再通过快递寄回来。

"大学生将脏衣服快递回家洗"的现象折射出家庭教育与社会教育的偏失，大学生寄脏衣服回家洗，虽然不是普遍现象，但一些家长、教师和学校急功近利，往往从孩子小时候就对他们的衣食住行全部代为操办，从而造成大学生独立生活能力的逐步缺失。

由于父母过度溺爱造就的"小皇帝""小公主"越来越多，甚至出现了很多没有"断奶"的大学生。除了邮寄脏衣服的，甚至还有父母买张机票将自己"邮寄"到孩子宿舍，给孩子洗完衣服后，再把自己"邮寄"回家。

（2）教师将学生按照4~6人划分小组，以小组为单位进行调研。

（3）调研结束后，每个小组形成一份调研报告。

（4）每组推选一人陈述本组调研报告，其他小组可以对其提问，小组内其他成员也可以回答提出的问题；通过问题交流，将每一份调研报告中的问题都弄清楚。

（5）教师进行归纳、分析，总结发生这种现象背后的原因，引导学生如何从自身做起，拒绝此类行为的发生。

（6）教师结合调研报告和整个活动过程中各组表现对每个小组予以赋分。

主题1.2　马克思主义劳动观

◎哲人隽语

劳动创造世界。

——马克思

学习目标

1. 理解马克思主义劳动观的概念和内涵。
2. 在日常生活和学习中积极尝试树立正确劳动观的方法。
3. 树立正确的劳动观，了解正确的劳动观对自身的意义。

引入案例

行行出状元　快递小哥评上杭州高层次人才

快递小哥李庆恒，被评定为"高层次人才"，获得100万的政府补贴的新闻火了。

只有高中学历的他，在普通人眼里，高层次人才跟他就是截然对立的两面。作为90后的李庆恒，高中毕业后就独自开始闯荡社会，在不起眼的快递行业已工作5年。

从客服岗到一线快递员工，李庆恒的能力也在不断提升，真所谓厚积薄发。在被领导看到娴熟的业务能力后，李庆恒被指派参加了快递员有奖比赛，这也是他第一次参赛，却捧回了一个奖杯。此后，每年的比赛他都会参加，即使在最难的环节，李庆恒也能带领团队突破难关，结果就是奖励证书铺满了整个桌子。

而在浙江省第三届快递职业技能竞赛中，李庆恒更是带领团队拿下了金牌大奖，由于此次比赛的含金量较高，李庆恒最终获评杭州市高层次人才。

分析：随着快递业的迅猛发展，需要从事的快递员越来越多，对技能的要求也越来越高。俗话说："三百六十行，行行出状元"，李庆恒的热情和努力，为他带来了许多荣誉和奖金，而这些荣誉和奖金是支撑他继续前行的力量。新时代大学生，应该树立正确的劳动观，干一行，爱一行，在喜欢的领域努力钻研，终有出彩的一天！

一、劳动观的概念

人们在劳动的过程中，总会形成对劳动的看法和认识，这就是劳动观。劳动观反映着劳动者对劳动的态度，决定着劳动者在劳动过程中的行为。劳动观作为意识形态领域的内容，与人生观、世界观是一脉相承的，劳动观生动地反映着人生观、世界观。随着经济的发展和科技的进步，劳动被赋予新的内涵。只有树立正确的劳动观，才能让自己更好地懂得尊重劳动人民，更好地珍惜自己的劳动成果，并以热情饱满的劳动态度积极投入到社会劳动生产过程当中，从而不断提高劳动生产率，为社会创造出更加丰富的社会物质财富，同时能够促进个人的全面发展。

一个人只有树立了正确的劳动观，才能自觉强化劳动意识，用双手和智慧去创造人生，实现自己的理想，并对人生观、世界观的形成起到积极的作用。

二、马克思主义的劳动观

马克思（见图1-3）认为，"全部人的活动迄今都是劳动"。劳动是马克思思想体系中的核心观念，是马克思主义理论研究的基础。马克思把劳动比喻成整个社会为之旋转的太阳，劳动是人类生存的本质，人类的发展过程就是劳动的发展史。马克思主义对于劳动的论述，主要体现为劳动本质论、劳动价值论以及劳动解放论。

（一）劳动本质论

"人的本质"是什么，一直是困扰哲学界的一个重要命题。马克思主义认为劳动是人的本质，人的本质是一切社会关系的总和。

第一，劳动创造了人本身。恩格斯在《劳动在从猿到人转变过程中的作用》一文中，详细描述了劳动在人类从猿进化为人的过程中的作用。会使用和创造劳动工具把人类社会与猿群世界得以区分开来。劳动使人学会直立行走，并且劳动还创造了语言。

第二，劳动创造了人类生活。马克思、恩格斯（见图1-4）在《德意志意识形态》中明确地指出："全部人类历史的第一个前提无疑是有生命的个人的存在。"而这"有生命的个人"之所以能够存在，最主要的是因为他们能通过自己的劳动来创造和生产物质生活资料。因此，"第一个需要确认的事实就是这些个人的肉体组织以及由此产生的个人对其他自然的关系"。劳动的过程就是人通过自身的劳动作用于自然的过程，是人的本质力量与自然之间的一种物质交换过程，正是"通过实践创造对象世界，改造无机界，人证明自己是有意识的类存在物，就是说是这样一种存在物，它把类看作自己的本质，或者说把自身看作类存在物。"

图1-3 马克思

图1-4 恩格斯

第三，劳动是一切价值的创造者。马克思认为，"劳动是一切价值的创造者。只有劳动才赋予已发现的自然产物以一种经济学意义上的价值"。恩格斯在《自然辩证法》中也同样有着明确的表述，"其实，劳动和自然界在一起它才是一切财富的源泉，自然界为劳动提供材料，劳动把材料变为财富。但是劳动的作用还远不止于此。它是一切人类生活的第一个基本条件，而且达到了这样的程度，以致我们在某种意义上不得不说：劳动创造了人本身"。劳动是人类创造物质和精神财富的活动。

第四，劳动创造了社会关系。劳动不仅创造了人与自然的关系，劳动还形成了人与人之间（即"劳动资料的占有和使用关系，劳动的分工和协作关系，劳动产品的交换、分配和消费关系等"），以及人与主观意识之间的关系，而这些关系成为人类社会的基本关系。社会是人类劳动的产物，是劳动活动的展开形式，也必将随着劳动的发展而发展。

（二）劳动价值论

劳动价值论是马克思关于劳动创造商品价值及商品生产、交换遵循价值规律的理论，它详细阐述了商品经济的本质和运行规律。

（1）生产商品的同一劳动划分为具体劳动和抽象劳动，具体劳动创造商品的使用价值，抽象劳动创造商品的价值。而具体劳动与抽象劳动是生产商品劳动的两种形态，是同一劳动的两个不同方面，不是生产商品的两次劳动。

（2）抽象劳动内在的属性是生产商品过程中人类脑力或体力的支出（人类的一般劳动），其外在的属性则是生产商品创造价值的劳动，其抽象劳动创造的价值则是商品经济社会特有的经济特征。马克思认为，在一切社会状态下，劳动产品都是使用物品，但只是历史上一定的发展时代，也就是生产一个使用物品耗费的劳动表现为该物的"对象的"属性，即它的价值的时代，才使劳动产品转化为商品。

（3）抽象劳动内化为商品的价值，外化为商品的交换价值。正如马克思所述："我们实际上也是从商品的交换价值或交换关系出发，才探索到隐藏在其中的商品价值。"这种体现着商品生产者之间平等交换劳动的社会关系正是以抽象劳动为内核。

（三）劳动解放论

劳动解放论是从劳动本质论和劳动价值论中得出的对科学社会主义的深刻表述，认为劳动的发展过程推动了人类史当中在自然和社会两方面的不断解放。劳动解放首先是人类的智力的提高过程，是劳动工具的改进与经济形态的创新，而不是一种简单的政治行为或者政权的归属问题。其次，劳动者解放程度是衡量社会文明的尺度和标准，对于劳动与劳动解放程度的促进或者倒退、保护或者破坏等，直接反映出社会的政治体系与制度模式的优劣。总之，劳动者解放是全人类的共同使命，一切社会制度都必须遵从并致力于劳动者的社会解放。

知识链接

习近平总书记关于劳动观的讲话

三、如何树立正确的劳动观

习近平总书记一直尊重劳动、关心劳动者。党的十八大以来，他在多个场合多次围绕劳动价值、弘扬劳动精神、构建和谐劳动关系等内容进行深刻阐述，内涵丰富、思想深邃。他指出"劳动是财富的源泉，也是幸福的源泉"，强调人类是劳动创造的，社会是劳动创造的。劳动是伟大、光荣、崇高的重要结合体，是美丽的代名词，是推进社会发展和前进的动力。因此，让全社会特别是青年学生树立正确的劳动观，尊重劳动、崇尚实干，对于实现中华民族伟大复兴的中国梦具有重要意义。

（一）树立正确的劳动观，就要善待自己劳动的岗位

劳动的一个重要特性就是平等性，意思是说劳动虽然有分工、专业、条件和环境等诸多方面的差别，但就劳动本身而言，是没有高低贵贱之别的。因此，不管是从事体力劳动，还是从事脑力劳动；不管是从事简单工作，还是从事复杂工作；也不管是从事重要工作，还是从事一般性工作，性质都是一样的，其地位都是平等的。只有理解了这一点，才能客观地看待自己劳动的岗位，愉快地服从组织分配的任何工作，在本职岗位上建功立业，用辛勤劳动实现"我的梦"进而助推"中国梦"的早日实现。

案例 1-3

努力赢得机会　实现儿时梦想

2017 年，王圆毕业于一所高职院校的护理专业，经过双向选择于 2017 年 8 月成为北京某三甲医院的一名护士，2018 年还被单位评选为优秀护士。

做一名白衣天使是王圆儿时的梦想，所以高考结束后她就报了护理专业。从开学第一课她知道了学校对优秀学生提供到北京的知名三甲医院见习和实习的机会。为了让自己变得优秀，在校学习期间，她除了认真学习护理专业基础课和核心课外，对于各种拓展课和实践课，她也是尽量多抽出时间参与。对于班级组织的各种劳动实践课和公益活动她都积极参与，尽自己所能承担更多的工作，任劳任怨，获得了老师和同学们的一致好评。大一暑期王圆参加了学校组织的医院和康养机构见习，通过两周的学习，她对自己未来的工作有了更清晰的认识，对护士的辛苦工作也有了更多的了解。大二学业结束后，她凭借优秀的成绩进入了北京某三甲医院成为一名实习护士。在实习期间，因为王圆工作认真细致、娴熟的业务操作能力、病人满意度高，她击败了很多本科生成为一名正式护士。

（二）树立正确的劳动观，还要充分认清劳动与财富之间的关系

劳动不但创造着有形的物质财富，也在创造着无形的精神财富，劳动在丰富物质生活的同时，也在塑造着劳动者的精神世界。正确的劳动观，是既重视物质财富的产出，又重视精神财富的产出；既重视物质上的回报，又重视精神上的满足。树立正确的劳动观，就应该把国家利益和人民利益举过头顶，以集体利益为重，自觉强化奉献意识，用辛勤劳动书写报效祖国的忠诚。

（三）树立正确的劳动观，就要坚信劳动价值，养成热爱劳动的良好习惯

劳动是人类的本质活动，劳动光荣、创造伟大是对人类文明进步规律的重要诠释。青年作为我国社会主义事业建设的希望和栋梁，要让其身体力行地践行劳动观，不断充实自我。作为新一代青年大学生，只有牢记初心、不忘使命，对工作保持一如既往的干劲儿，

才能永葆奋斗品质，为祖国建设添砖加瓦，为实现中华民族的伟大复兴和现代化强国贡献力量。

四、树立正确劳动观的重要意义

（一）有助于培养热爱劳动的美德

马克思说过：体力劳动是防止一切社会病毒的伟大消毒剂。脑力劳动者参加一些体力劳动，晒晒太阳，活动筋骨，是有利于身心健康的。向社会提供劳动，获得自己生活的权利，是光荣的生存方式。树立正确的劳动观，坚持劳动正义感，在社会上广泛传播正能量，有助于促进我国社会的和谐发展，是实现中华民族伟大复兴、全面实现共产主义事业的推进器。

（二）劳动是通向成功、实现理想的必由之路

青春是用来奋斗的。劳动最光荣。劳动是财富的源泉，也是幸福的源泉。再宏伟的目标、再美好的愿景，只有靠脚踏实地的诚实劳动、勤勉工作，才能一步步变成现实。全面建成小康社会，进而实现中华民族伟大复兴的中国梦，必须依靠知识，必须依靠劳动，必须依靠广大青年。广大知识分子、劳动群众、青年要紧跟时代、肩负使命、锐意进取，把自身的前途命运同国家和民族的前途命运紧紧联系在一起，努力为共同理想和目标而团结奋斗。

（三）有助于形成积极向上的就业创业观

一些大学生在毕业就业过程中容易形成眼高手低的择业观念、不能胜任工作等问题，只有树立正确的劳动观，才能形成积极向上的就业观和创业观。正确的劳动观能够培养大学生优良的品质，实现大学生的积极就业。正确的劳动观能够帮助大学生正确认识社会劳动分工的本质，消除劳动差别观，建立劳动平等观，促进他们积极基层就业，加强锻炼，为以后的发展奠定良好基础。正确的劳动观能够培养大学生吃苦耐劳的劳动精神和创新精神，促进他们的自主创业。

（四）可以使生活丰富而充实

"劳动是世界上一切欢乐和一切美好事情的源泉。"这是高尔基对劳动的诠释，也是劳动的真谛。生活中，劳动必将是一笔难得的人生资源和财富。人生的绚丽和精彩都是在不断劳动中、勇于创造的过程中写出来的。劳动能使我们消除不必要的忧虑和摆脱过分的自我注意，使生活内容丰富而充实。劳动的成功与成果，可使我们认识到自己生存的价值，因而对生活充满信心。

（五）有助于促进自身全面发展

大学生作为社会主义建设者和接班人，他们的全面发展对实现中华民族伟大复兴中国梦有着重要的作用。合格的建设者和接班人本质上是"以劳动实现中国梦"的劳动者，既是辛勤的劳动者，也是敬业的劳动者，更是创造性的劳动者。树立正确的劳动观，有利于他们在劳动中增强体魄、磨炼意志、提升人格品质，实现以劳树德、以劳增智、以劳健体、以劳育美的目标。

总结案例

从贫困生到营收千万的公司 CEO

他是中南财经政法大学一名大四学生，同时也是武汉爱鲸科技有限公司创始人、武汉华清捷利科技发展有限公司 CEO。几年时间，李金龙从为生活费发愁，到年营收数千万公司 CEO。2020 年，正当很多应届毕业生开始为自己毕业后的工作而苦恼时，同样是应届毕业生的李金龙要想的却是如何带领他的公司发展得更快。

李金龙出生在甘肃陇西的一个偏远山村，从小家境贫寒，父亲在镇上开了一家兽药铺，以此维持一家人的生计。六岁那年，他不慎使自己的右眼受伤导致很难看清书上的字，虽然视力带给了他很多学习上的不便，但他还是凭努力考入了中南财经政法大学公共管理学院。入学后的李金龙想要通过自己的努力尽可能地减轻家里负担，于是通过开培训班、做驾校代理等方式赚钱贴补家用。

2016 年，考入大学的李金龙，开过培训班、做过驾校代理，而真正意义走上创业道路，机会来自于一次调研。在调研中，作为班长的他不仅每天晚上要安排调研行程和对接社区，还要说服同学克服早起和期末复习的困难。那时的李金龙几乎每天都要工作到夜里一两点钟，也正是这次社区调研让老师看到了李金龙出色的能力和坚强的意志。于是老师把李金龙推荐给当时正在创业的师兄们，李金龙开始和他们一起创业。

在师兄们的带领下，李金龙开始负责运营更多的项目，涉及在线教育、社会调查、智能洗护设备等多个领域，并且和师兄一起开始了新的创业项目——智慧校园，该项目主要以共享洗衣机的刚需聚拢流量、搭建智慧校园生态，设备已从最初的 15 台发展到 7 000 余台，公司营收超过千万。

"大二上学期买了车，大三上学期买了房。"李金龙凭借自己的辛勤劳动和创造性劳动，尚在读书阶段就实现了人生几个小目标。

分析： 李金龙经历过生活的艰辛困苦，但他没有向困难低头，凭借着自己的努力和坚持考入了大学。在校期间他开始创业且取得了成功，成功是个人能力积累的过程，它与个人劳动观紧密相连，而劳动观也是一个长期培养的过程。任何人的成功都不可能随随便便，都需要付出辛勤劳动，作为大学生的我们未来不一定创业，但若想获得成功需要树立科学的劳动观，并在劳动中培养自己会劳动、能劳动的本领。

课堂活动

让青春在劳动中闪光

一、活动目标

通过活动帮助学生们深刻体会劳动创造美好生活，认识劳动不分贵贱，养成热爱劳动的良好习惯。

二、活动时间

建议 60 分钟。

三、活动准备

教师将学生按照 4~6 人划分活动小组,并根据活动内容安排各组分别准备以下内容。

1. 关于劳动的诗词不少于 5 首。
2. 领袖人物的劳动故事不低于 3 个。
3. 录制《劳动最光荣》视频不低于 2 个。

四、活动流程

1. 教师首先安排准备诗词的小组分享诗词,讲述诗词背后劳动与生活、社会的关系。
2. 教师安排准备领袖人物劳动的小组讲述劳动故事。
3. 教师安排准备视频的小组演示《劳动最光荣》视频。
4. 教师要求各小组按照"劳动的基本内涵→树立正确的劳动观→劳动的青春最出彩"展开探究和讨论,并组内分工合作写一篇 1 000 字左右感想。
5. 每组推选一名代表分享小组撰写的感想。
6. 教师分析、归纳和总结,引导学生树立劳动最光荣、劳动最崇高、劳动最伟大、劳动最美丽的观念,并根据各小组在活动中的表现予以赋分。

主题1.3　中国劳动教育的前世今生

学习目标

1. 能说出劳动教育的定义和特征。
2. 了解中国劳动教育的历史渊源。
3. 愿意参与劳动教育,增强自身劳动能力。

> ◎哲人隽语
>
> 劳动教育的目的,在谋手脑相长,以增进自立之能力,获得事物之真知及了解劳动者之甘苦。
>
> ——陶行知

引入案例

杜威的"教育即生活"和 陶行知的"生活即教育"

教育家约翰·杜威作为美国进步主义运动的代表,首次提出了实用主义教育思想,并倡导"教育即生活",在他的《民主主义与教育》中,杜威提出:"教育是生活的必需。"教育是一种培养人的社会活动,是一种特殊的生活方式,从一开始就源于生活,在生活中发展,并以促进生活水平的提高为目标。杜威的"教育即生活"认为教育必须依赖于生活并改善现实生活,通过教育来使儿童获得更好的发展,具备构建美好生活的知识和能力。

陶行知在经过多年的教育实践探索中继承了杜威的"教育生活理论"并对其进行了革新和创造。陶行知把杜威的"教育生活理论""翻了半个跟头",创造了具有中国特色的"生活教育理论。"他主张"生活即教育""社会即学校""教学做合一"。这一生活教育理论在他所创办的晓庄乡村师范学校中得以实践。陶行知说,要先能做到"社会即学校",然后才能讲"学校即社会";要先能做到"生活即教育",然后才能讲到"教育即生活"。要这样时学校才是学校，要这样的教育才是教育。

分析： 杜威的"教育即生活"以及陶行知的"生活即教育"思想对我国当前劳动教育发展具有一定的启发意义。生活中有教育，寓教育于生活。"教育即生活"和"生活即教育"思想都强调教育与生活之间的关系，主张把二者统一起来。

一、劳动教育定义

对劳动教育的定义见仁见智，概括起来有德育说、智育说、德智并育说、全面发展说等多种。

1. 德育说

《辞海》对劳动教育的定义是："劳动教育是德育的内容之一，对学生进行热爱劳动和劳动人民、珍惜劳动成果、树立正确的劳动观点和劳动态度、通过日常生活培养劳动习惯和技能的教育活动。"这个定义强调了劳动教育的德育属性，直接将劳动教育定义为德育的一部分，侧重热爱劳动和劳动人民的情感、正确劳动观念和态度的培养，把劳动习惯和技能的教育看作是日常生活培养的结果，并不突出劳动教育的智育价值。

2. 智育说

《教师百科辞典》对劳动教育的定义是："劳动教育就是向受教育者传播现代生产的基本知识和技能，培养他们具有正确的劳动观点、劳动习惯和热爱劳动人民、劳动成果的感情。劳动教育十分重视劳动过程中的智力因素，把平凡的劳动同创造性劳动结合起来，把简单的劳动与富有知识的劳动结合起来。"这个定义强调了劳动教育的智育属性，将劳动教育的主要价值定位为传播现代生产基本知识和技能，提高社会劳动生产的智力水平。

3. 德智并育说

《中国百科大辞典》在劳动技术教育词条下对劳动教育和技术教育做了分别解释，"劳动教育是以劳动实践为主，结合进行思想教育。技术教育是使学生掌握一定的生产知识及技术和劳动技能。其实施有利于培养学生的劳动观点、劳动技能和劳动习惯，为普通教育和职业教育打下基础。"也就是说，劳动教育更偏重德育，技术教育更偏重智育，二者相结合共同培养劳动观点、劳动技能和劳动习惯。

4. 全面发展说

苏霍姆林斯基认为，"劳动教育是对年轻一代参加社会生产的实际训练，同时也是德育、智育和美育的重要因素"，其劳动教育的理想追求是"使每一个人早在少年时期和青年早期就能领悟到劳动能使他的自然天赋更全面、更明显地发挥出来，劳动会带给他精神创造的幸福"。陶行知把劳动教育视为"在劳力上劳心"的实践活动。他说："中国教育之通病是教用脑的人不用手，不教用手的人用脑，所以一无所能"，劳动教育的目的就在于"谋手脑相长，以增进自立之能力，获得事物之真知及了解劳动者之甘苦"。当代学者陈勇军认为，"劳动教育的本质涵义是指通过参加劳动实践活动所进行的一种有目的、有计划、有组织的培养受教育者多种素质的教育活动，是融德育、智育、体育、美育为一体的全面提高学生素质的综合性教育。"

5. 新时代高校劳动教育的定义

高校劳动教育是高等教育人才培养体系的重要组成部分，是顺应新时代劳动发展趋势对大学生进行系统的劳动思想教育、劳动技能培育与劳动实践锻炼，全面提高大学生劳动素养的过程。其目的是引导新时代大学生在劳动创造中追求幸福感、获得创新灵感，培养具有社会责任感、创新精神和实践能力的高级专门人才。

二、新时代劳动教育的特征

社会在发展，教育在进步。在新的时代，劳动教育必然会在与社会的互动中保持时代性，呈现出自己鲜明特色。

1. 劳动教育理念的科学化

观念是行为的先导，理论是行动的指南。劳动教育必须成为与德智体美并行的教育。要科学的认识劳动教育的价值，并准确地贯彻实行，不能使其"在学校中被弱化，在家庭中被软化，在社会中被淡化"。劳动教育需要价值化而不能工具化，要从培养学生良好的劳动价值观和促进学生全面发展的角度出发，设计规划劳动教育，而不能使其满足于简单的劳动技能、劳动知识的教育。

2. 劳动教育特质的时代化

劳动在不同的时代具有不同的特质。在农业文明时代，生产劳动主要是以经验或技术的方式进行。在工业文明时代，生产劳动是以技术加科学的方式进行，强调制造。而在信息时代，科技制胜，生产劳动演变成以科学技术的方式进行，人才成为第一资源，创新成为发展的第一动力，劳动更在于"智造"而非"制造"。因而，劳动教育需要适应时代发展特点，引导学生尚进尚新，以"有本领"的面貌实现自己的时代担当。

3. 劳动教育形式的多样化

劳动教育的实施要科学规划，做好设计，依据不同的教育目标，采取不同的教育形式。要统筹安排好学校、社会和家庭劳动教育的形式与关系，在具体形式上，要适应时代特点，在传统体力劳动的基础上更加重视创造性的非体力劳动形式，如科学技术的发明创造、公益活动、志愿服务，以及其他非物质劳动形式，如数字劳动、体育劳动等。

 案例 1-4

冬奥会志愿者后备力量选拔

2018 年 9 月，北京工业大学"冬奥志愿服务骨干学校"正式成立，并面向 2018 级新生启动招募 2022 年北京冬奥会志愿者候选骨干人才，该校在全市高校中率先启动了北京冬奥会志愿者的后备力量培训。该骨干学校将聚焦志愿者的管理和志愿者骨干培养，针对赛会、城市、社会志愿者的全过程、全领域培育，努力培养 2022 冬奥志愿者候选骨干人才。

在学校的招新现场，短道速滑、滑雪、冰壶等体验项目吸引了很多学生驻足观看、体验，由曾经参加过北京奥运会、平昌冬奥会的志愿服务专家为大家做现场讲解。"冬奥志愿服务骨干学校"在经过初选和测试之后，从应征同学中选出骨干志愿者进行全过程培养。同时，学校还在校园以及周边社区加强冬奥的宣传推广，讲好冬奥故事，营造良好的冬奥氛围，带动大学生参与冰雪运动、服务冬奥会筹办。

图 1-5 为 2022 年北京冬奥会会徽，图 1-6 为志愿者标志。

图 1-5 2022 年冬奥会会徽

图 1-6 志愿者标志

三、新中国劳动教育的前世今生①

（一）劳动教育在我国的开展历史

新中国成立后，中国共产党对马克思主义的教劳结合思想做了创造性实践和发展，并把这一原理作为党的教育方针。毛泽东同志多次就教育与生产劳动相结合的问题提出指导性意见。20 世纪 50 年代，"教育与生产劳动相结合"写进了党的教育方针，并纳入到国家宪法之中，初期把爱劳动定为"五爱"国民公德之一，学校把学生参加生产劳动作为一项主课，劳动教育以个人与国家的生存及发展为主要目的进行初塑。

1958 年的《工作方法六十条》，又对各级各类学校有关工农业生产劳动活动的安排作了明确的规定。在"开门办学"思想指导下，学生全部参加五七干校和到农村插队，进行劳动锻炼和思想改造。劳动教育在我国的教育方针中有了一席之地，但此后也因过度政治化而走向了异化发展时期。

改革开放揭开了时代新篇章，劳动教育改革也提上了日程。1981 年，《关于建国以来党的若干历史问题的决议》提出了要"坚持德智体全面发展、又红又专、知识分子与工人农民相结合、脑力劳动与体力劳动相结合的教育方针"。1986 年又提出了把德、智、体、美、劳五育全面发展的教育思想。1993 年中央发布的《教育改革和发展规划纲要》中指出："坚持教育与生产劳动、社会实践相结合……鼓励学生积极参与志愿服务和公益事业。" 1999 年，中央发布的《深化教育改革全面推进素质教育的决定》中强调要加强"劳动技术教育和社会实践"，使学生接触自然、了解社会，培养热爱劳动的习惯和艰苦奋斗的精神，强调使诸方面教育相互渗透、协调发展，促进学生的全面发展和健康成长，"教育与生产劳动、社会实践相结合"成为新时期的教育方针。在 21 世纪新一轮课改中，义务教育阶段的劳动技术教育不再作为单独的课程开设，而归并到综合实践中，对劳动教育做了宽泛的理解。

2001 年《国务院关于基础教育改革与发展的决定》（以下简称《决定》）发布，赋予了劳动教育愈加丰富的内涵与要求，推动了劳动教育迈入整合发展的时代。

2010 年，《国家中长期教育改革和发展规划纲要（2010—2020 年）》进一步强调了坚持

---

① 曾天山. 我国劳动教育的前世今生 [N]. 人民政协报. 2019-05-08.

教育教学与生产劳动、社会实践相结合,加强劳动教育,培养学生热爱劳动人民的情感,对教育与生产劳动相结合的方针进行了更加深化的阐述,并融入了新时期教育改革的思想。

(二)劳动教育在我国的重生

偏重考试升学客观上冲淡了劳动教育,社会变迁和科技进步改变了传统劳动教育的条件,实践中普遍存在劳动教育在学校中被弱化,在家庭中被软化,在社会中被淡化,在研究中被虚化的现象。

2018年9月10日,针对当前一些青少年中出现的"不爱劳动、不会劳动、不珍惜劳动成果"的现象,习近平总书记在全国教育大会上特别强调了劳动教育的重要性,把"劳"与"德智体美"相并列,明确将育人目标从"德智体美"拓展为"德智体美劳"。习近平总书记在全国教育大会上提出:"要在学生中弘扬劳动精神,教育引导学生崇尚劳动、尊重劳动,懂得劳动最光荣、劳动最崇高、劳动最伟大、劳动最美丽的道理,长大后能够辛勤劳动、诚实劳动、创造性劳动。"教育要与生产劳动相结合不仅是马克思主义的基本观点,也是我国教育的基本方针。

四、开展劳动教育的意义

(一)劳动教育是遵循马克思主义教育思想的必然要求

重视劳动,强调教育与劳动相结合,是马克思主义重要的主张。马克思主义哲学认为,劳动推动社会历史进步,是人作为人之最本质、最显著的特征。马克思强调:"对社会主义的人来说,整个所谓世界历史不外是人通过人的劳动而诞生的过程。"因此,人民创造历史,劳动开创未来。劳动是推动人类社会进步的根本力量,是人民美好生活的源泉。构建德智体美劳全面培养的教育体系,加强劳动教育,是回归人之本质、回归学生自身的主体性教育方式,能够帮助学生在自主实践中发现自我,通过双手改变和创造自己的生活。

(二)劳动教育是立德树人的重要途径

立德树人既是教育的根本任务,也是检验教育成效的根本标准。立德树人的目的在于培养"德、智、体、美、劳"全面发展、合格的社会主义建设者和可靠的接班人,劳动教育则是实现立德树人目标的一个重要过程。首先,劳动教育丰富了教育工作的内涵,促使学生端正劳动态度并树立正确的劳动观念,能够培养学生对于劳动和劳动人民的思想感情,逐步养成热爱劳动、善于劳动以及勤于劳动的素质。其次,劳动教育和道德教育紧密联系,劳动教育也是加强德育的过程。因此,道德教育与劳动教育相结合也是德育的一种方法。将劳动视为形成良好道德品质的重要途径,"德之根在心,人之本在劳",二者结合就是立德树人的根本。

高职院校只有强化劳动教育,才能将职业技能内化为职业能力,培养出具备一定职业素养的技术技能型人才。只有强化劳动教育,才能帮助学生树立正确的择业观念,脚踏实地地作好自身的职业生涯规划。劳动教育不仅是培养数以亿计的高素质劳动者和技术技能人才的重要途径,更是营造人人皆可成才、人人尽展其才的良好环境,弘扬劳动光荣、技能宝贵、创造伟大的时代风尚的必然要求。

模块一　劳动本源与劳动教育

 总结案例

辽宁舰上的巧匠

翟国成是辽宁舰首个获得国家专利的航空母舰舰员。3本国家专利证书、10余项创新研究成果、4次荣立三等功、全军优秀士官人才奖一等奖……这是二级军士长翟国成在航母上收获的一份成绩单。更让这位航空保障部门支持设备区队区队长骄傲的是,有一种工具,能以自己的名字命名——"翟国成扳手"。

翟国成精通所带区队的10多个专业,先后保障过4型战机。车辆应急启动装置、甲板专用警戒杆等十多项研究成果,让翟国成成为战友们眼中的士兵发明专家。其中,管线导引装置、立式开盖扳手、管线升降装置获国家实用新型专利证书。绿色的证书封面上,"实用新型专利证书"8个金色大字醒目耀眼。每次从箱底翻出,他都要细细地端详,将它们在手中抚摸好几遍。这几本证书从立项到研发,从申报到审批,他等了足足两年,这份对航母舰员发明创造"唯一性"的肯定,在他心中分量何其重。

在翟国成的引领下,辽宁舰掀起了装备革新的热潮,涌现出多名"装备革新之星",为航母建设提出的装备改进建议多达数百条。"是航母给了我平台,让我去创新。"而关于发明创造的初心,翟国成说,一切都为了能打仗、打胜仗。"装备改进一点,航母的战斗力就提高一点。"

（资料来源：央视网，2017-8-22，有删节）

分析： 一群年轻人,用吃苦耐劳的劳动精神、精细精准的工匠精神、无私奉献的劳模精神,见证了我国航母工程建设取得的每一项成就,也伴随着辽宁舰一同成长,用他们精益求精的追求演绎着无悔青春,成为为社会主义现代化建设做出突出贡献的"大国工匠"。

 课堂活动

案例讨论：反思劳动创造意识

一、活动目标

引导学生深刻理解劳动教育、提高对创新意识的认识。

二、活动时间

建议15分钟。

三、活动流程

1. 教师出示以下阅读材料,并提问:请结合实际情况谈一谈造成以下现象的原因及对策。

就业力报告

2020年4月22日,中国人民大学中国就业研究所联合智联招聘发布《2020年大学生就业力报告》,全景分析疫情影响下的大学生就业形势。报告显示,75.8%的人首选单位就业,选择自由择业和升学分别为7.7%和7.5%,选择创业的仅为2.8%,6.2%的人选择暂不就业等慢就业类。这组数据说明大学毕业生的劳动创造意识不容乐观。

2. 教师将学生按照 6~8 人划分小组，通过小组内部讨论形成小组观点。

3. 每组推选一名代表陈述本组观点，其他小组可以对其进行提问，小组内其他成员也可以回答提出的问题；通过问题交流，将每一个需要研讨的问题都弄清楚。

4. 教师进行归纳、分析和总结，引导学生深刻认识开展劳动教育的重要性，提前做好就业准备。

5. 教师根据各组在活动过程中的表现予以赋分。

模块二

劳动分工与劳动组织

导读导学

劳动作为人的第一需要，是人类社会赖以产生、存在和发展的基础。劳动不仅创造了人本身、生产资料和生活资料，同时也在生产人类的一切社会关系，劳动是人类社会存在的基础。人类自出现社会分工以来，以劳动力为对象的社会分工与协作、劳动组织与管理等部门相继出现，劳动不再是单纯的人的体力或脑力的支出，而是有组织、有分工、有协作、具有复杂关系和形态、内部构造细密的人类社会生产系统。

劳动科学是指以人类劳动实践作为总的研究对象，以劳动者在劳动过程中产生的劳动问题以及与劳动问题相关的一切自然和社会关系及其调整问题作为研究内容，形成的具有内在联系和分布规律的学科群。随着人类社会的发展，劳动分工更加精细化，劳动部门以及劳动形态也趋向多样化和复杂化，为了帮助高职院校学生科学认识劳动科学与劳动、就业及社会生活的密切关系，特编写了劳动有关的科学常识部分。

本模块包括劳动者和人力资本开发、社会劳动分工、劳动基本制度三部分，希望通过系统学习，可以让学生多维度了解社会分工、劳动组织、劳动就业、劳动保障、收入分配等劳动科学的基本问题，促进他们的劳动认知和劳动素养的提升。

主题2.1　劳动者和人力资本开发

> ◎哲人隽语
>
> 劳动是人类存在的基础和手段，是一个人在体格、智慧和道德上臻于完善的源泉。
>
> ——乌申斯基

  学习目标

1. 理解劳动者和劳动力的含义，能总结劳动者社会化和人力资本的概念。
2. 可制定自己作为劳动者的素质提升途径。
3. 能与他人交流劳动者社会化的认识并关注人力资本开发。

  引入案例

在平凡岗位上续写不平凡的故事
—— 疫情中首都劳动者群像扫描

医务人员白衣执甲逆行出征，社区工作者、公安干警联防联控日夜奋战在社区防控一线，重大项目、重点工程建设者全面复工复产……在2020年"五一"国际劳动节，北京市开了一场特殊的新闻发布会，一位位平凡的劳动者讲述疫情防控中的感人故事，他们用不平凡的事迹，谱写下新时代的首都劳动者之歌。

来自北京市医院管理中心的刘立飞是北京援鄂医疗队队长。2020年1月27日，北京援鄂医疗队紧急受命驰援武汉，来自13家市属医院的151名队员，在重症定点医院之一的武汉协和医院连续奋战65天。

在刘立飞眼中，这支队伍中的每个人背后都有感人的故事：世纪坛医院医生丁新民把"有事找我"4个大字"顶"在了防护服额头；宣武医院肖汉医生是土生土长的武汉人，别人都是"去武汉"，他称自己是"回武汉"，直到离开武汉前才敢告诉母亲他在武汉；安定医院59岁的医生姜长青每天在心理驿站缓解大家的心理压力……

刘立飞说，冲向武汉保卫战最前线的队员，既有参加过非典的"老兵"，也有瞒着父母冲锋陷阵的"90后""95后"。医疗队和武汉协和医院共同承担3个病区150张床重症患者的救治任务，患者年龄最大的91岁，重症、危重症占88%，治愈出院患者220人。

疫情防控离不开坚强的后勤保障。在北京小汤山定点医院，全国五一劳动奖章获得者、国网北京昌平供电公司带电作业班班长王月鹏和他的同事们，在工程建设一线加班加点，连续92天集中封闭、奋力建设。

王月鹏回忆，印象最深刻的是2020年大年三十当天接到小汤山医院电力增容工程的任务，二百多人放弃春节休假，昼夜奋战，仅用22天就高质量完成了这项工作。"施工期间，赶上了两场大降雪，让人举步维艰。大家喊着口号，一步一趔趄，抱着小腿般粗的铜芯电缆，一点点往前挪。那么冷的天，很多人的衣服却被汗水浸透，头上呼呼地冒着热气。"在他的眼里，这一切就像发生在昨天一样历历在目。

发布会上，在冬奥训练场馆为国家队提供服务保障的刘博强，讲述了疫情期间的制冰故事。作为首钢园运动中心的一名制冰师，刘博强为了摸清冰场运行规律，每天

模块二 劳动分工与劳动组织

早上五点半就跑到冰场反复记录冰面的温度。经过连续一个月的测试比对，终于总结出最合适的温度、湿度值。

"在首钢工作二十多年了，曾经干过轧钢工、炼钢维检工，这几年尽管工作岗位变了，但融入血液的首钢人敢为人先的精神，却从来没有改变。"刘博强说，办好冬奥会是党和国家的一件大事，作为新时代的产业工人，定将以首钢"制冰大工匠"的姿态，出现在保障2022年北京冬奥会的现场，实现一名首钢工人的冬奥梦。

分析： 首都劳动者正在平凡的岗位上续写着一个又一个不平凡的故事，用自己的辛勤劳动为疫情防控和经济社会发展贡献更多的力量。我国当前的物质财富和精神财富都是广大劳动者的劳动成果，都是由各种正当职业的劳动者创造的。我国劳动者分工不同，地位平等，都为社会主义现代化建设做贡献，都应得到承认和尊重。作为新时代的劳动者，更应在劳动中发现广阔天地，体现人生价值，在创新中把握美好未来。

一、劳动者与劳动力

（一）劳动者

所谓劳动者，就是在一定的社会分工体系下，具有一定的劳动能力，处于一定的劳动岗位，遵循一定的劳动规范，有目的地、相对持续地从事或向他人提供有价值物品与服务活动的社会人。劳动者是在一定的社会分工体系下进行劳动，其劳动活动既受到社会分工体系的制约，又是社会分工体系的有机构成部分。作为劳动者，必须具有一定的劳动能力，任何人只有在达到一定的生理和心理成熟度，具有相当的体力与智力以后，才能成为劳动者。

（二）劳动力

马克思在《资本论》第一卷给劳动力下的定义是：人的身体即活的人体中存在的，每当生产某种使用价值时就运用的体力和智力的总和。对于劳动力这个概念应注意：第一，劳动力是人所特有的一种能力，自然界的任何能力，甚至现代科技所表现出来的人工智能，都不能叫作劳动力。第二，劳动力是人在劳动中所运用的能力，即生产使用价值时的能力。第三，劳动力存在于活的人体中。第四，劳动力是人在劳动中运用的体力和智力的总和。

在我国，劳动力人口主要是指有劳动能力和就业要求的劳动适龄人口，包括从事社会劳动并取得劳动报酬或经营收入的在业人口和要求工作而尚未获得工作职位的失业人口。

（三）劳动适龄人口

劳动适龄人口，指的是人口中处于劳动年龄的那部分人口。一个人从出生以后，经过发育、成长到开始具备劳动能力的年龄，是劳动年龄的下限；而当一个人继续成长发展，逐步衰老，最终丧失劳动能力的年龄，是劳动年龄的上限。国际上劳动人口年龄分组是以满15岁为下限，15岁及以下为青少年，15~64岁为劳动适龄人口，65岁为退休年龄。我国目前规定，男女都以16岁为进入劳动年龄的下限，男59周岁、女54周岁为劳动年龄的上限，16岁以下参加劳动者即为童工。劳动年龄的上限和下限不是永远不变的，随着生产的发展、文化教育水平的提高和对劳动力质量要求的提高，劳动年龄的下限会向后推移。随着人的体力劳动的减轻和寿命的延长，劳动年龄的上限也会做出相应调整。

◎知识链接
劳动力资源

（四）我国劳动力市场现状

劳动力市场的完善和发展是中国经济持续稳定增长的重要基础。近年来，中国劳动力市场已经进入一个新的关键阶段。

1. 劳动力市场的供给发生变化

针对未来劳动力供求变化趋势，国内存在"劳动力短缺论"和"劳动力供大于求论"两种截然不同的观点，不管哪种观点正确，可以肯定的是，由于人口转变的快速完成，中国人口已经进入低生育、低死亡、低增长阶段，人口发展和劳动参与率变化趋势决定了后人口转变时期劳动年龄人口和劳动力供给必将发生明显变化，这种变化不仅表现为劳动力规模的变化，也体现在劳动力供给结构的变化。

2. 农村劳动力转移进入一个新时代

我国的农村劳动力转移不仅受制于宏观经济发展形势，更面临着特殊的制度约束，这决定了农村劳动力转移呈现较强的波动性。但是，由于农村人口发展态势的变化、一系列惠农政策的实施和新农村建设的开展，农民工劳动力市场开始从"需求主导型"向"供给主导型"转变；同时，新生代农民工成为农村劳动力转移的主体，这个群体具有与老一代农民工不同的经济社会特征和行为，面临不同的经济环境与就业环境，其劳动供给行为将对农村劳动力转移和城市就业形势，乃至社会经济发展产生重大的影响。

3. 就业形势更复杂

当前和未来我国就业形势不仅面临劳动力规模问题，而且面临劳动力结构的挑战，结构性失业问题将更加突出；就业与经济增长的关系也日趋复杂；此外，国际经济将加深对我国就业形势的影响。

4. 人力资本提升和效能发挥更显重要

在经历了四十多年高速经济发展以后，我国经济面临着如何保持持续增长的重大问题。世界发达国家经济发展历程表明，人力资本是经济持续增长的关键因素，对正处于经济结构调整和经济发展模式转变的我国而言，这个关键因素无疑是未来经济增长的"推进器"。

案例 2-1

当前的就业形势及劳动力市场表现

就业是民生之本、财富之源。一直以来，党和政府高度重视就业工作。党的十九大报告中提出就业是最大的民生，同时提出要实现更高质量和更充分就业。2019 年，政府工作报告首次将就业优先政策置于宏观政策层面，不仅与财政政策、货币政策并列，还进一步明确提出稳增长首要是为保就业，把就业工作置于经济社会发展全局的高度来审视和推动。我国人口基数大，就业人员总量大的国情没有改变。当前，我国发展面临多年少有的国内外复杂严峻形势，经济出现新的下行压力。我们努力保持经济运行在合理区间，就是要保证不出现大规模群体性失业。这意味着，缓解就业总量压力始终是我们经济工作中面临的重大挑战之一。

根据预测，我国总人口将在2030年前后达到14.18亿，然后缓慢下降。2018—2030年，我国人口年均增长率为0.13%。15~64岁人口，即劳动年龄人口的数量，在2013年达到了100 582万人，之后开始逐年下降，2018年下降到了99 352万人。未来，劳动年龄人口负增长对我国经济社会而言是一个重大的课题。它不仅给劳动力市场供求关系带来巨大的改变，也会促使各类相关制度变革。

同时，随着人口形势的转变，在需求总量不减的条件下，我国就业的主要矛盾逐步从就业岗位不足为特征的总量矛盾转变为就业质量不高为特征的结构性矛盾，这一转变意味着就业工作要从重视就业数量逐步改变为更加重视就业质量。因此，提高就业质量已经成为新时期经济发展的内在要求。

就业质量主要包括就业者的工作收入、工作环境、个人发展前景和对工作的满意程度，还包括用人单位的满意度、家庭的满意度、社会的满意度等。近年来，在稳定和扩大就业的同时，经济发展的公平性、普惠性不断提高，同时就业质量不断提高。其主要表现在以下几点：

一是雇员化就业明显增加。随着"放管服"改革的持续推进，"大众创业、万众创新"热情高涨，劳动者创办企业的便利化程度不断提高，大批灵活就业人员进入企业就业，促进了就业正规化程度的进一步上升。

二是企业用工更加规范，就业保障显著提高。2018年年末，全国参加城镇职工基本养老保险人数41 848万人，比上年末增加1 555万人；参加工伤保险人数23 868万人，增加1 145万人，其中参加工伤保险的农民工8 085万人，增加278万人。社保实际缴费率不断提高，2017年达到了17.2%。

三是劳动关系更趋稳定。各项劳动政策法规的制定实施，有力地促进了企业用工的进一步规范，超时用工现象明显缓解，劳动者权益得到有效保护。2017年，全国企业劳动合同签订率达90%以上。

总之，我国当前劳动供给形势的根本变化主要体现为：在劳动参与率下降的同时，劳动年龄人口和就业人员总量相继出现下降。我国就业的主要矛盾逐步从以就业岗位不足为特征的总量矛盾转变为就业质量不高为特征的结构性矛盾，普通劳动者工资水平和就业质量提高已成为要解决的重要问题。对此，应该降低企业负担，增强市场活力，借助新兴产业优化就业结构，让高质量经济孵化出更多高质量岗位，并做好重点群体就业工作。

二、劳动者素质和劳动者社会化

（一）劳动者素质的构成

劳动者素质是指从事劳动或者能够从事劳动的人的体力因素、智力因素和品德因素的有机结合。

（二）提高劳动者素质的途径

（1）提高劳动者的体力水平，包括与健壮体魄有关的全过程。如优生、优育、体育、劳动保护以及衣、食、住、行等。

（2）提高劳动者的智力水平，即不断总结劳动者的直接生产经验，进行间接的科学知识的学习。如进行劳动教育、文化教育、专业教育，进行实践经验的总结等。

（3）提高劳动者的思想品德。包括进行政治教育、精神鼓励和物质鼓励等。

现代化的生产对劳动者的智力，对劳动者的科学知识水平要求越来越高，劳动者在生产过程中智力支出所起的作用越来越大，智力支出比例也越来越大。劳动者劳动能力的大小，主要取决于他所掌握并能运用的科学技术知识的多少，因此，教育是提高劳动者素质的根本途径。

（三）劳动者社会化

1. 劳动者社会化的含义

社会的存在和发展离不开各种各样的合格劳动者所从事的劳动活动，当上一代劳动者退出劳动舞台时，需要新一代的劳动者来继承；同时，随着科学技术的进步与发展，劳动者所从事的劳动活动又会不断地面临新的挑战。社会怎样才能不断地找到它所需要的劳动者来从事相应劳动岗位的劳动活动呢？这涉及劳动者的社会化问题。所谓劳动者社会化，指的是社会将一个普通社会人转变成一个能够适应一定的社会和时代文化，掌握社会所需要的劳动技能和必要的劳动规范，适应工作环境的文化，从而履行合格的劳动的过程。劳动者社会化包含以下三个方面的内容。

（1）掌握一个职业角色所必需的知识和技能。要成为合格的劳动者，首先需要掌握一定的劳动技能，其次，必须经过一段时间的训练，把职业知识转化为实用的职业技能。

（2）了解工作环境的文化。劳动者在一定的社会分工体系下进行劳动，会受到一整套的习俗、惯例、公约、制度等的制约，这便是工作环境的文化。对于许多老职工来说，遵守劳动规范，顺应工作环境早已成了自觉的行动。但对于新到的劳动者来说，则有一个从了解、抵触、遵守到同化的过程。只有顺利地完成这个过程，才能成为一个合格的劳动者。

（3）尝试身份的转变，使职业角色内化为个人的价值。即劳动者对工作环境文化的适应与调节不仅包括社会性的内容，也包括心理性的内容。

2. 劳动者社会化的特点

劳动者社会化是以初级社会化（即个人未进入劳动岗位、成为劳动者以前的社会化）为基础的。劳动者的社会化与其即将进入的行业、职业、劳动岗位、劳动关系、劳动环境等紧密相关。现将其与一般社会化的比较列于表2-1。

表 2-1　劳动者社会化与一般社会化的比较

比较项目	一般社会化	劳动者社会化
起点	从一生下来就开始	进入某一职业或某一劳动岗位时开始
目标	使人成为合格的社会成员	使人成为合格的劳动者
社会化施体	主要受家庭、学校、邻里及社会的影响	主要受其所在劳动岗位、班组、车间、企业、行业及与之相关的劳动价值、劳动规范的影响
社会化受体	一般的人	劳动者
过程图式	不间断的、贯穿一生的过程	可能是连续的，可能也是间断的
引导方式	个体对个体（婴儿与幼年期）；集体对个体（进入学校以后）	个体对个体与集体接受都有
引导者	父母、长辈、教师及朋友等	师傅、同事、培训者、劳动组织

劳动者社会化主要是面向工作、面向具体劳动岗位的社会过程，所以也只有在工作中，在具体的劳动岗位上，劳动者的社会化才能最终完成。

三、人力资本开发

（一）人力资本的含义

人力资本是一种与物质资本相对应的资本形式，它表现为能为任何个人带来永久性经济收入的能力和知识等。从价值的角度看，任何个人对自身进行的知识、技能、智力和健康的投入，如果能够给投入者带来超过投入价值的价值，并由其占有和支配这部分价值而产生更大的投入积极性，那么这种投入所形成的价值便是人力资本。

和物质资本一样，人力资本也有数量和质量上的规定。我们通常可以根据社会或一个组织中的劳动力人数来确定其人力资本的数量，因为在一定程度上，社会或组织中的劳动力数量可以表示为该社会或组织中人力资本的规模。同时，我们也可以根据劳动者个人能力和素质确定每一个劳动者所具有的人力资本的质量。

（二）人力资本的特点

1. 人力资本是寓寄在劳动者身上的一种生产能力

人力资本通常是以劳动者所具有的知识、技能、资历和工作经验与熟练程度表现出来的，即表现为劳动者的生产能力。这种生产能力又是和劳动者不可分的，它是以劳动者的生命和健康为基础的。

2. 人力资本的所有权不具有转让或继承的属性

由于人力资本与其所有者具有不可分性，所以这些生产能力永远寓寄在所有者身上，会在不断投资的基础上得到积累，无法转让和让他人继承。

以上两个特点决定了人力资本的价值不能像物质资本一样可以在静态下以货币形式加以计量，其价值只能在动态情况下即在人力资本的使用过程中通过对劳动者的工作绩效的评价加以确定。显然，从人力资本的含义和特点中可以看出，劳动者会因为人力资本情况不同而拥有并表现出不同的生产能力，即劳动者在劳动过程中表现出的知识、技能、工作经验和熟练程度是不同的，即劳动者是异质的。

（三）人力资本投资的主要形式

凡是有利于形成与增强劳动力素质结构的行为费用与时间都是人力资本投资。此外，凡是有利于提高人力资本利用率的行为、费用与时间也属于人力资本投资的范畴。人力资本投资的主要形式有以下几种。

1. 各级正规教育

教育投资是人力资本投资中最重要的形式，它包括学前教育和小学、中学、大学等正规教育的费用支出。无论是政府还是社会团体、劳动者个人及其家庭，其投资主体用于普通教育的费用均属于人力资本投资。这种形式的投资形成和增加了人力资本的知识存量，表现为人力资本构成中的普通教育程度，即用学历来反映人力资本存量。

2. 职业技术培训

职业技术培训投资是人们为获得与发展从事某种职业所需要的知识、技能与技巧所发生的投资支出。这类投资方式主要侧重于人力资本构成中的职业、专业知识与技能存量。其表现是人力资本构成中的"专业技术等级"。同样，通过了解职业技术培训规模、人力资源的各类专业技术等级结构状况，可以方便地比较和鉴别一个国家或地区在某一特定时期人力资本的现有规模。

3. 健康保健

用于健康保健、增强体质的费用也是人力资本投资的主要形式，主要包括劳动者营养、服装、住房、医疗保健和自我照管、锻炼、娱乐等所需的费用，它可以由"健康时间"，或者可以用工作、消费和闲暇活动的"无病时间"组成。这方面的投资效果主要表现为人口预期寿命提高、死亡率的降低。

一个国家全体国民的健康保健水平直接影响该国家劳动力的数量和质量，对社会经济发展具有不可估量的作用，因此各国政府及社会都高度重视。许多国家开始把医疗保健投资定为一项基本国策。同时，随着人们生活水平的不断提高，来自家庭个人方面的保健投资也将成为消费支出的一个重要组成部分。

4. 劳动力流动

劳动力流动费用本身并不能直接形成或增加人力资本存量，但是，通过劳动力的合理流动，宏观上，可以实现人力资本的优化配置，调整人力资本分布的稀缺程度；微观上，可以使个人的人力资本实现最有效率和最获利的使用。所以，它是实现人力资本价值和增值的必要条件。

目前，劳动力在国家间的流动越来越频繁。由于跨国流动者大多是受过较高教育者，他们身上凝聚着较高的资本存量，对移出国来说，是人力资本的损失；对移入国来说，则是人力资本的增加。因此，怎样减少人才外流并吸收境外人才，是发展中国家面临的一个现实问题。

（四）人力资本投资的特点

人力资本投资不同于物力资本投资，其主要特点表现如下。

1. 投资收益的广泛性

人力资本投资主体可以是国家（或社会）、企业或家庭（或个人）三方中的某一方，也可以是其中的两方或三方。但在收益获得方面，有时是三方同时获益，有时是两方或一方获益。例如，小学、初中教育所需要的费用是由国家支付的，但受教育者能力的提高、知识的获取所带来的收益却是三方分享的。又如，企业对劳动者进行职业培训，使劳动者生产能力得以提高，对国家来说，可以促进国民生产总值的增长；对企业来说，可使利润增加；对劳动者个人来说，则可带来收入的增加。

2. 投资收益取得的迟效性与长期性

所谓迟效性，是指人力资本投资并非当时投资当时就获益。物力资本投资往往很快见效，如新的投资设备调试安装完毕，即可发挥其生产效能，而人力资本投资在其投资过程中，并不会产生"通电即转"的效果。只有通过一定时期的学习，劳动者的知识、技能以及工作经验得到不断积累和提高，达到一定的水平和标准后，投资才能发挥生产性作用。

所谓长期性，是指人力资本投资一旦发挥效用，就会在相当长的期间内不断取得收益，形成一个收益流，对劳动者个人来说，这种收益流甚至是延续终生的。

物力资本经过一定时期的使用，将会出现有形或无形的磨损而失去效能，而通过人力资本投资形成和积累的人力资本，在劳动者劳动的全过程中都在发挥作用，虽然某些具体的知识可能会随着社会文化的发展出现"老化"现象而失效，但通过教育及培训所提高和增加的人力资本存量，如认识问题、分析问题、解决问题等综合判断能力不会老化、失效，它会长久地在劳动者的整个职业生涯和社会生活中发挥作用。例如，劳动者通过人力资本投资而做出的科技发明与创新成果，对人类社会与经济发展所起的作用往往能超出一个人的有生之年，有的甚至可持续几百年，可见，人力资本投资以及收益的长期性是物质投资无法比拟的。

3. 投资收益的多方面性

人力资本投资所带来的不仅仅是经济效益的提高，而且还会带来社会、文化等多方面的收益。如公共教育水平的提高对于减少贫困、维护社会秩序、提高社会道德水平、增进社会平等以及增强人的自主性都有深刻的意义。又如，高等教育不仅使大学毕业生获得一份通常高于中学毕业生的收入，而且也增加了他们进入比较体面的职业以及提高社会地位的机会，并且不同程度地提高了他们在娱乐活动中的鉴赏能力。

 总结案例

全球人力资本开发利用率仅达六成 中国位列第34位

世界经济论坛发布的《2017年全球人力资本报告》指出，全球人力资本平均开发利用率仅为62%，无论是发达国家还是发展中国家，处于不同发展阶段的经济体都尚未充分实现人力资本对经济的贡献潜力。报告对全球130个经济体的人力资本利用水平进行详细分析并排名，挪威、芬兰、瑞士分列前三，中国在排名中位列第34位。

报告从4个维度对各国人力资本利用状况进行衡量：人力资本能力，主要关注劳动力的受教育程度；人力资本配置，即能力的积累与应用程度；人力资本开发，对新型劳动力的培养投入；专业技能水平，即现有劳动力技能的广度与深度。同时，报告将研究人口划分为5个年龄层，分别为：0~14岁、15~24岁、25~54岁、55~64岁、65岁及以上。

报告认为，无法人尽其才、缺乏新技能培训和终身受教育机会是阻碍各国充分发挥人力资本的重要原因，如果在教育和工作这两条促进社会包容性发展的道路上都存在缺口，全球收入不平等的状况则会进一步加剧。

代际间不平等常被认为是造成人力资本开发不足的重要因素，但这份报告发现，在实现个人潜能方面，处于各年龄层的新老劳动力都面临巨大挑战。相较而言，年轻人虽然拥有更好的正式教育，但在择业中缺乏充分施展空间，很多处于工作晚期的人也会面临就业不足的问题。同时，各年龄层的在职劳动者很少有机会接触继续教育以提升专业技能，雇主通常更愿意直接招聘现成人才加以替代。

此项目研究合作机构领英（LinkedIn）在报告中对全球教育与技能发展新动向给出了深入分析。领英中国指出："随着中国经济进入'新常态'，以'互联网+'和人工智能技术浪潮为驱动的产业转型不断升级，中国劳动力市场也迎来新的格局。一方面人才的加速流动为供给侧人力资本的释放创造了新的动能；另一方面，市场急需大量的高技能型和复合型人才，这是能否将'人才动能'转化为'创新势能'的关键。"

分析：中国经济已进入"新常态"，再加上2020年新型冠状病毒肺炎疫情席卷全球导致的破坏力，中国的劳动力市场格局必将发生很大变化，我们应关注这些变化，变化中蕴藏着不变的趋势之一就是高技能型和复合型人才需求大，因此大学生的个人成长不应止步于学校教育阶段，要学会在工作中持续积累和提升技能。

课堂活动

各国劳动年龄人口规定的调研

一、活动目标

了解各国劳动年龄的规定，树立终身劳动的观念。

二、活动时间

建议30分钟。

三、活动流程

1. 每名学生选取世界主要国家（约30个），上网查找资料了解各国劳动年龄的规定，并列表。

2. 每名学生通过网络调研获取有代表性的国内外专家对延长劳动年龄上限的有关观点。

3. 教师将学生按照4~6人划分小组，组内讨论：如何扩大潜在劳动力资源？为什么各国劳动年龄上限都普遍延长？超过劳动年龄以后，我们还能为社会提供哪些劳动？为什么有这种需要？

4. 组内头脑风暴后，将有关观点整理归纳，组内分工合作，写一篇1 500字左右的论文提交给教师。

5. 教师课后对各小组提交的论文进行审阅并按照论文质量进行赋分。

模块二　劳动分工与劳动组织

主题2.2　社会劳动分工

> ◎哲人隽语
>
> 搬运夫和哲学家的原始差别比家犬和猎犬之间的差别小得多，他们之间的鸿沟是由分工造成的。
>
> ——马克思

学习目标

1. 分析劳动社会化概念，了解我国的产业划分。
2. 复述职业变迁的表现，了解劳动产业分工和现代劳动组织。
3. 积极关注社会分工和产业分工中的机会，并有意识为高质量就业做准备。

引入案例

劳动社会化的发展进程

劳动社会化的发展进程可划分为以下4个阶段，分别是以手工劳动为基础的简单协作阶段、以手工劳动为基础的工场手工业阶段、机器和大工业阶段和以微电子为主角的新的技术革命阶段。

在第一个阶段，劳动资料比较简单，分工不太明确，劳动社会化的水平很低。

在第二个阶段，资本主义生产方式占统治地位，劳动分工有了很大的发展，生产某一产品的全套劳动操作不再由一个人按照时间顺序单独完成，而是把一种操作专门分配给一个人，每个人只作为生产机体的一个器官，完成一项操作，执行一项专门的职能。

在第三个阶段，劳动社会化程度逐渐加强，主要呈现出以下特点：①高效率的工具、机器取代了手工工具，从而突破了人在使用手工工具时所受到的生理限制，机器延伸了人四肢的功能，扩展了人类改造自然的能力。②以蒸汽机和电力为代表的高能动力取代了受动物生理和人体生理限制的畜力和人力，从而极大地增强了人类改造自然的能力。③机械化和电气化的传动机构取代了传统的传动过程，从而大大加强了劳动者在生产过程中相互制约的协作关系，提高了劳动效率。而自20世纪70年代以来至今，人类进入了以微电子为主角的新的技术革命阶段。计算机、通信技术迅速发展，21世纪以来，计算机网络普及、无线互联网技术成熟，使以电子计算机网络为中心的信息系统在社会化劳动过程中起着越来越重要的作用。

分析： 在新的技术革命阶段，与人类的劳动密切相关的科学、技术、生产和管理等已综合成一个统一的体系，从而对劳动者的劳动条件、劳动内容、劳动分工、劳动的组织管理形式和人们对劳动的态度产生了巨大的影响，劳动社会化会持续加强。

一、劳动社会化和产业分工

（一）劳动社会化的概念

劳动社会化是一个与生产力发展相联系的概念，主要是指孤立、狭小的劳动转变为由紧密的、大规模的分工和协作联系起来的共同劳动的过程。

劳动社会化的内容主要包括以下3个方面：一是生产资料使用的社会化，生产资料由单个人分散使用变为许多人共同使用，从而节约了生产资料。二是劳动操作过程的社会化。劳动操作过程日益分解，每个人只完成总操作过程的极小部分，从而使最终产品成为许多人共同完成的、名副其实的社会产品。三是劳动成果的社会化，劳动的目的已不是直接满足劳动者个人的需要而是满足他人的、市场的、社会的需要。

劳动社会化最明显的体现就是各国的产业分工和职业分工，以及全球化的生产要素布局。

（二）劳动的产业分工

1. 产业

（1）产业划分。目前国际普遍流行的是三次产业划分思路，即按照人类生产发展的历史顺序进行分工。

第一产业是指靠人类自身的体力劳动直接从自然界取得初级产品的生产部门，如农业、畜牧业和林业等，其产品用于满足人们的基本生活需要。

第二产业是指把第一产业获得的原料加工成各种物品的活动，即对工农业产品进行再加工的生产部门，如制造业、建筑业等，产品通过加工，其形态发生了显著的变化，一般不再保留原来的自然物质形态。

第三产业是指人们为生产、生活及社会发展提供产品交换和服务的部门。第三产业包含的门类比较多，如商业、邮电通信业、交通运输业、房地产业、文教卫生事业等。

（2）产业结构。产业结构是指各产业的构成及各产业之间的联系和比例关系。在经济发展过程中，由于分工越来越细，因而产生了越来越多的生产部门。这些不同的生产部门，受到各种因素的影响和制约，会在增长速度、就业人数、在经济总量中的比重、对经济增长的推动作用等方面表现出很大的差异。因此，在一个经济实体当中（一般以国家和地区为单位），在每个具体的经济发展阶段、发展时点上，组成国民经济的产业部门是大不一样的。各产业部门的构成及相互之间的联系、比例关系不尽相同，对经济增长的贡献大小也不同。因此，把包括产业的构成、各产业之间的相互关系在内的结构特征概括为产业结构。

2. 行业

行业是指其按生产同类产品或具有相同工艺过程或提供同类劳动服务划分的企业或组织群体的集合，如饮食行业、服装行业、机械行业等。行业分类主要是以经济活动的同质性为原则，对从事国民经济生产和经营的单位或者个体的组织结构体系的详细划分，如林业、汽车业、银行业等。

我国的《国民经济行业分类》国家标准于1984年首次发布，分别于1994年和2002年进行修订，2011年第三次修订，2017年第四次修订后于2017年10月1日实施。当前我国新行业分类共有20个门类、97个大类、473个中类、1 380个小类，见表2-2。

表 2-2　产业行业对照简表

三次产业分类		《国民经济行业分类》（GB/T4754-2017）
第一产业	A	农、林、牧、渔业
第二产业	B	采矿业
	C	制造业
	D	电力、热力、燃气及水生产和供应业
	E	建筑业
第三产业 （服务业）	F	批发和零售业
	G	交通运输、仓储和邮政业
	H	住宿和餐饮业
	I	信息传输、软件和信息技术服务业
	J	金融业
	K	房地产业
	L	租赁和商务服务业
	M	科学研究和技术服务业
	N	水利、环境和公共设施管理业
	O	居民服务、修理和其他服务业
	P	教育
	Q	卫生和社会工作
	R	文化、体育和娱乐业
	S	公共管理、社会保障和社会组织
	T	国际组织

案例 2-2

生活服务业创造美好生活

根据国家统计局印发的《生活性服务业统计分类（2019）》，生活服务业是指满足居民最终消费需求的服务活动。生活服务业领域宽、范围广、市场化程度高，直接与广大人民群众的基本生活密切相关。随着我国经济社会的快速发展，人民群众对生活消费的需求更加多样，生活服务业越来越呈现出便利化、精细化、品质化和网络化的发展趋势。

在数字化转型的背景下，创新成为生活服务业变革，从传统到现代化的核心驱动力。近年来，管理创新、技术创新、业态创新、服务创新均加速了生活服务业的迭代，从而催生新兴从业群体。

1. 管理创新

我国经济发展进入新常态，经济下行压力加大的新形势下，生活服务业企业加强创新管理、提质增效,已成为企业有效控制成本,提高效率,提升技术、质量和服务水平,创新发展空间,提升竞争能力的迫切要求。

2. 技术创新

通过互联网、云计算、大数据、人工智能等多项技术的演进迭代,使得技术创新能够围绕消费者的需求和应用场景进行融合应用,进而重新定义生活服务业的商业模式。互联网技术催生了在线直播销售,在线直播销售师成为该领域的新兴从业群体。

3. 业态创新

(1)外卖配送。随着数字化渗透到生活服务业,催生了外卖新业态。外卖市场的不断发展,外卖给人们生活方式带来了翻天覆地的改变,"懒人经济"成为一种现象,对生活服务业发展和消费者消费习惯都带来了不可逆转的影响。2020年3月,人力资源和社会保障部等三部门正式公告确认"网约配送员"纳入国家职业分类。

(2)O2O(线上线下融合)。在互联网经济下,都出现了线下门店和线上门店并存互补的格局,因传统的线下门店运营的经验不能完全照搬应用到线上门店的管理。因此,生活服务业企业开始纷纷招聘和培养适应O2O业态的门店管理人才,有的是侧重于线上门店运营管理,有的则可以兼顾线上线下组合的门店运营管理,从而催生了互联网美业门店管理师、O2O餐饮门店管理师等新兴从业群体。

4. 服务创新

例如:无接触服务。新型冠状病毒肺炎疫情期间,"宅经济"应运而生,各电商平台成为保障消费者正常生活的主力阵营。无接触服务作为当前疫情背景下一种特殊服务方式,已成为各电商平台和即时配送行业企业的标配,在很大程度上重塑了商业形态、重新定义了服务场景。无接触服务的兴起,以及被消费者的广泛认可,也对相关从业群体提出了新的知识与能力要求。

随着无接触服务等新兴服务的出现和普及,生活服务业也会催生出我们目前无法预知的新兴从业群体。

二、职业变迁

职业就是以生计维持、社会角色分担、个性发挥和自我实现为目的,持续进行的劳动或工作。职业随着时代的发展在不断变化,职业的变迁与人类社会的发展紧密相连,从一个侧面折射出时代的进步,反映了人类社会的发展与进步。

我国第一部《中华人民共和国职业分类大典》颁布于1999年。2015年,人力资源和社会保障部完成《中华人民共和国职业分类大典(2015年版)》(以下简称《大典》),新版《大典》(图2-2)职业分类结构为8个大类、75个中类、434个小类、1 481个职业。在8个大类中,第一类是党的机关、国家

图2-2 《中华人民共和国职业分类大典》

机关、群众团体和社会组织、企事业单位负责人；第二类是各种专业技术人员。第三、四、五、六大类职业可由职业教育培养，技术技能人才主要集中在这些大类中。第八类是不便分类的其他劳动者。表 2-3 是《中华人民共和国职业分类大典（2015 年版）》类目表。

表 2-3 《中华人民共和国职业分类大典（2015 年版）》类目表

大类	名称	中类	小类	细类（职业）
第一大类	党的机关、国家机关、群众团体和社会组织、企事业单位负责人	6	15	23
第二大类	专业技术人员	11	120	451
第三大类	办事人员和有关人员	3	9	25
第四大类	社会生产服务和生活服务人员	15	93	278
第五大类	农、林、牧、渔业生产及辅助人员	6	24	52
第六大类	生产制造及有关人员	32	171	650
第七大类	军人	1	1	1
第八大类	不便分类的其他从业人员	1	1	1

职业随着时代的发展在不断变化，职业的变迁与人类社会的发展紧密相连，从一个侧面折射出时代的进步，反映了人类社会的发展与进步。

（一）我国职业发展的态势

影响职业变化发展的因素包括社会及管理的变革、技术变革、经济发展、产业及行业的演变等。我国职业发展的态势主要有以下六种表现。

1. 由单一、基础型向跨专业、复合型转化

职业岗位的要求和劳动方式逐步由简单向复杂转化，职业内涵不断丰富，单一技能难以胜任工作要求，更需要跨专业和复合型人才。

2. 由封闭型向信息化、开放型转化

职业岗位工作的范围和面向的服务对象越来越广泛，人与人之间联络、沟通、信息咨询、协作大大加强。

3. 由传统工艺型向智能型转化

职业岗位科技含量增加，技术更新速度加快，劳动组织和生产手段不断改善，工作内容不断更新。

4. 由继承型向创新创造型转化

知识经济的到来，要求社会成员不断树立创新意识，在自己的岗位上进行创造性劳动。

5. 服务型职业由普通低端向个性化、知识型转化

社会生产力的提高解放了劳动力，人们越来越多地需要社会服务行业提供个性化服务。服务业对从业人员素质的要求也在不断提高，产生了知识服务型职业。

6. 职业活动趋向绿色、可持续、低碳

当前，全球经济正在向绿色、可持续、低碳发展升级，职业活动也相应发生了变化。

（二）新经济背景下的职业发展新变化

互联网等新经济行业的快速发展，既对就业市场中传统职业造成一定冲击，同时也为新兴职业的产生提供了良好的市场环境，创造了新的生机和活力。未来职业发展的新趋势，主要表现在以下几个方面。

1. 高新技术行业优势领先，知识型劳动者比例直线攀升

信息科技时代，未来企业将朝着通信技术、人工智能、新材料领域等高技术产品的产业群发展，这些行业具有知识技术密集、资源能耗较少以及产值贡献率高等特点，是推动经济繁荣和增长的重要引擎。高技术产业的发展，需要较高的研发投入和庞大的研究人员团队，将凭借智能性、创新性、战略性和环保性等优势，吸引海内外知识型人才不断涌入，这将对社会和经济的发展具有重要的意义。

2. 传统职业逐渐更替，新兴职业技术含量不断提高

技术的不断进步，给传统职业带来了巨大冲击，同时也延伸出许多新的工艺、服务和产品，这些新技术的开发及应用，必然导致部分职业的新旧更替。例如，互联网通信技术的发展，导致传统的电话接线、打字员等职业将不复存在，但电子商务、网络设计、在线教育培训等新职业纷纷涌现，提高了对从业人员的技能要求，即未来脑力劳动职业将越来越多，体力劳动职业将越来越少，新兴职业技术含量不断提高。

3. 职业更新速度逐步加快，职业发展边界逐渐趋于模糊

随着网络设施不断完善、海量数据快速产生以及信息处理技术不断提高，带来了社会经济结构质的飞跃，加速了新旧职业的替代和更新。同时，社会对未来人才知识的综合性结构提出更高的要求，职业发展的边界在逐渐模糊，劳动者不仅要成为本专业领域技能人才，而且能够顺应环境变化转换职业角色，成为掌握多种知识和技能的高素质复合型人才。

（三）新职业

产业的不断细分，导致社会分工越来越明确，对从业人员的专业要求也越来越高。我国近年来的职业变迁，体现了这样两个特点：首先，职业分类越来越细，越来越专业，比如银行职员这个职业有了进一步的划分，更加专业化，出现了资金交易员、资金结算员、清算人员等新职业；其次，职业的标准化程度提高，与国际职业发展接轨，例如把以前的供销员改为市场营销员，企业和公司负责人也不再笼统地称为厂长或经理，而演变出不同层级的职业，如董事长、总经理（总裁）、部门经理、项目经理等。

我国的新职业正以惊人的速度产生，这些新职业的开发和评定，并不仅仅以职业的冷热程度和从业人数的多少为标准，更重要的是考虑这个职业是否具备较高的技能性，是否具有向大众推广的可行性，以及这个职业将产生的社会影响和价值。这些新职业主要分为两种情况：一是全新职业，就是随社会经济发展和技术进步而形成的新的社会群体性工作；二是更新职业，是指原有职业内涵因技术更新产生较大变化，从业方式与原有职业相比已发生质的变化，比如说过去只有传统的车工，随着数字技术在制造业中的广泛应用，

又出现了数控车工。

新涌现出来的大批新职业,主要集中在第一、第二产业的高新技术领域和蓬勃发展的第三产业。从分布情况来看,新职业主要分布于基因和转基因工程、遗传工程、生态农业、生化试验等高新技术领域;加工中心、环境监测、计算机辅助设计、计算机辅助制造、纳米材料生产等领域也出现了大批新职业;新职业分布最广的是社会服务领域。

早在2004年8月,我国已经建立新职业发布信息制度,陆续颁布了12批122个新职业,取得了较好的社会效果,引起了社会各界的广泛关注。后来,随着《职业分类大典》修订工作启动,新职业发布暂停。随着新一轮科技革命和产业变革不断加速演进,新产业新业态新模式层出不穷,在我国经济社会发展和劳动者就业创业实践中,逐渐出现一些从业人员数量较多、社会影响较大的新职业。《国务院关于推行终身职业技能培训制度的意见》提出"紧跟新技术、新职业发展变化,建立职业分类动态调整机制,加快职业标准开发工作"。

2019年4月,人力资源和社会保障部、国家市场监管总局、国家统计局正式向社会发布了13个新职业信息,这些新职业包括:数字化管理师、人工智能工程技术人员、物联网工程技术人员、大数据工程技术人员、云计算工程技术人员、建筑信息模型技术员、电子竞技运营师、电子竞技员、无人机驾驶员、农业经理人、物联网安装调试员、工业机器人系统操作员、工业机器人系统运维员等。

2020年3月,人力资源和社会保障部、国家市场监管总局、国家统计局再次联合向社会发布了智能制造工程技术人员、工业互联网工程技术人员、虚拟现实工程技术人员、连锁经营管理师、供应链管理师、网约配送员、人工智能训练师、电气电子产品环保检测员、全媒体运营师、健康照护师、呼吸治疗师、出生缺陷防控咨询师、康复辅助技术咨询师、无人机装调检修工、铁路综合维修工和装配式建筑施工员16个新职业。

◎知识链接

产业、行业、职业的关系

这些职业都吸引了大量的就业人群,是广大青年学生实现自身职业理想的新战场。

三、劳动组织

劳动组织的含义有两种,一种是广义上使用的劳动组织概念,另一种是狭义的劳动组织概念,在这里我们仅介绍狭义概念。

狭义的劳动组织基本上是生产力的概念。在生产力各个基本因素中,劳动资料和劳动对象对于劳动者来说是客体,唯有劳动者自己是主体。而劳动组织就是研究如何把劳动的主体力量合理地组织起来,更好地发挥其作用。由于在生产力的结构中,劳动者是能动的因素,其他生产力要素都是由劳动者来运用和推动的,因而劳动者因素如何很好地组织成为一个整体,对于生产力的影响无疑是很大的。

(一)现代的劳动组织

现代的劳动组织概念侧重于强调其组织性,认为劳动组织是一种集生产和管理于一体的有机体。我们认为劳动组织就是在合理的劳动分工的基础上,保证在安全生产和文明生产的条件下,使所有人员能协调地工作,有效地利用人力和物力资源以及工作时间,是一个以劳动者为主体的包括劳动者、劳动资料和劳动环境三项要素组成的有机系统。所谓科学劳动组织即运用科学的方法组织生产活动,达到"人、机、环境"的最佳结合,既要提高企业劳动效率和经济效益,又要为劳动者身心健康和体力智力全面发展创造条件,包括劳动组织形式、轮班形式、劳动组合等方面。

(二)企业基层劳动组织——班组

1. 班组的地位和作用

企业是一个典型的组织。大学生参加工作,走进企业,实际上是走进了一个组织,其中第一站就是班组。现代企业管理结构一般都是三角形样式,基本可以分为三层:高层、中层、基层。高层"动脑",属于决策层;中层"动口",属于管理层;基层"动手",属于操作层。班组就是企业的基层组织。企业的生产活动都在班组中进行,班组工作的好坏直接关系着企业经营的成败。具体分析,班组在企业中的地位和作用如下。

(1)生产经营活动的基本单位。企业生存的目的和意义在于追求利润。班组是最基本的生产单位,它直接创造利润。所以企业要降低成本、提高劳动生产率,首先就会从班组抓起。

(2)企业的最基层管理单位。管理是否深入到基层是衡量管理水平的指标之一。班组是企业最基层的管理单位,直接面对每一个员工,企业的文化、规章制度和精神风貌最终是要通过班组贯彻到每个员工,然后通过员工的工作业绩反映出来。因此企业只有将管理深入到班组这个层次,才能焕发生机。

(3)提高职工素质的基本场所。企业通常都会把培养人才当作自身的使命。培养人才是为了创造更大的价值。如果没有一支认真负责、精益求精的员工队伍,想创精品、树名牌,就很难。而企业人才培养的最主要场所就是在现场、在班组、在一线。所以从效益角度来看,班组培训比高级人员培训更直接、见效更明显。

(4)生产流程的衔接要素。在企业的生产经营活动中,每一个班组都是其中的一个环节。很多现场的问题都较简单,只需要依一定的原则在班组间沟通协调就可以解决,只有解决问题才能激发团队的创造力。

2. 企业班组的特点

企业班组具有:结构小、管理全、工作细、任务实、群众性等特点。

(1)结构小——班组为企业最基层单位,结构最小,不能再分。

(2)管理全——管理生产、安全、质量、劳动纪律等,麻雀虽小,五脏俱全。

(3)工作细——班组工作非常具体,需要耐心、细致。

(4)任务实——企业所有管理内容最终都要落实到班组。

(5)群众性——班组成员是企业最基层的员工,班组活动是群众性很强的活动。

总结案例

展望未来的劳动组织

"互联网平台+海量个人"正在成为我们这个时代一种全新的、显著的组织景观。

19世纪中叶，股份有限公司逐渐盛行，"公司"成为基本的经济主体。但到了21世纪的今天，"公司+雇员"这一基本结构的空间，已逐渐受到了"平台+个人"这一结构的挤压。随着"平台+个人"这一社会和经济结构的持续生长和扩展，全新的经济、法律、社会含义，也将由此深化和扩展开去。

未来已来，"平台+个人"勃兴。"全球最大的出租车公司Uber没有一辆出租车；全球最热门的媒体所有者Facebook没有一个内容制作人；全球市值最高的零售商阿里巴巴没有一件商品库存；全球最大的住宿服务提供商Airbnb没有任何房产"，这句广为流传的语句，到底在说什么？

1. 互联网平台与传统平台迥然不同

互联网平台已经给商业世界带来了巨大的冲击。正如索尼前董事长出井伸之所言，"新一代基于互联网DNA企业的核心能力，在于利用新模式和新技术更加贴近消费者、深刻理解需求、高效分析信息并做出预判，所有传统的产品公司都只能沦为这种新型用户平台级公司的附庸，其衰落不是管理能扭转的。"事实上，平台模式由来已久，但直到互联网的出现，它才具有了全新的规模、内涵与影响力。

今天的互联网，以后端坚实的云平台（管理或服务平台+业务平台）去支持前端的灵活创新，并以"多个小前端"去实现与"多种个性化需求"的有效对接。这种"大平台+小前端"的结构，已成为很多企业组织变革的原型结构。如7天酒店的放羊式管理、韩都衣舍的买手制、海尔的自主经营体等。不只是单个企业演化出了这样的结构，苹果的AppStore，淘宝的网络零售平台等，同样也是类似的结构。它们也都是"平台+多元应用"这一结构（或大平台+小前端）在不同企业那里的碎片化呈现，也即不同程度的"后台标准化、统一化、模块化"与不同程度的"前台个性化"之间的组合。

2. 个人替代公司，成为越来越重要的经济主体

工业时代占据主导地位的是"大批量、小品种"的规模经济，与之相应，组织也在持续走向极大化。到了数据时代（数据处理技术，Data Technology，缩写为DT），尽管大型组织仍将是组织领域里的一个主要图景，但随着"多品种、小批量"的范围经济正在很多个行业里取得越来越主导的地位，与之相应的组织规模，相应地也在逐步走向小微化、个人化。在今天这种一个人就可以面对全球市场的时代，小企业——更确切地说是个人，正在迎来自身发展史上的黄金时代。

分析：与工业时代以"企业"为基本经济主体的时代不同，未来将是一个以"小微企业和个人"为基本主体的经济时代，这将成为新时代里全新的社会和组织景观。作为未来劳动组织的"个人"，弗里德曼在《世界是平的》一书中也提到了类似的观点："如果说全球化1.0版本的主要动力是国家，全球化2.0的主要动力是公司，那么全球化3.0的独特动力就是个人在全球范围内的合作与竞争。"大学生作为未来的劳动者现在就需要思考：在当今全球竞争机会中我究竟处在什么位置？我可以如何与他人进行全球合作？

 课堂活动

一、活动目标

能正确分析新技术对自身参与社会分工和就业形势的影响。

二、活动时间

建议 40 分钟。

三、活动流程

1. 教师组织学生阅读以下材料。

机器换人，动了你的岗位吗？

据国际机器人联合会统计，世界经济论坛预测，到 2020 年，全球有 500 万个工作岗位可以实现自动化。

我国机器人研发起步于 20 世纪 70 年代，近年来，随着我国劳动力成本快速上涨，人口红利逐渐消失，生产方式向柔性、智能和精细转变，对工业机器人的需求也呈现大幅增长。预计到 2020 年，我国工业机器人密度将达到每万名员工 100 台以上。

"机器换人"的普及对就业岗位数量和结构都将产生深远影响。目前，创造就业岗位最多的纺织服装、采掘和电子信息等产业出现了"机器换人"的趋势，但从现阶段看，机器人和人类劳动者间的替代关系并不显著。机器人具有竞争优势的行业和领域，与我国劳动力比较优势最显著的行业和领域并非完全重叠，也就是说，机器人只会在个别产业和环节上替代手工操作，短期内主要还是对生产效率和产品质量提高产生积极影响，不会改变我国制造业劳动力密集程度较高的特征，也不会造成严重的失业问题。

有专家指出：机器人的出现，对人类劳动者就业岗位的影响主要有：一是替代劳动者岗位；二是填补人类劳动者无法胜任的岗位；三是开辟人类工作新岗位。

2. 每名学生通过网上收集材料，分析人工智能和机器人等新技术对自己参与社会分工有哪些影响？对所学专业的就业岗位有什么影响？将创造哪些新的就业岗位？将淘汰哪些原有的岗位？对本专业大学毕业生能力提出了什么新的要求？

3. 教师将学生按照 8~10 人划分小组，通过小组内部讨论形成小组观点。

4. 每个小组选出一名代表陈述本组观点，其他小组可以对其进行提问，小组内其他成员也可以回答提出的问题；通过问题交流，将每一个需要研讨的问题都弄清楚。

5. 教师进行分析、归纳和总结，并根据各组在研讨过程中的表现给予点评并赋分。

模块二　劳动分工与劳动组织

主题2.3　劳动基本制度

> ◎哲人隽语
> 法律和制度必须跟上人类思想进步。
> ——托马斯·杰弗逊

 学习目标

1. 能够列举劳动就业制度、劳动工资制度和劳动保障制度的价值和作用。
2. 能够联系班组的作用和特点，灵活运用班组的管理细节内容于实习实训中。
3. 愿意积极构建自己对劳动力市场状况和劳动基本制度的全面认识，为未来独立处理一些职场常识性问题奠定良好的基础。

 引入案例

同工同酬：从西沟走进新中国宪法

2020年6月28日，中国唯一的一位从第一届连任到第十三届的全国人大代表、全国劳模申纪兰因病逝世，她是新中国当之无愧的争取"男女同工同酬"第一人。

1951年，在火热的社会主义建设大潮中，西沟村成立了初级农业生产合作社，李顺达任社长，申纪兰为副社长。

在申纪兰和西沟妇女们的不懈努力下，太行山深处的这个小山村，在全国率先实现了男女同工同酬。1954年，申纪兰当选为全国第一届人大代表，在第一届全国人民代表大会上，男女同工同酬被正式写入宪法。

分析：男女同工同酬，不仅激发了西沟村妇女们劳动的积极性，也激发了全国妇女们参与劳动的积极性。人们的劳动行为和劳动关系受到劳动制度与规范的约束，而劳动制度在人们的劳动生活及社会经济发展中扮演着非常重要的角色。

一、制度与劳动制度

（一）制度和社会制度

制度是由正规的成文规则和那些作为正规规则的基础与补充的典型的非成文行为准则组成的，是社会生存和发展所需要的协调性与合作性赖以建立的基础，它是围绕社会基本需求而建立起来的关系系统。在这个系统内，共同的价值、规范、程序都被组织了起来。

社会制度则是为了满足人类的生存需要而形成的社会关系以及与此相联系的社会活动的规范系统。

（二）劳动制度及其特征

劳动制度属于社会制度的一种，是人类在一定社会生活中为满足劳动关系发展的需要而建立的有系统、有组织并为社会所公认的劳动行为规范体系。

劳动制度具有普遍性、组织强制性、相对稳定性和系统性4个特点。

1. 普遍性

劳动制度的普遍性是由劳动的普遍性决定的，因为生产劳动是人类社会生存和发展的基础与动力，任何社会、任何时代都离不开劳动。

2. 组织强制性

劳动制度是一种组织化的社会规范，它作为制约劳动关系和劳动者行为的一种规范体系，对劳动者具有强制作用。如正式的劳动制度往往是由国家或有关权力机构制定的，以确定的规则或法令等形式表现出来的劳动规范体系，劳动制度对从事劳动的所有社会成员都具有强制作用。

3. 相对稳定性

劳动制度一旦形成，就具有相对的稳定性，没有巨大的社会变革的冲击，一般不会轻易发生改变。但是劳动制度的稳定性只是相对的，随着社会和时代的变迁，劳动的形式、条件、内容及彼此合作的方式都会发生变化，因而劳动制度也要作相应的变更。

4. 系统性

劳动制度的运行必须有相应的制度配合，形成一套行之有效的制度体系，才能对人们的劳动关系及劳动行为进行有效的规范与约束。

二、就业制度

（一）就业制度的含义

就业制度有广义与狭义之分。广义的就业制度是指直接或间接规范劳动者就业行为的制度总称，包括雇佣解雇制度、用工制度、就业培训制度、就业服务制度、辞职退休制度和劳动计划管理制度等；狭义的就业制度仅指雇佣解雇制度及用工制度。

（二）就业

就业既是重大的经济问题，也是重要的社会和政治问题。扩大就业，减少失业，是经济社会发展的基本目标。对就业概念的理解可以从理论和实际两个角度来把握。从理论上讲，就业是指具有劳动能力的人，运用生产资料从事合法社会活动，并获得相应的劳动报酬或经营收入的经济活动，具体而言，就是指在法定年龄内，具有劳动能力的人在一定的工作岗位上从事有报酬或有经营收入的合法劳动。

根据这一定义，一个人如果同时满足以下 3 个基本条件，就可以被认为实现了就业：在法定劳动年龄内，并且具有劳动能力；以提供满足社会需要的商品或服务为目的，从事某种合法的经济活动；从事这种社会劳动可以获得相应的收入。而童工、不以获得收入或营利为目的的公益劳动、家务劳动等不属于就业范畴。

1. 就业的意义

就业是民生之本，是经济社会持续发展和生活水平提高的关键。就业不仅是劳动者谋生的手段，也是融入社会、给个人和家庭带来希望的重要途径。

2. 绿色就业

2007 年，国际劳工组织与联合国环境规划署发出《绿色工作全球倡议》。该倡议指出，绿色工作是那些可以减少企业和经济部门对环境的影响，最终实现可持续发展，同时又符合"体面劳动"的工作，其主要包括：保护生态系统和生物多样性的工作；通过高效的策略减少能源、材料和水消耗的工作；经济低碳化的工作；最大化减少或者避免生产各种废物和污染的工作。

在我国，结合国际标准与中国实践，专家们提出"绿色就业"包含3个领域：一是直接性绿色岗位，如造林、环保等，在这些岗位上工作的人，是直接的"绿色就业"从业者，可简称为"纯绿"就业；二是间接性绿色岗位，即通过实现绿色生产方式、生活方式、消费方式等，间接地创造"绿色就业"机会的岗位，如制造太阳能和节能建筑材料等产品、深化循环经济等，在这些岗位上工作的人，是间接的"绿色就业"从业者，可简称为"泛绿"就业；三是绿色转化性岗位，即将非绿色岗位转化为绿色岗位，如治理生产性污染、生产中改用节能环保技术等，将原来在高污染、高排放岗位的从业人员转化成绿色岗位的从业人员，可简称为"绿化"就业，这种转化涉及生产技术、生产方式、生产过程以及终端产品等各个方面。

（三）我国的就业服务与就业方针

1. 新时期就业方针

社会主义市场经济体制的建立，为深化就业制度改革提出了更进一步的目标。党的十九大提出要坚持就业优先战略和积极就业政策，实现更高质量和更充分的就业。大规模开展职业技能培训，注重解决结构性就业矛盾，鼓励创业带动就业。

2. 我国的公共就业服务

就业服务按其提供者分为两类：一是由私营机构提供的就业服务；二是由政府提供的公共就业服务。公共就业服务的主要目标是弥补劳动力市场的缺陷，塑造更加公平有效的市场，从而促进劳动力流动、劳动生产率提高、经济增长和社会福利。劳动力市场缺陷包括市场信息不透明，技能不匹配，工资刚性，招工歧视，劳动力需求总量不足，长期失业，对劳动力流动的限制等。

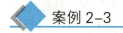

案例 2-3

开展就业服务专项活动

根据就业工作需要，为有针对性地帮助就业困难群体就业，我国陆续开展了多项就业服务专项活动。

（1）就业援助月活动。自2005年开始，每年举行就业援助月活动。例如，人力资源和社会保障部、中国残联共同启动"2019年就业援助月专项活动"。该活动旨在以多种形式开展对贫困残疾人的就业帮扶，加强保障和改善民生，帮助部分困难群众实现就业创业。

（2）"春风行动"。自2005年开始，每年举行"春风行动"。2019年的活动通过开展主题宣传、组织招聘活动、加强就业服务、引导返乡创业、推进就业扶贫、强化权益维护等措施，支持农村劳动力就业创业。

（3）全国民营企业招聘周活动。自2005年开始，每年举行全国民营企业招聘周活动。2019年的全国民营企业招聘周活动，人力资源和社会保障部门联合当地工会和工商联，开展民营企业招聘周，重点面向民营企业提供招聘用工服务。

（4）高校毕业生就业服务月。自2008年开始，每年举行高校毕业生就业服务月活动。

例如：2018年高校毕业生就业服务月活动的服务对象是：2018届有就业意愿的离校未就业高校毕业生，往届未就业高校毕业生。活动目标是：将有就业意愿的离校未就业高校毕业生全部纳入就业创业促进计划，做到登记一人，服务一人。对有求职意愿的，提供职业指导、岗位信息；对有创业意愿的，提供创业服务，落实创业扶持政策；对有培训意愿的，组织参加职业培训，提供技能鉴定服务；对有见习需求的，组织参加就业见习，帮助其积累经验、提升能力；对就业困难的，实施重点帮扶，加强就业权益保护，促进就业创业。

三、劳动工资制度

（一）工资制度

工资问题是现代分配问题的核心，因为它涉及当代社会每一个人及生产问题，也涉及分配问题，进而涉及社会问题和政治问题。工资作为劳动者个人消费资料的主要来源，作为激励劳动效率的一个重要杠杆和实现人力资源合理配置的基本手段，是任何一个政府都非常重视的问题。

目前，我国实行的是按劳分配与按要素分配并存，尝试建立集体谈判工资制度。在工资分配上，除了继续强调按劳分配的原则以外，1997年党的十五大提出实行多种分配方式并存的制度，即按劳分配、按要素分配结合的制度，这为资本、科技等生产要素参加分配提供了政策依据。按劳分配和按要素分配结合使收入分配趋向多元化，同时不同劳动者之间的收入差距拉大。

（二）工资的组成

根据国家统计局发布的《关于工资总额组成的规定》，工资总额指企业在一定时期内直接支付给本企业全部职工的劳动报酬的总额，由计时工资、计件工资、奖金、津贴和补贴、加班加点工资、特殊情况下支付的工资6个部分组成（见图2-3）。

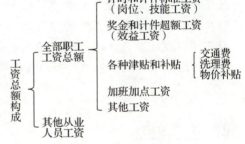

图2-3 工资组成

四、劳动保障制度

劳动保障制度是劳动制度的一个重要组成部分，它是国家根据有关法律规定，通过国民收入分配和再分配的形式，对劳动者因年老、疾病、伤残和失业等而出现困难时向其提供物质帮助以保障其基本生活的一系列制度。劳动保障制度的主要功能是保证劳动者的职业安全，从而保证劳动者及其家庭生活稳定，社会安定，保证整个社会经济发展和社会进步。劳动保障制度所涉及的内容非常广泛，职工的生育保障、疾病保障、失业保障、伤残保障、退休保障、死亡保障等都是劳动保障制度的内容。

经过多年的发展，我国的劳动保障制度已经和社会保障制度接轨。建立健全社会保障

◎知识链接

工资与薪酬

模块二　劳动分工与劳动组织

体系是推动和发展劳动力市场的必备条件。尤其是在市场经济迅猛发展的今天，企业各自选择自己所需求的劳动者，而劳动者选择能够发挥自己特长的工作岗位，劳动力合理的流动是形成劳动力要素市场、实现劳动力资源有效配置的重要保证。在劳动力流动过程中，劳动者最关心的问题之一就是社会保险关系的接续。如果劳动力的保险关系无法转移和接续，必然会影响劳动力的流动，影响劳动力市场作用的发挥。所以只有建立统一、完善和规范的社会保障体系，保证劳动力流动到哪里社会保障就到哪里，才能建立市场导向的就业机制，才能搞活劳动力市场，才能更好地推动我国经济建设的快速发展。

 总结案例

失业有保障吗

蒋某 30 年前毕业于当地一所专科学校，由于是委托培养，所以毕业后她顺利进入了当地的化工企业。在企业工作期间她任劳任怨，兢兢业业，一直受到同事和领导的好评，还多次被评为优秀员工。如今企业效益不好，再加上自己身体出了一些问题导致她心情不好，所以她决定和所在单位解除劳动关系。但她想不明白的是，自己已经 47 岁了，工作肯定不好找，况且马上就要达到退休年龄了，如果现在解除了，那原来在企业工作了几十年的时间，该缴纳的社会保险都缴了，如今却成了失业人员。如果要靠领失业金过日子，那以前的社会保险费不就白缴了吗？

分析：我国的失业保险是国家通过立法强制实行的，由社会集中建立基金，对因失业而暂时中断生活来源的劳动者提供物质帮助的制度，它是社会保障体系的重要组成部分，是社会保险的主要项目之一。所以蒋某的担心是多余的，因蒋某所在的单位和其个人都依法缴纳了养老保险费，不管她是失业人员还是在岗人员，她到退休年龄后都可以办理养老保险待遇手续。养老保险是劳动者在年老或者因为病残而丧失劳动能力的情况下，退出劳动岗位后获得帮助和补偿的一种社会保险。

 课堂活动

活学活用劳动基本制度

一、活动目标

理解我国劳动的基本制度并能够灵活运用于以后的工作中。

二、活动时间

建议 30 分钟。

三、活动流程

1. 教师将学生按照 6~8 人划分小组，小组数量最好为 3 的倍数。
2. 每组选出一名代表进行劳动就业制度、劳动工资制度和劳动保障制度的抽签，每组根据抽到的制度进行准备。
3. 每组成员间分工协作进行网上搜集材料等，分析抽到的制度对我们个人的意义和价

值，小组充分讨论后形成本组观点，并能举出 1~2 个案例进行说明。

4. 每个小组选出一名代表陈述本组观点，其他小组可以对其进行提问，小组内其他成员也可以回答提出的问题；通过问题交流，将每一个需要研讨的问题都弄清楚。

5. 教师进行分析、归纳、总结，并根据各组在活动过程中的表现给予点评并赋分。

模块三

劳动法律与劳动权益

导读导学

近些年来，随着《劳动合同法》《就业促进法》《社会保险法》等相继实施，我国逐渐形成了以《宪法》为依据、《劳动法》为基础、《就业促进法》《劳动合同法》《社会保险法》《劳动争议调解仲裁法》为主干、相关法律法规为配套的劳动保障法律体系。而其中《劳动合同法》与大学生的就业息息相关，它以完善劳动合同制度，明确劳动合同双方当事人的权利和义务，保护劳动者的合法权益，构建和发展和谐稳定的劳动关系为目的，值得每个人充分理解并能够灵活运用。

顶岗实习作为职业教育人才培养的主导模式，它是高职学生完成学业、走向工作岗位的必经阶段。但是由于学生工作经验不足、风险防范意识缺失、实习企业管理不规范，导致学生们在顶岗实习期间的劳动权益难以得到充分的保障，为此国家制定了《职业学校学生实习管理规定》，进一步规范和加强职业学校学生实习工作，维护学生、学校和实习单位的合法权益。

本模块共分为劳动法律法规、劳动合同及权利保障、顶岗实习权益三部分，希望学生们通过学习能够熟悉相关的劳动法律、法规，并能运用法律专业知识解决劳动关系中的实际问题，明确在劳动关系和顶岗实习中自己的权利与义务，切实维护自身的权益，做一个知法、守法、懂法的好公民，也为自己以后进一步走向社会打下坚实基础，更加从容地迎接未来正式的职场劳动。

主题3.1 劳动法律法规

> ◎哲人隽语
>
> 法律的制定是为了保证每一个人自由发挥自己的才能,而不是为了束缚他的才能。
>
> ——罗伯斯庇尔

 学习目标

1. 了解我国劳动法律法规,尤其是与个人紧密相关的具体规定。
2. 学会运用法律手段应对、解决当自己作为劳动者时在职场中所要面对的法律问题。
3. 培养学习相关法律法规知识的兴趣并形成良好的职业道德。

 引入案例

临时工的权益

2019年4月,李强刚刚参加完河南省统一组织的高职院校单独招生考试,一想到离9月份正式进入大学校园还有很长一段时间,于是他去郑州市某宾馆应聘,工作岗位是锅炉房司炉,希望勤工助学一段时间,为家里减轻一些负担。之后他被这家宾馆录用了(该宾馆在此之前已向所在地的劳动行政部门办理了用工登记)。因为李强的身份还是学生,在宾馆岗位上究竟能做多长时间自己也不确定,于是宾馆方面就把他划入了临时工的行列,也没有签订相应的劳动合同,但约定每天工作8小时,工资按月结算,并对其安排了健康体检。体检合格后,李强正式步入了工作岗位。上班后前几个星期,李强发现工作比较清闲,对这份工作很满意。不久,宾馆迎来旅游旺季,热水需求急剧增加,每天为烧锅炉需要他自己一个人用推车推运十几车煤,工作时间远超8小时,一天下来李强感觉浑身酸疼,身体渐渐吃不消了。

于是,李强向宾馆有关领导要求增加人手或给自己调换工作岗位,而宾馆的有关负责人却以招聘启事中明确约定了李强的工作岗位为由拒绝了他的要求,因此,双方产生了争议。到了8月份,李强实在难以忍受如此高强度的劳动,于是向宾馆提出辞职,并要求结算相应的工资,但宾馆却以工作不满一个月为由拒绝给他结算工资,他该怎么办呢?

分析: 我们可能在实际生活当中也会遇到类似的问题,但是往往因为缺乏相应的法律知识和常识、维护自身合法权益的意识,导致事情最后不了了之。所以,学习一些劳动方面的法律知识,对于我们在职场中维护自身合法权益是十分必要的。根据我国《劳动法》《劳动合同法》等法律法规的相关规定,我国劳动争议处理实行"一调、一裁、两审"的处理体制,劳动争议发生后,李强与用人单位可以协商解决;不愿协商,协商不成或者达成和解协议后不履行的,可以向调解组织申请调解;不愿调解、调解不成或者达成调解协议后不履行的,应当向劳动争议仲裁委员会申请仲裁;对仲裁裁决不服的,除另有规定的之外,可以向人民法院提起诉讼。

一、我国的社会主义法律体系

法律是社会的基本行为准则，遵守法律也是社会中每个人应尽的义务。我们在劳动和生活中都应该筑牢守法意识，树立正确的法治观念，依法约束自己的言行，让法律成为校准人生轨迹的重要准绳。

（一）法的概念和特征

法是由国家制定或认可并以国家强制力保证实施的行为规范体系，它通过规定人们在相互关系中的权利和义务，确认、保护及发展社会关系和社会秩序。法有广义和狭义之分。广义的法律是指法的整体，包括法律、有法律效力的解释以及其行政机关为执行法律而制定的规范性文件（如规章）。而狭义的法律则专指有立法权力的机关依照立法程序制定的规范性文件，包括宪法、法令、法律、行政法规、地方性法规、行政规章、判例、习惯法等。

法具有以下几个特征：
（1）法是调整行为的规范，具有规范性。
（2）法是由国家专门机关制定、认可和解释的规范，具有国家性。
（3）法是由严格的程序规定的规范，具有程序性。
（4）法是由国家强制力保证其实施的规范体系，具有强制性。

（二）劳动法律体系、制度及法规

1. 劳动法律体系

劳动法律体系是由各项劳动法律制度及其劳动法律规范组成的劳动法有机联系的整体。特点是按一定的标准将劳动法律规范分类组合。劳动法律体系说明各项劳动法律规范之间的统一、区别、相互联系和协调性。可以按照劳动法律规范的制定机关及其效力分类组合成一种形式的劳动法律体系，也可以按照劳动法律规范的内容分类组合成一种形式的劳动法律体系。

2. 劳动法律制度

劳动法律制度是调整劳动关系某一方面的法律规范的总称。调整劳动关系的各种法律规范的总和，就是一国的劳动法律部门。各项法律制度及其劳动法律规范构成劳动法律体系。其主要有：劳动合同法律制度、工作时间和休息时间法律制度、劳动报酬法律制度、劳动安全与卫生法律制度、女工与未成年工保护法律制度、社会保险与劳动保险法律制度、工会法律制度、劳动争议处理法律制度、劳动监督和检查法律制度等。

3. 劳动法律法规

我国主要的劳动法律法规包括《中华人民共和国劳动法》《中华人民共和国劳动合同法》《中华人民共和国劳动争议调解仲裁法》《中华人民共和国社会保险法》《中华人民共和国就业促进法》《中华人民共和国工会法》等。

◎知识链接

法律、法规、规章、规范性文件的区别

二、《中华人民共和国劳动法》和《中华人民共和国劳动合同法》

（一）《中华人民共和国劳动法》

《中华人民共和国劳动法》（以下简称《劳动法》）于 1995 年 1 月 1 日起施行并分别于 2009 年和 2018 年进行了修正。它是为了保护劳动者的合法权益，调整劳动关系，建立和维护适应社会主义市场经济的劳动制度，促进经济发展和社会进步而制订的。《劳动法》分为 13 章，具体包括总则、促进就业、劳动合同和集体合同、工作时间和休息休假、工资、劳动安全卫生、女职工和未成年工特殊保护、职业培训、社会保险和福利、劳动争议、监督检查、法律责任、附则。

我国劳动法的基本原则如下：

1. 劳动既是权利又是义务的原则

（1）劳动是公民的权利。每一个有劳动能力的公民都有从事劳动的同等的权利，主要体现在：对公民来说意味着：①有就业权和择业权在内的劳动权；②有权依法选择适合自己特点的职业和用工单位；③有权利用国家和社会所提供的各种就业保障条件，以提高就业能力和增加就业机会。对企业来说意味着：①平等地录用符合条件的职工；②加强提供失业保险、就业服务、职业培训等方面的职责。对国家来说意味着应当为公民实现劳动权提供必要的保障。

（2）劳动是公民的义务。劳动者一旦与用人单位发生劳动关系，就必须履行其应尽的义务，其中最主要的义务就是完成劳动生产任务。这是劳动关系范围内的法定的义务，同时也是强制性义务。

2. 保护劳动者合法权益的原则

（1）偏重保护和优先保护。劳动法在对劳动关系双方都给予保护的同时，偏重于保护处于弱者的地位的劳动者，适当体现劳动者的权利本位和用人单位的义务本位，《劳动法》优先保护劳动者利益。

（2）平等保护。全体劳动者的合法权益都平等地受到劳动法的保护，各类劳动者的平等保护，特殊劳动者群体的特殊保护。

（3）全面保护。劳动者的合法权益，无论它存在于劳动关系的缔结前、缔结后或是终结后，都应纳入保护范围之内。

（4）基本保护。对劳动者的最低限度保护，也就是对劳动者基本权益的保护。

（二）《中华人民共和国劳动合同法》

《中华人民共和国劳动合同法》（以下简称《劳动合同法》）自 2008 年 1 月 1 日起施行，适用范围为中华人民共和国境内的企业、个体经济组织、民办非企业，以及国家机关、事业单位、社会团体等组织。

《劳动法》和《劳动合同法》的区别在于：《劳动法》是大法，《劳动合同法》是专门规范用人单位与劳动者建立劳动关系，订立、履行、变更、解除、终止劳动合同的法律法规。

《劳动法》与《劳动合同法》，是前法与后法、旧法与新法的关系，按照《立法法》

"新法优于旧法"的原则,《劳动法》与《劳动合同法》不一致的地方,以《劳动合同法》为准;《劳动合同法》没有规定而《劳动法》有规定的,则适用《劳动法》的相关规定。

关于《劳动合同法》的更多内容,请参阅本模块"主题3.2 劳动合同及权利保障"。

案例 3-1

岗前培训有工资吗

2018年6月,李冉从河北省某中职学校毕业后经过笔试和面试被现在的公司录用。李冉拿到了正式的录取通知书后按照通知书规定的日期报到,上班第一天就接到了人力资源部的通知,要求所有的新人都必须参加1个月的岗前培训。

考虑到自己已经毕业且家庭负担重,所以李冉壮胆去问了一下人力资源部经理,岗前培训这1个月的工资能发多少。人力资源部经理对她说:"因为这1个月是培训期,不算正式工作,但公司会给予每个人700元的生活补贴。"李冉觉得给的太少了,所以就直接对人力资源部经理说:"经理,现在物价这么高,700元怎么活呀?!"经理回答她说:"你参加培训没有创造价值,哪来的工资,公司给予补贴已经很好了。"听到经理这么说,李冉既不满意也觉得不合理,但她又不知道该如何捍卫自己的权益。

分析:按照《劳动合同法》规定:用人单位用工之日起即与劳动者建立劳动关系,就已经受用人单位管理,岗前培训属于用人单位安排;同时,岗前培训,既是劳动者的权利,也是用人单位的义务,劳动者已经提供了用工,所以岗前培训1个月,公司应按试用期薪资发放。李冉因对《劳动合同法》中的试用期规定不甚了解,所以自己的权益受到侵害时也无力捍卫。

三、《中华人民共和国就业促进法》和《中华人民共和国社会保险法》

(一)《中华人民共和国就业促进法》

《中华人民共和国就业促进法》(以下简称《就业促进法》)是自2008年1月1日开始施行的。这部法律将就业工作纳入法制化轨道,从法律层面形成了更有利于学生就业的社会环境。内容涉及转变就业观念,提高就业能力;强化依法管理,加大资金投入;规范就业市场,打击违法行为;鼓励自主创业,加强就业援助;反对就业歧视,营造公平环境等几个方面。因此,当自己在就业中遇到困难时可以向相关政府部门要求援助,当受到歧视时可以向相关政府部门反映甚至诉讼。

《就业促进法》共有九章六十九条,主要内容归纳为"116510",即"一个方针,一面旗帜,六大责任,五项制度,十大政策"。

(二)《中华人民共和国社会保险法》

《中华人民共和国社会保险法》(以下简称《社会保险法》)于2011年7月1日起施行。2018年,第十三届全国人民代表大会常务委员会第七次会议决定对《中华人民共和国社会保险法》部分条款做了修改。

《社会保险法》是中国特色社会主义法律体系中起支架作用的重要法律，是一部着力保障和改善民生的法律。《社会保险法》规定，国家建立基本养老保险、基本医疗保险、工伤保险、失业保险、生育保险等社会保险制度，保障公民在年老、疾病、工伤、失业、生育等情况下依法从国家和社会获得物质帮助的权利。

 总结案例

打赢的官司

郭海滨被浙江省某县邮电局招用为报刊投递临时工，他非常珍惜这份工作，并不把自己当作临时工看待，而是像正式职工一样有着"绿衣天使"的职业自豪感。他每天都早出晚归，工作踏踏实实，从没有出现过报刊的迟投或误投，因此也深得客户和邮电局领导的好评。2017年的一天，郭海滨在骑车投递报刊时，不慎被一辆拖拉机上的毛竹严重戳伤右眼，右眼视网膜剥离。经过近1个月的医治，眼睛虽然是保住了，但被认定为6级伤残，右眼几近失明，左眼视力降至0.1。突如其来的事故，让郭海滨欲哭无泪，生存的压力成了他心上无法释然的阴影。邮电局虽然同意报销他的医疗费用，但认为他只是本单位的临时工，因此，只同意发给郭海滨12个月的本人工资作为一次性伤残补助费。2019年3月，郭海滨向法院提起诉讼，要求县邮政局支付医疗费用、伤残补助金等合计4.65万余元，并安排工作，享受职工待遇等相关的工作保险待遇。最后官司打到浙江省高级人民法院，2019年11月，经省检察院提出抗诉，省高级法院直接对案件进行再审，并做出终审判决：郭海滨依法享有工伤保险待遇，县邮政局应承担郭海滨的医疗费用、工伤津贴等4.5万元，并按照每月3 000元标准发放工资。

分析： 郭海滨之所以能打赢官司，这是因为工伤保险待遇是宪法和劳动法赋予劳动者享有的合法权益，是国家为保障职工合法权益、促进安全生产和维护社会稳定而设置的一项强制性的社会保险制度。工伤保险作为一项带有强制性的福利性待遇，是每一位企业职工当然享有的权利。

 课堂活动

劳动法律法规知识懂多少

一、活动目标

了解我国的劳动法律法规，知悉它们中有哪些内容是保护个人劳动权益的。

二、活动时间

建议20分钟。

三、活动流程

1.所有学生运用各种途径整理个人认为重要的保护个人劳动权益的相关法律法规

知识。

2. 教师按照8~10人划分小组，并要求从组员整理的法律法规知识中讨论挑选出15~20个小组认为十分重要的。

3. 每个小组选出一名代表陈述本组整理的十分重要的法律法规知识，其他小组可以对其进行提问，小组内其他成员也可以回答提出的问题；通过问题交流，将每一个值得探讨的法律法规知识都弄清楚。

4. 教师引导学生灵活运用我国的劳动法律法规知识，并把各组解读的劳动法律法规知识进行分析、归纳、总结。

5. 教师根据各组在研讨过程中的表现，给予点评并赋分。

主题3.2　劳动合同及权利保障

> ◎哲人隽语
>
> 合同是缔约主体的无声代言，合同是经办人员的风格再现，合同是团队执行力的集中体现，合同是风险控制的钥匙关键。

学习目标

1. 能够归纳《劳动合同法》中劳动者劳动权利的基本内容。
2. 能够完成劳动合同签订并规避主要风险，能灵活运用相关法律法规处理简单的劳动争议。
3. 积极借鉴劳动争议处理中的措施来保护个人权益。

引入案例

劳动合同该不该签

2017年，甘肃省某区劳动监察大队受理了多起劳动保障方面的举报投诉案件。经调查，这些案件中的劳动者与用人单位大多都未签订劳动合同。令人惊讶的是，有的竟然是劳动者不愿与用人单位签订劳动合同，理由是签订劳动合同会束缚自己的自由，影响自己将来跳槽或者接私活。

分析： 劳动合同是劳动者与用人单位确立劳动关系，明确双方权利和义务的协议。它对劳动者而言，是保障劳动者权益的有效武器，一旦与用人单位发生劳动争议，无论是举报投诉还是申请仲裁，没有合同为证会带来很多麻烦。建立劳动关系时应当订立劳动合同。

一、劳动合同

劳动合同是劳动者与用人单位确立劳动关系、明确双方权利和义务的协议。劳动合同的形式一般有书面形式和口头形式两种，书面合同是由双方当事人达成协议后，将协议的内容用文字形式固定下来，并经双方签字。劳动合同的条款分为法定条款和协商条款，法定条款是指法律、法规规定必须协商约定的条款，协商条款是指根据工种、岗位的不同特点，以及双方各自的具体情况，由双方选择协商约定的具体条款。劳动合同被誉为劳动者的"保护伞"，它为构建与发展和谐稳定的劳动关系提供了法律保障。

（一）劳动合同的签订原则

1. 合法原则

它要求劳动合同的形式合法和内容合法。按照《劳动合同法》的规定，除了非全日制用工外，都应当以书面形式订立劳动合同。劳动合同内容必须具备必备条款，且内容不得违反法律规定。

2. 公平原则

它要求劳动合同内容公平合理，用人单位不得以强势地位压制劳动者而制定显失公平的合同条款。

3. 平等自愿原则

它要求劳动者和用人单位在订立劳动合同时法律地位平等，订立劳动合同完全是出于劳动者和用人单位双方的真实意思的表示，出于自愿而签订。

4. 协商一致原则

它是指合同条款是经双方协商一致达成的，任何一方不得把自己的意志强加给另一方，不得强迫订立劳动合同。

5. 诚实信用原则

它是一项社会基本道德原则，为人处世均应当遵循该原则。用人单位和劳动者在签订劳动合同时要诚实，讲信用，不得欺诈对方。根据《劳动合同法》的规定，用人单位有权了解劳动者与劳动合同直接相关的基本情况，劳动者应当如实说明；而用人单位也应如实告知劳动者的工作内容、工作条件、工作地点、职业危害、安全生产状况、劳动报酬，以及劳动者要求了解的其他情况。

（二）劳动合同内容

根据《劳动合同法》的明确规定，用人单位与劳动者签订劳动合同应以书面形式确立，劳动合同内容就是劳动合同中包含的具体条款，这些条款分为必备条款和补充条款。

1. 必备条款

（1）用人单位的名称、住所和法定代表人或者主要负责人。

（2）劳动者的姓名、住址和居民身份证或者其他有效身份证件号码。

（3）劳动合同期限。它指的是劳动合同的有效时间，是双方当事人所订立的劳动合同起始时间和终止时间，即劳动关系具有法律效力的时间。

（4）工作内容和工作地点。工作内容包含从事劳动的工种、岗位，以及应该完成的生产（工作）任务及工作班次等；工作地点指的是劳动者具体上班的地点，对劳动者来说越详细越好。

（5）劳动报酬。它主要包括工资、奖金、津贴和补贴等内容。

（6）劳动纪律。它是劳动者在生产（工作）过程中必须遵守的工作秩序和劳动规则。

（7）劳动合同终止的条件。劳动合同中约定的合同终止条件是指除法律、法规规定的合同终止以外，当事人双方自己协商确定的终止合同效力的条件。

（8）劳动保护、劳动条件和职业危害防护。它们指的是用人单位应当为劳动者提供的劳动保护措施和劳动条件，主要包括劳动安全和卫生规程、工作时间和休息休假等内容。

（9）违反劳动合同的责任。它是指当事人由于自己的过错而造成劳动合同的不履行，或不适当履行所应当承担的责任。

（10）法律、法规规定应当纳入劳动合同的其他事项。

2. 补充条款

补充条款又称为"可备条款"，是双方当事人通过协商订立的条款，条款的内容如下。

（1）试用期条款。试用期条款是劳动合同中的常见条款，法律对试用期有较明确的规定。如试用期应当包含在劳动期内，并应当参加社会保险，以及试用期最长不得超过6个月等。其中合同期在1年以上，2年以内的，试用期不得超过60日；合同期在6个月以上，1年以下的，试用期不得超过30日；合同期在6个月以下的，试用期不得超过15日等。

（2）保守商业秘密条款。约定这一条款的目的在于保护用人单位的经济利益，目前越来越多的用人单位开始重视商业秘密的保护，在录用一些关键岗位的人员时均要求签订相应的保密条款。

（三）无效劳动合同

无效劳动合同是指当事人违反法律规定订立的劳动合同，该劳动合同不具有法律效力。根据无效程度，无效劳动合同分为部分无效和全部无效，具体这两种无效劳动合同的效力如图3-2所示。

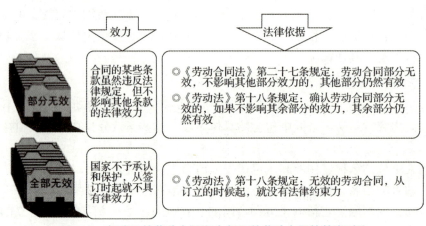

图3-2 部分无效劳动合同和全部无效劳动合同的效力对比

二、劳动权利

（一）平等就业与选择职业的权利

平等就业和选择职业是每个劳动者都拥有的劳动权利，所谓平等就业就是指在劳动就业中实行男女平等及民族平等的原则。招工时不得歧视妇女，不得歧视少数民族的劳动者，男女之间及不同民族之间应一视

应届生三方协议与劳动合同的关系

同仁。在录用职工时，除国家规定的不适合妇女的工种或者岗位外，不得以性别为由拒绝录用妇女或者提高对妇女的录用标准。在劳动和工作的调配方面应根据实际情况，对妇女予以必要的照顾。根据政策等对少数民族应有适当的照顾，在工资方面应贯彻同工同酬的原则。

（二）取得劳动报酬的权利

取得劳动报酬是每个劳动者都拥有的权利，它是指劳动者有权根据自己的劳动数量和质量及时得到合理的报酬，任何用人单位不得克扣或无故延期支付。《劳动合同法》规定，全日制用工的，工资应当至少每月支付一次；非全日制用工劳动报酬结算支付周期最长不超过15日。在此规定下，用人单位工资发放时间由用人单位与职工在劳动合同中约定。

在我国，劳动者取得劳动报酬的分配方式是按劳分配。按劳分配是根据劳动者提供的劳动量给付报酬，多劳多得，少劳少得，不劳不得。

为给予劳动者必要的社会保护，国家实行最低工资保障制度。最低工资是指保障劳动者及其家庭的最低生活需要的工资，其标准由各省、自治区及直辖市人民政府规定，报国务院备案。

案例 3-2

超低的试用期工资

张跃到一家中外合资电子企业工作，进厂时未提出与企业订立劳动合同。但与企业口头约定，用工试用期为6个月，期满后视情况再定工作岗位。第一个月张跃领到工资2 500元，其他员工告诉她，当地最低工资标准为2 800元，企业支付给张跃的工资太低。张跃找到电子企业的厂长询问，厂长解释说试用期属于不熟练劳动期，工资可以低于最低工资标准。

（三）休息休假的权利

休息日是我国宪法规定的公民权利，这一权利的重要意义在于能够保证劳动者的身体和精神上的疲劳得以解除，借以恢复劳动能力。

我国实行每日工作8小时，平均每周工作40小时的工作制度。

在一般情况下，在法定的节假日期间，用人单位应当按照国家规定的休假天数安排劳动者休假，而不能任意组织加班。用人单位由于生产经验需要，经与工会和劳动者协商后可以延长工作时间，一般每日不得超过1小时；因特殊原因需要延长工作时间的，在保障劳动者身体健康的条件下延长工作时间每日不得超过3小时，但是每月不得超过36小时。

用人单位在符合法律规定的条件下延长劳动者的工作时间，必须向劳动者支付报酬，而且要支付高于劳动者正常工作时间的工资报酬。

此外，我国还实行带薪休假制度。劳动者连续工作一年以上，享受带薪年休假。

（四）获得劳动安全和卫生保护的权利

获得劳动安全和卫生保护是每个劳动者都拥有的劳动权利。在劳动生产过程中存在各种不安全和不卫生因素，如不采取措施加以保护，就会危害劳动者的生命安全和身体健康，甚至妨碍生产的正常进行。劳动者有权要求改善劳动条件和加强劳动保护，保证在生产过程中能够安全和健康。

劳动者在劳动过程中必须严格遵守安全操作规程，对用人单位管理人员违章指挥及强令冒险作业等有权拒绝执行；对危害生命安全和身体健康的行为有权提出批评、检举和控告。从事特种作业的劳动者必须经过专门培训并取得特种作业资格。

（五）接受职业技能培训的权利

职业技术培训是为了培养和提供人们从事各种职业所需的技术业务知识和实际操作技能而进行的教育和训练，劳动者有权要求接受这种教育和训练。

职业培训是国民教育体系的一个重要组成部分，用人单位应当建立职业培训制度，按照国家规定提取和使用职业培训经费。企业要根据本单位实际，有规划地对劳动者进行培训。从事技术工种的劳动者，上岗前必须经过培训。

（六）享受社会保险福利的权利

享受社会福利保险是每个劳动者都拥有的劳动权利，我国宪法明确规定："中华人民共和国公民在养老、疾病或者丧失劳动能力的情况下，有从国家和社会获得物质资助的权利。"劳动者享受的社会保险和福利权也就是劳动者享受的物质帮助权。

用人单位和劳动者必须依法参加社会保险，缴纳社会保险费。国家鼓励用人单位根据本单位实际情况为劳动者建立补充保险，提倡劳动者个人进行储蓄性保险。将基本保险、补充保险和储蓄性保险相结合，使劳动者享受的社会保险待遇得到切实保障。

（七）提请劳动争议处理的权利

劳动争议涉及劳动者的健康安全、工作和生活的各个方面，关系到劳动者的切身利益，因此一旦劳动争议出现，劳动者就有权请求处理。

解决劳动争议应当根据合法、公正和及时处理的原则，依法维护劳动争议当事人的合法权益。

三、劳动争议处理

劳动争议是劳动关系当事人之间因劳动的权利与义务发生分歧而引起的争议，又称劳动纠纷。其中有的属于既定权利的争议，即因适用劳动法和劳动合同、集体合同的既定内容而发生的争议；有的属于要求新的权利而出现的争议，是因制定或变更劳动条件而发生的争议。

（一）劳动争议处理范围

根据《中华人民共和国劳动争议调解仲裁法》（以下简称《劳动争议调解仲裁法》）第二条规定，劳动争议处理的范围包括以下6个方面的内容。

（1）因确认劳动关系发生的争议。

（2）因订立、履行、变更、解除和终止劳动合同发生的争议。

（3）因除名、辞退和辞职、离职发生的争议。

（4）因工作时间、休息休假、社会保险、福利、培训以及劳动保护发生的争议。

（5）因劳动报酬、工伤医疗费、经济补偿或者赔偿金等发生的争议。
（6）法律、法规规定的其他劳动争议。

（二）劳动争议处理方式

1. 协商

《劳动争议调解仲裁法》第四条规定："发生劳动争议，劳动者可以与用人单位协商，也可以请工会或者第三方共同与用人单位协商，达成和解协议。"

2. 调解

根据《劳动争议调解仲裁法》第五条规定："发生劳动争议，当事人不愿协商、协商不成或者达成和解协议后不履行的，可以向调解组织申请调解；不愿调解、调解不成或者达成调解协议后不履行的，可以向劳动争议委员会申请仲裁；对仲裁裁决不服的，除本法另有规定的外，可以向人民法院提起诉讼。"

3. 仲裁

劳动争议仲裁是劳动争议仲裁机构根据劳动争议当事人一方或双方的申请，依法就劳动争议的事实及当事人应承担的责任作出判断和裁决的活动。

案例 3-3

超过时效的仲裁

凤彩霞于 2002 年 10 月进入深圳市宝安区一家电子厂工作，并于 2011 年 12 月辞职离厂。2012 年 4 月，凤彩霞以厂方超时加班及克扣加班费为由，向宝安区劳动争议仲裁委员会提出劳动仲裁请求，要求判令厂方支付其经济补偿金 95 570 元人民币，并同时支付其 2011 年 3 月至 9 月的加班工资 23 494 元。2012 年 4 月 25 日，劳动仲裁庭做出裁定，鉴于凤彩霞未能提供充分证据，且支付加班费的请求已超仲裁时效，驳回凤彩霞的全部请求。

4. 诉讼

劳动争议诉讼是劳动争议当事人对劳动争议裁决结果不满意，而在规定时间内向人民法院起诉的行为。在我国现行的法律体系中，劳动争议实行先裁后审制度，即劳动争议仲裁是劳动争议诉讼的前置程序，对于未经过仲裁的劳动争议申诉案件，人民法院不予受理。

总结案例

多次约定试用期

2018 年 1 月，许某被北京一家外商投资企业录用，主要从事企业产品销售工作。许某上班后企业就与他签订了 1 年期的劳动合同，并约定了 2 个月的试用期，每月的劳动报酬是 5 000 元，另外根据许某的销售业绩予以提成。双方合同期满后，企业认为许某不适应从事销售工作，调整其工作岗位为仓库发货员，并与其续签了 1 年的劳动合同，且又约定了 2 个月的试用期。第二次试用期期间，许某收到了企业解除劳动合同通知书，原因是许某在试用期内几次犯错。许某感到很突然，要求企业给个说法，但企业不予理会。于是，许某只能将企业告到劳动仲裁，要求企业支付违法解除劳动合同的经济补偿标准两倍的赔偿金。仲裁委员会依法予以受理。

分析： 不论是劳动合同的续订、劳动者离职后的再次招用，还是劳动者岗位发生变更，均不能成为用人单位与劳动者再次约定试用期的理由。因《劳动合同法》有规定，同一用人单位与同一劳动者在签订劳动合同时不能两次约定试用期。聘用许某的公司擅自约定两次试用期，并以试用期不符合录用条件为由单方面与许某解除劳动合同属于违法解除，所以按照《劳动合同法》的有关规定，该企业应该支付许某经济补偿标准的两倍的赔偿金。

课堂活动

如何看待劳动合同中的竞业禁止

一、活动目标

引导学生掌握劳动合同的相关知识，为未来进入职场签订劳动合同时规避风险做好准备。

二、活动时间

建议 15 分钟。

三、活动流程

1. 教师出示以下阅读材料，并提问：你认为该案件应当如何判决？

劳动合同中的竞业禁止

苗某于 2016 年 10 月 9 日与某电脑公司签订劳动合同，被聘为技术员，聘期两年。双方当事人在劳动合同中约定了竞业禁止：合同解除或终止后，苗某三年内不得在本地区从事与该公司相同性质的工作，如违约，苗某须一次性赔偿电脑公司经济损失 10 万元。

因电脑公司拖欠苗某 2017 年 9 月、10 月两个月的工资，2017 年 11 月 15 日，苗某向区劳动争议仲裁委员会申请仲裁，要求解除劳动合同；补发两个月工资，给付经济补偿金；确认劳动合同中的竞业禁止约定条款无效。

2. 教师按照 4~6 人将学生划分小组，通过小组内部讨论形成小组观点。

3. 每个小组选出一名代表陈述本组观点，其他小组可以对其进行提问，小组内其他成员也可以回答提出的问题；通过问题交流，将每一个需要研讨的问题都弄清楚。

4. 教师进行分析、归纳、总结。

5. 教师根据各组在研讨过程中的表现，给予点评并赋分。

主题3.3 顶岗实习权益

> ◎哲人隽语
> 没有无义务的权利,也没有无权利的义务。
> ——马克思

学习目标

1. 归纳顶岗实习中自身的权益和理解顶岗实习中的问题。
2. 能够使用《职业学校学生顶岗实习管理规定》维护自身权益。
3. 增强对《职业学校学生顶岗实习管理规定》的全面认识,关注个人权益和顶岗实习中问题的解决方案,积极参与学校组织的顶岗实习工作。

引入案例

同工不同酬

段雪峰作为某中职学校旅游英语专业的学生,在经过两年系统学习后在三年级上学期被学校统一安排到一家酒店当服务员。对于刚刚迈出校门的学生,他从开始的好奇兴奋到后来的乏力,从自我否定到肯定,短短几个月的实习,他自认为经历的事情比自己前16年的还多。段雪峰在酒店服务员的实习生活一开始就遇到了两个难题:第一个就是和学校大不一样的作息时间和用餐时间。早中晚三班倒,令他睡眠有些不足;早午晚饭间隔时间不固定,使得他无法正常吃饭。第二个难题是这个岗位的特殊性,哪里有需要就往哪里跑,点单、上菜、倒水、收拾餐盘,每天都忙忙碌碌12个小时以上。

经过两周的顶岗实习后,段雪峰慢慢适应了这紧张的生活。他憧憬着发工资的日子早点到来,毕竟是自己人生第一次依靠辛勤劳动赚来的钱,所以他特别在乎。在期待中迎来了发工资的日子,段雪峰没有想到他的第一个月工资仅有1 800元,他觉得跟正式工每月4 000元的工资相比太低了,所以他主动去找主管反映意见,但主管说因为他们是实习生,很多工作都不熟悉甚至无法胜任,所以实习期间每月1 800元的工资是非常合理的。段雪峰认为自己与酒店员工干着无差别的工作,主管的说法有些强词夺理,但自己作为实习生却无力反抗。他非常郁闷,正在考虑是否联合实习的同学一起去争取自己的权益。

分析:《职业学校学生实习管理规定》要求接收学生顶岗实习的实习单位,应参考本单位相同岗位的报酬标准和顶岗实习学生的工作量、工作强度、工作时间等因素,合理确定顶岗实习报酬,原则上不低于本单位相同岗位试用期工资标准的80%,并按照实习协议约定,以货币形式及时、足额支付给学生。段雪峰在实习期间承担了正常的岗位工作,但其实习工资却仅是酒店相同岗位试用期工资标准的60%,所以他应该据理力争维护自己的权益。

一、顶岗实习概念

顶岗实习是学生在完成文化基础课、部分专业课以及校内专业实践课以后进行的实践性教学环节,是提高学生实践技能的重要途径。顶岗实习是学生在企业里身兼员工身份,

模块三　劳动法律与劳动权益

将理论与实践进行有机结合，有明确的工作责任和要求，通过专业对口实习全面提高学生自身能力，提前到岗位上真刀实枪的工作，有效实现学校与社会的"零距离接触"。学生顶岗实习期间的任务，主要是完成实习工作任务和实习期间的学习任务，在实习期间既能提高自身职业技能，又能培养吃苦耐劳的精神，提升自身就业竞争力。

案例 3-4

从顶岗实习中脱颖而出

小章是某高职院校机电专业的学生，学校安排他面试了几家学校顶岗实习长期联系的企业，但因他的眼睛高度近视都被退回了。如何安排他的实习单位让他的老师伤透了脑筋。

也算是天无绝人之路，后来听说某仪器仪表厂对视力要求不高，于是他的老师建议小章到这家民营企业参加顶岗实习。这家单位位于一个小镇上，刚开始是生产床垫用的弹簧，生产条件差，生活条件也差，和小章一起去的二十多个同学大多数吃不了苦，都退却了，可小章选择了坚持，他觉得在这里可以锻炼自己。

在顶岗实习过程中，重要的是学习如何制作弹簧，于是小章就从安装机器开始学习。机器刚运来时，他向安装师傅学习如何安装，不懂就问，拿着说明书，一点一点地学习，通过努力，他竟然在师傅的指导下装好了一部机器。机器装好后，安装师傅撤走了，可难题又来了：如何用机器来制作各种不同型号的弹簧。他就和其他同事一起，对照说明书，慢慢去学习，他坚持一边学习，一边实践，没过多长时间，他就掌握了几种简单的弹簧制作。实习单位的领导通过对他的观察，觉得他工作认真、踏实肯干、能力强，又不怕苦，于是就把他提拔为班长，专门负责生产。

不久单位接到了一种较为复杂的弹簧的生产任务，可单位没有人会，怎么办？小章主动向领导请战，埋头研究，结合机器的说明书，一次次失败，一次次实验。没有几天就制作成功了。产品也得到了订货厂家的认可，领导们对小章的工作极为满意，所以实习结束前，该企业就与小章签订了劳动合同，并给予特别令小章满意的薪水。

二、顶岗实习政策与规定

2016 年 4 月，教育部根据《中华人民共和国教育法》《中华人民共和国职业教育法》《中华人民共和国劳动法》《中华人民共和国安全生产法》《中华人民共和国未成年人保护法》《中华人民共和国职业病防治法》及相关法律法规、规章的要求，同财政部、人力资源和社会保障部、国家安全监管总局、中国保监会五部门联合印发了《职业学校学生实习管理规定》。

◎知识链接

顶岗实习

三、顶岗实习主要权利

（一）无协议不实习

《职业学校学生实习管理规定》要求，学生参加跟岗实习、顶岗实习前，学生所在的学校和将要实习的单位应与学生签订三方实习协议，明确各方的

◎知识链接

实习管理规定

责任、权利和义务。如果学校未按规定签订实习协议，学校不能安排学生去实习，并且对实习协议的基本内容做出了规定。

（二）有报酬底线

《职业学校学生实习管理规定》要求，接收学生顶岗实习的实习单位，应参考本单位相同岗位的报酬标准和顶岗实习学生的工作量、工作强度、工作时间等因素，合理确定顶岗实习报酬，原则上不低于本单位相同岗位试用期工资标准的80%，并按照实习协议约定，以货币形式及时、足额支付给学生。

（三）有禁止性规定

《职业学校学生实习管理规定》为保护学生实习，对不适宜学生实习的情况在完全禁止性条款和部分禁止性条款中都作了详细规定（例如，不能安排学生去夜总会等娱乐场所实习）。

（四）不交纳额外费用和不提供担保等问题

《职业学校学生实习管理规定》要求，职业学校和实习单位不得向学生收取实习押金、顶岗实习报酬提成、管理费或者其他形式的实习费用，不得扣押学生的居民身份证，不得要求学生提供担保或者以其他名义收取学生财物。

案例3-5

被抽成的实习工资

又是一年实习季，2018年7月杜玉明和同学们六十多人作为兰州市某职业学校的学生被学校统一安排到江苏省南京市的某光电有限公司做普通工人，做着和所学专业毫无关系的流水线工作，顶岗实习期为6个月。

他们在学校以"顶岗实习"的名义与某家人力资源公司签署了协议，到岗后他们被要求每天工作8小时，义务加班2小时，然后还要服从工厂安排。高劳动强度工作后杜玉明和同学们每个月算上加班费最多能拿到3 000元左右，但他了解到，一样工作在相同岗位上的正式员工，每个月的工资是4 000~5 000元。为什么工资相差这么大呢？经过多方打听，杜玉明了解到，原来学校按照惯例，从每个学生每小时的工资里抽取1~2元作为提成了。

（五）有顶岗实习学生占在岗人数比例规定

《职业学校学生实习管理规定》要求，顶岗实习学生的人数不超过实习单位在岗职工总数的10%，在具体岗位顶岗实习的学生人数不高于同类岗位在岗职工总人数的20%。对于不符合这个要求的实习单位，学生可以向学校或实习单位提出拒绝顶岗实习的要求。

（六）有人身安全和健康的要求

《职业学校学生实习管理规定》要求，实习协议的必备条款中要有对学生在实习期间劳动保护和劳动安全、卫生、职业病危害防护条件和责任保险与伤亡事故处理办法。

（七）有投保实习责任保险要求

职业院校学生实习责任险是一种面对职业院校学生实习责任的险种，凡经相关政府部门依法批准设立的初等、中等、高等职业院校、有关教育培训机构、学生实习管理机构均可以办理。《职业学校学生实习管理规定》进一步明确，职业学校和实习单位应根据国家有关规定，为实习学生投保实习责任保险，并提出要推动建立学生实习强制责任保险。

总结案例

顶岗实习乱象丛生

近几年，职业教育受诟病的问题之一，就是一些职业学校打着"顶岗实习""社会实践""体验式教学"等旗号，把学生"输送"给企业充当廉价劳动力。更有甚者，强迫学生到酒吧、夜总会表演或陪酒（图3-3），给学生的身心健康造成了不小的伤害。

据《中国青年报》报道，前些年，兰州某外语职业学院不少学生被学校安排至惠州、东莞、昆山等地的电子工厂，开始为期6个月的顶岗实习。学生们每天被要求至少工作12小时，做着和所学专业毫无关系的流水线工作。

一些职校之所以违反国家相关规定，如此操作，大都是冲着其中的利益。近年来，珠三角、长三角等地区存在用工荒等问题，加之部分企业用工不规范，以及违法违规成本太低等因素影响，一些职业院校为了创收，俨然与企业联手，将学生实习变为工厂打工，并以扣学分、不发毕业证等迫使学生就范。

分析： 实践也好，实习也罢，作为职业教育的一部分，其内容都应当与大学生的专业学习紧密连接，服务于提高大学生专业素质与能力这一根本目标。国家相关部门对顶岗实习乱象要进行整顿，对顶岗实习过程要进行规范，不仅需要提高企业和学校的违法违规成本，对违规行为人追究责任，而且大学生自己也要拿起《职业学校学生实习管理规定》等法律武器，向变味的顶岗实习"潜规则"说不。

图3-3 禁止到夜总会实习

课堂活动

制定顶岗实习计划和目标

一、活动目标

通过制定顶岗实习计划和目标，深刻理解顶岗实习的内涵和各项政策与规定。

二、活动时间

建议40分钟。

三、活动流程

1. 教师按照 6~8 人把学生划为一组，每组成员分工合作，查找相关信息。

2. 小组成员集体头脑风暴，通过小组内部讨论形成小组观点，共同制定本组的顶岗实习计划和目标。

3. 每个小组选出一名代表陈述本组的顶岗实习计划和目标，其他小组可以对其进行提问，小组内其他成员也可以回答提出的问题；通过问题交流，将每一个需要研讨的问题都弄清楚。

4. 教师进行分析、归纳、总结。

5. 教师根据各组在研讨过程中的表现，给予点评并赋分。

模块四

劳动素养与劳动精神

导读导学

秉持正确的劳动精神，是一个合格的社会主义劳动者的基本要求。劳动精神是劳动者精神风貌的体现。随着时代的发展，劳动精神的内涵不断丰富，新时代的劳动精神主要表现为：尊重劳动、劳动平等、劳动创造、劳动幸福等。俗话说："没有规矩不成方圆。"每个人在成长过程中都被各种纪律所约束，若工作中没有纪律就会没有秩序，那么工作就无法顺利开展。所以，遵守各项劳动纪律也是劳动精神的重要体现。加强劳动纪律教育、树立规则意识，能与他人合作劳动是大学生劳动精神培养中尤其需要加强的内容。

在劳动中追求工匠精神，将使大学生成为一个优秀的社会主义建设者。工匠精神是指不仅要具有高超的技艺和精湛的技能，而且还蕴涵着严谨细致、专注执着、精益求精、淡泊名利、敬业守信、勇于创新的工作态度，以及对职业的认同感、责任感、使命感、自豪感等可贵品质。当代大学生要重用好校内外资源，积极参加各级技能竞赛，自觉养成工匠精神，努力实现技能成才。

劳动素养是对劳动者劳动能力的全面评价，包括劳动的价值观（态度）、劳动的知识与能力等维度。大学生应当通过校园生活和日常自我管理等多种渠道培养劳动素养，提升劳动能力。

为了提升劳动素养，大学生需要向劳模学习。以劳模为榜样，把劳模精神、劳动精神、工匠精神作为自己勇往直前的精神力量，树立辛勤劳动、诚实劳动、创造性劳动的理念。

本模块主要介绍了劳动精神和劳动规律、工匠精神和技能成才、劳模精神和劳动素养三大主题。主要是让学生知悉提升个人劳动素养的意义和方法、途径，培养爱岗敬业、精益求精、永不放弃、锐意进取的工匠精神，拒绝懒惰，在学习和实践中制定好技能成才规划，并为之付出努力和实践，在未来平凡的岗位中体现不平凡的人生价值，收获精彩人生。

主题4.1　劳动精神和劳动纪律

> ◎哲人隽语
> 劳动是财富之父，土地是财富之母。
> ——威廉·配第

学习目标

1. 了解劳动精神的概念。
2. 理解新时代劳动精神的核心内涵。
3. 了解劳动纪律的主要内容，能自觉遵守劳动纪律。

引入案例

劳动最光荣
——全国"五一劳动奖章"获得者曾国苍

曾国苍，南通万达锅炉有限公司容器制造部手工焊组班长，2019年全国"五一劳动奖章"获得者。

曾国苍是南通万达焊工队伍的优秀代表，是中材节能员工的缩影。他勤学苦练，不断进取，熟练掌握多种焊接方法操作技能，曾获得南通市职工职业技能大赛第一名，第四届全国职工职业大赛第五名，第三届北京"嘉克杯"国际性焊接技能大赛"优秀选手"。他"焊"艺卓绝，在公司技术创新、重大项目难点攻克、关键工序应用研发方面做出了突出贡献，先后荣获"全国技术能手""中央企业青年岗位能手""南通市劳动模范"等荣誉称号。

分析： 曾国苍是一名普通焊工，他立足岗位做贡献、扎实工作求发展，在自己的岗位上踏实工作，在平凡的工作中做出了不平凡的业绩。他是千千万万工人的代表，用勤劳的双手描绘了美好的图画，也为无数职业院校学生树立了榜样，从而认识到劳动最光荣，劳动最崇高，劳动最伟大，劳动最美丽。

一、劳动精神

劳动精神是每一位劳动者在劳动过程秉持的劳动态度、劳动理念及其展现出的劳动精神风貌。在不同的社会形态下，由于对劳动的理解不同，劳动精神也有差异。以马克思主义理论为指导，进行中国特色社会主义伟大实践的条件下，劳动者的劳动精神表现为"劳动光荣，劳动伟大"的劳动理念，"爱岗敬业，争创一流"的劳动态度，"淡泊名利，甘于奉献"的劳动品德，"艰苦奋斗，勇于创新"的劳动习惯。

（一）新时代劳动精神的生成逻辑[①]

中国广大劳动者经过革命、建设和改革时期的伟大实践，继承中华优秀传统文化基因，孕育了中国特色社会主义劳动精神。随着时代的发展，它的内涵不断丰富，呈现"尊重劳动、劳动平等"的价值导向性，倡导"劳动创造"的实践创新性，强调"劳动神圣、

---
① 黄燕. 新时代劳动精神的生成逻辑、核心内涵与弘扬路径［J］. 思想理论教育. 2019（1）.

劳动光荣"的精神幸福性。新时代劳动精神作为劳动的精神产物,既体现马克思主义理论的思想性,又体现广大劳动者劳动的实践性,是理论与实践的统一;既体现与时俱进的时代性,又蕴含文化基因的传统性,是历史与现实的统一。

1. 马克思主义劳动价值论是新时代劳动精神生成的思想源泉

劳动价值论在马克思主义理论体系中处于基础地位,揭示了劳动的本质属性和劳动推动人类发展的重要作用。因此,马克思主义劳动价值论是劳动精神的理论源头。在中国社会主义革命、建设和改革实践中,中国共产党人以马克思主义劳动价值论为指导,结合中国发展的实际形成了中国化的马克思主义劳动思想。它继承和发展了马克思主义劳动价值论的精髓,对劳动及劳动者的地位和尊严给予了充分的肯定,为新时代劳动精神的形成发展注入了中国元素。

2. 广大劳动者的劳动实践是新时代劳动精神生成的实践基础

在中国社会主义革命、建设和改革中,广大劳动者奋勇拼搏、艰苦创业,这种强大精神力量是新时代劳动精神生成的实践基础。首先,革命斗争是劳动精神的现实基础。在土地革命时期、抗日战争时期、解放战争时期,广大劳动者通过把劳动实践与革命斗争相结合,形成了艰苦奋斗、不畏艰难、甘于奉献等革命斗争精神,构成了劳动精神的现实基础。其次,民族精神是劳动精神的核心要素。一代代劳动者用自己的辛勤劳动、诚实劳动和创造性劳动,为民族精神注入新能量,不断丰富着民族精神的博大内涵,劳动精神既体现了以爱国主义为核心的团结统一、爱好和平、勤劳勇敢、崇德尚礼、公而忘私的民族情怀,又体现了知行合一、自立自强的人生追求。最后,时代精神是劳动精神的重要内容。在劳动者的创造性实践和不断探索中,激发出蕴含着自主性、首创性、先进性元素的劳动精神,不断为时代精神注入新能量,凸显并丰富了时代精神的内涵。

3. 中华优秀传统文化是劳动精神生成的文化基因

中华民族是以辛勤劳动而著称的民族,也正是凭借着劳动精神,我们书写了中华民族五千多年的辉煌历史,创造了光耀世界的华夏文明。劳动精神与中华民族崇尚劳动的文化传统分不开,传承劳动精神需要我们将传统文化中的良性基因加以创新性变革。首先,勤劳是中华民族最基本、最突出的传统美德。中华民族之所以能在人类历史的长河中屹立不倒,创造出璀璨的民族文化和辉煌的民族历史,都要归功于劳动。其次,尊重劳动是中华优秀传统文化的重要思想。在中国传统文化中,"民为邦本,本固邦宁""因民之所利而利之"等,均体现了以劳动人民作为强基固本的思想。最后,传统文化作品注重对劳动精神的人格化塑造。

4. 社会主义核心价值观是劳动精神生成的价值导向

劳动精神是社会主义核心价值观的应有之义,既包含对劳动价值的判断,也包括对劳动的态度,生动诠释着社会主义核心价值观中蕴含的劳动内容。首先,劳动价值的回归与社会主义核心价值观的价值理念相吻合。中国梦的实现"根本上靠劳动,靠劳动者创造"。"富强、民主、文明、和谐"是社会主义核心价值观在国家层面的准则,与劳动精神的价值倡导高度一致。只有广大学生树立正确的劳动观念,积极参加劳动实践,才能确保"富强、民主、文明、和谐"的价值观念在中国大地落地生根。其次,劳动态度的培养与社会主义核心价值观的价值准则相契合。弘扬劳动精神有利于培养学生"爱岗敬业、争创一流、艰苦奋斗、勇于创新"的劳动态度,这与社会主义核心价值观在个人层面提倡的"爱国、敬业、诚信、友善"的价值准则高度契合。最后,劳动实践的锻炼与社会主义核心价值观的价值取向相融合。劳动实践中锻炼的岗位意识、职业精神、进取精神、拼搏精神、创新精神、家国情怀和奉献精神等,正是对社会主义核心价值观的生动呈现。

(二)新时代劳动精神的核心内涵

新时代劳动精神有着丰富的内涵,不仅在内容上继承并发展了马克思主义劳动价值观和中华民族传统优秀的劳动观念,而且还彰显了"辛勤劳动、诚实劳动、创造性劳动"的新理念,倡导"劳动光荣、技能宝贵、创造伟大"的时代风尚,生成了一种"劳动者至上、劳动者平等、劳动者可敬、劳动最光荣、劳动最崇高、劳动最伟大、劳动最美丽"的劳动观。

1. 在劳动人格上倡导"尊重劳动"

"尊重劳动"是新时代劳动精神蕴含的核心要义。首先,尊重劳动是对每个人的道德要求。劳动不仅创造了世界和人本身,而且为推动社会进步提供了必备的物质基础,因此一切劳动都应当受到尊重。其次,尊重劳动者创造的价值。劳动者付出了劳动,为社会创造了物质和精神财富,有权利获得必要的回报,任何拖欠和克扣劳动者工资的行为都是剥削劳动者的行为,都是对劳动的不尊重。再次,维护劳动者的尊严。要合理安排劳动者的劳动时间,维护劳动者合法权益,保障劳动者合法权益不受侵犯,创设更舒适安全的劳动环境,让劳动者心情舒畅,在工作中体会到劳动的快乐和收获的幸福。

2. 在劳动权利上倡导"劳动平等"

劳动是公民的基本权利,即任何劳动者在不影响他人的情况下都具有从事其想从事的劳动的权利,而劳动平等是维护劳动权利的基本条件和维护劳动尊严的基本保障。第一,强调人人享有平等的劳动机会,即所有的劳动者都能够有机会平等地参与劳动,从平等的机会中体现公平的劳动竞争,体现努力的劳动价值,体现对劳动的尊重。第二,反对一切劳动歧视与偏见。第三,强调人人都可以通过劳动做贡献。

3. 在劳动使命上倡导"劳动神圣"

劳动具有光荣和神圣的意义。首先,劳动是宪法赋予的、不可剥夺的权利和义务。我国宪法规定:"公民有劳动的权利和义务。"劳动一方面是公民依法"行使的权利",另一方面也是公民依法"享受的利益"。其次,劳动是我们生存于世界的最为神圣的活动。每个公民通过行使劳动权利,为社会提供产品和服务,也从社会获取报酬,发展自我。再次,劳动果实是圣洁的。劳动果实是诚实劳动、精诚合作的劳动结晶。

4. 在劳动实践上倡导"劳动创造"

新时代科学技术迅猛发展,弘扬劳动精神更加注重培养学生的实践性和创新性。首先,培养服务至上的敬业精神。新时代弘扬劳动精神强调劳动的实践体验性,注重融入性和探究性,强调直接经验而不是间接经验,倾向于尝试、感悟和技能的建构,在劳动中有效提升学生的动手能力、沟通合作能力及解决实际问题的能力,培养学生的职业道德,养成专业敬业的工匠精神。其次,培养精益求精的品质。新时代劳动精神的培养注重与技术相结合,以技术应用和技术创新为核心,紧跟现代技术的发展态势,在课程设计上既要充分考虑劳动教育中技术素养提升的内在序列，又要充分考虑不同学段学生技能培养的梯度结构，帮助每个学生建构符合其个性且适应未来发展需要的技术素养体系，进而引导学生在工作中养成认真严谨、精益求精的工匠精神。再次，培养追求卓越的创造精神。新时代劳动精神的培养与"创新驱动"的国家发展战略相结合，提倡"做中学"、"学中做"，注重创新意识的提升、创新思维的训练和创新能力的培养，鼓励学生不断追求卓越，进而在全社会弘扬"劳动光荣、技能宝贵、创造伟大"的劳动风尚。

5. 在劳动成就上倡导"劳动光荣"

在劳动成就上，新时代劳动精神倡导每个人通过自己的劳动，收获满足感、快乐感、尊严感，在创造丰富物质财富的同时，拥有丰盈的精神世界。从个人意义而言，一方面，个体可以通过劳动充分发挥自身的积极性与创造性，学会与人合作，追求个体幸福，享受劳动尊严；另一方面，通过劳动磨砺人的意志，培养勤俭节约、勤劳勇敢、艰苦奋斗、坚韧不拔等精神品质。从社会意义而言，劳动推动社会进步，让全社会的生活质量得以整体提升。通过劳动，人们用自己的辛勤汗水和努力奋斗为推动社会文明进步做出贡献，用自己的劳动成就书写平凡中的伟大，实现个人价值与社会价值的统一。

（三）新时代劳动精神的具体要求

勤劳勇敢、爱岗敬业、诚实守信的实干精神，是劳动精神的深刻内涵；锐意进取、建功立业、甘于奉献的奋斗精神，是劳动精神的更高体现；精益求精、执着专注、追求卓越的创新精神，是劳动精神的专业要求。劳动精神是所有劳动者的财富、动力、追求，是鼓舞劳动者、激励劳动者、鞭策劳动者的核心源泉。

劳动精神是为广大劳动群众在平凡岗位上创造不平凡业绩，提供强大精神动力的劳动态度、劳动习惯、劳动观念及其整体精神面貌，主要内容包括热爱劳动、开创未来、埋头苦干、默默奉献、坚定信心、保持干劲。

（1）热爱劳动是劳动精神的首要内容。

（2）劳动精神就是"开创未来"的精神。

（3）埋头苦干的精神，在本质上也体现精益求精的工匠精神。

（4）默默奉献的劳动精神，体现广大劳动群众的崇高境界和伟大品格。

（5）劳动精神是广大劳动群众热爱劳动、开创未来、埋头苦干、默默奉献、坚定信心劳动状态的集中体现，是"保持干劲"的精神。

我们处在一个攻坚克难、砥砺前行、创造奇迹的美好时代，既需要更多敢立潮头的"弄潮儿"挺身而出，更需要千千万万的劳动者埋头苦干。党的十八大以来，每逢"五一国际劳动节"，习近平总书记都会通过各种方式表达对广大劳动者的无比敬意，反复强调大力弘扬劳动精神，就是要激励广大劳动者在追梦圆梦的征途上努力奔跑，以辛勤劳动、诚实劳动、创造性劳动托举梦想、成就梦想，谱写一曲感天动地、气壮山河的奋斗赞歌。

鲁迅先生说过，"我们自古以来，就有埋头苦干的人，有拼命硬干的人，有为民请命的人，有舍身求法的人，他们是民族的脊梁"。在这种"脊梁"中就有劳动精神的"养分"。

主题4.1 劳动精神和劳动纪律

案例 4-1

习近平给郑州圆方集团全体职工的回信

郑州圆方集团全体职工：

你们好！新冠肺炎疫情发生后，你们在集团党委带领下，一直坚守保洁、物业等岗位，不少同志主动请战驰援武汉等地的医院，以实际行动为抗击疫情作出了贡献。大家辛苦了！

伟大出自平凡，英雄来自人民。面对这次突如其来的疫情，从一线医务人员到各个方面参与防控的人员，从环卫工人、快递小哥到生产防疫物资的工人，千千万万劳动群众在各自岗位上埋头苦干、默默奉献，汇聚起了战胜疫情的强大力量。希望广大劳动群众坚定信心、保持干劲，弘扬劳动精神，克服艰难险阻，在平凡岗位上续写不平凡的故事，用自己的辛勤劳动为疫情防控和经济社会发展贡献更多力量。

值此"五一"国际劳动节之际，我向你们、向全国各族劳动群众致以节日的问候！

习近平
2020 年 4 月 30 日

二、高职生劳动精神培养的现实意义

劳动精神的培养有利于高职学生的综合素质提升，对培养正确的人生观、世界观、价值观具有重要作用，是学生健康成长的内在需要；是实现教育目标的主要路径；是学生成才进入社会的必要准备；是感恩意识培养的重要方式。

知识链接
全国五一劳动奖状、全国五一劳动奖章

（一）劳动精神培养是学生健康成长的内在需要

毛泽东同志曾明确表示，从教育方针来看，需要在体育、德育等诸多方面，确保教育者受到发展，并成为有文化、有社会主义觉悟的劳动者。在劳动的基础之上，人类令世界得以改变，并创造了所有的美好生活。现在的大学生，大部分都生活在安逸和舒适的环境中，对用双手创造价值并不以为然，认为所有获得的一切理所当然。在高职教育中进行劳动精神的培养可以培养学生吃苦耐劳、乐于创造、理解他人、自我管理和热爱劳动的品格，利于学生的健康成长。

（二）劳动精神培养是实现教育目标的主要路径

高职教育的培养目标是培养适应区域经济发展需要和满足行业发展需求，掌握专业知识、方法和技能，有良好的综合素质和较强的创新创业能力，适应相关行业需要，能够从事对应专业及职业岗位的高素质技术技能型专门人才。这就决定了高职教育是以培养能力为主的教育，在这个过程中，强调动手能力和实用技能的劳动，劳动精神融入高职教育，培养学生通过自身劳动锻炼，提高操作和动手的技能，能更好地辅助教育目标的实现。

（三）劳动精神培养是学生成才进入社会的必要准备

结合党的十九大来看，对创新、技能、知识型劳动者大军进行构建，弘扬工匠、劳模精神，由此形成良好的敬业风气、社会风尚，并将全新任务、使命等赋予教育现代化。伴随日常生活、工作中，人工智能设备、技术等的大范围运用，机器已经取代了诸多劳动项目，传统劳动教育遭受人工智能的冲击，备受人们关注。虽然人工智能科技水平较高，但就人类而言，取代不了劳动等形成的创造性。增加高职学生劳动精神的培养，是在新时代对高职教育提出的新的要求和使命，激发人的资源和能力发挥到最大，促进学生在步入社会前具备科学的劳动观念和熟练的技能，打造工匠精神。

（四）劳动精神培养是感恩意识培养的重要方式

现在进入高职教育的学生大多数都是"00"后，他们有着这一代年轻人特有的个性特点和生活方式，享受着高速发展的社会和经济带来的便利和丰富的物质文化生活，学校提供了优越的教学生活场所，父母提供了充足的经济后盾。较为贫困的同学也享受了国家奖助学金和各种助学贷款。在学校学习的过程中，不少学生没有意识到在享有这样的资源和资助的同时，是需要对国家、社会、学校和家庭的感恩，恰恰相反，觉得理所应当。这就是在劳动精神培养中的缺失，没有意识到这一切都是大量的劳动所创造的，没有对劳动的敬畏感和感恩之心。感恩在于心，更在于行，学会劳动，也是感恩意识培养的重要方式。

案例 4-2

互联网时代的"懒人经济"

"90后""00后"成长于互联网技术大发展、智能手机普及的时代。他们对自动化、信息化、智能化、远程化等生活方式具有一种几乎天然的认同感和亲近感，特别是，伴随科学技术的飞速发展和"互联网+"的兴起，网络订餐、网上购物、网约车等社会服务业日益发达，饿了么、美团、淘宝、天猫、滴滴打车等网络平台无孔不入地嵌入了大学生的日常生活，对他们的衣食住行产生了翻天覆地的影响。然而，科学技术是一把双刃剑，在便利人们生产和生活的同时也增长了人们的惰性。如外卖订餐的出现，在为忙碌的人们节省时间的同时，也助长了学生的懒惰，不少大学生不去餐厅吃饭，而是习惯于点外卖，甚至于有的学生外卖到了都懒得下楼去取，催生了代取外卖等业务；打车软件的流行，方便了学生的出行，但也使得部分大学生外出不愿意步行，甚至于不坐公交车，而是选择滴滴快车等舒适便捷的网约车服务。

三、劳动纪律

在高职学生中弘扬劳动精神，就是要教育引导学生崇尚劳动、尊重劳动，懂得劳动最光荣、劳动最崇高、劳动最伟大、劳动最美丽的道理，走上工作岗位后能够辛勤劳动、诚实劳动、创造性劳动。由于高职教育的特殊性，许多学校偏重技能培养、轻劳动精神传承，导致许多学生对劳动中的制度和规则的重要性认识不够，导致部分学生规则意识差、团队合作差，影响了在工作岗位上的进一步发展，甚至走上错误的道路。

（一）劳动纪律的概念

劳动纪律又称为职业纪律或职业规则，是指劳动者在劳动过程中应遵守的劳动规则和劳动秩序。根据劳动纪律的要求，劳动者必须按照规定的时间、质量、程序和方法，完成自己承担的生产和工作任务。

人们从事社会劳动，不论在任何生产方式下，只要进行共同劳动，就必须有劳动纪律。否则，集体生产便无法进行。马克思曾说过："一个单独的提琴手是自己指挥自己，一个乐队就需要一个乐队指挥"，在共同劳动中，劳动纪律就是"乐队指挥"，每一位劳动者必须遵守劳动纪律的要求。

案例 4-3

滑向犯罪深渊的出纳

22岁的张洋，毕业后在某外贸公司财务科当出纳员。一次，他核对账目总差8元钱，于是他随手拿起一张已经报销过的发票冲抵，这样不仅平了账面，而且还多出了几元零花钱。于是张洋产生了歹念，这钱来得太容易了，何不用此办法多弄些钱，来贴补自己的生活开支呢？于是他采用将旧发票重复报销、直接开支票提取现金等手段在短短一年里贪污了近3万元。可好景不长，单位对他经手的账目进行清查，这时张洋才明白自己走的是一条犯罪的道路。

（二）劳动纪律的主要内容

（1）严格履行劳动合同及违约应承担的责任（履约纪律）。
（2）按规定的时间、地点到达工作岗位，按要求请休事假、病假、年休假、探亲假等（考勤纪律）。
（3）根据生产、工作岗位职责及规则，按质、按量完成工作任务（生产、工作纪律）。
（4）严格遵守技术操作规程和安全卫生规程（安全卫生纪律）。
（5）节约原材料、爱护用人单位的财产和物品（日常工作生活纪律）。
（6）保守用人单位的商业秘密和技术秘密（保密纪律）。
（7）遵纪奖励与违纪惩罚规则（奖惩制度）。
（8）与劳动、工作紧密相关的规章制度及其他规则（其他纪律）。

总结案例

心灵的锁

有位老锁匠技艺高超，修锁无数，收费合理，深受人们敬重。更主要的是老锁匠为人正直，每修一把锁都告诉别人他的姓名和地址，说："如果你家发生了盗窃，只要是用钥匙打开你的家门，你就来找我！"听了这话，人们更加尊敬他了。老锁匠老了，为了不让他的手艺失传,人们帮他物色徒弟。最后老锁匠挑中了两个年轻人,将一身技艺传给他们。

一段时间后,两个年轻人都学会了很多东西。但两个人中只能有一个得到真传,老锁匠决定对他们进行一次考试。

老锁匠准备了两个保险柜,并分别放在两所房子里。老锁匠告诉这两个徒弟:"你们谁打开保险柜用的时间最短谁就是胜者。"结果大徒弟只用了不到10分钟就打开了保险柜,而二徒弟则用了20分钟,众人都以为大徒弟必胜无疑。老锁匠问这两个徒弟:"保险柜里有什么?"大徒弟抢先说:"师傅,里面放了好多钱,都是百元大票。"师傅看了看二徒弟,二徒弟支吾了半天说:"师傅,您只让我打开锁,我就打开了锁,我没注意里面有什么。"

老锁匠十分高兴,郑重宣布二徒弟为他的接班人。大徒弟不服,众人不解,老锁匠微微一笑说:"不管干什么行业,都要讲一个'信'字,尤其是我们这一行,要有更高的职业操守。我收徒弟是要把他培养成一个高超的锁匠,他须做到心中只有锁而无其他,对钱财视而不见。否则,心有杂念,稍有贪心,登门入室或打开保险柜取钱易如反掌,最终只能害人害己。"

老锁匠最后对他的那个大徒弟说:"每个人心中都要有一把不能打开的锁。"大徒弟惭愧地低下了头,悄无声息地从人群中走开了。

分析: 心灵的锁就是职业道德的底线、职业纪律的要求,也是为人的底线,守住了这份底线,你就不会为名、为利所动,就会心无杂念,一心一意地做好自己的事。

 课堂活动

一、活动目标

理解遵守劳动纪律的重要性,倡导遵纪守法提升个人的劳动素养。

二、活动时间

建议20分钟。

三、活动流程

1.教师出示以下阅读材料,并提问:如果你也正在这条路上驾车行驶,你会这样做吗?

通往墨尔本的道路

几个人驾车,从澳大利亚的墨尔本出发,去往南端的菲利普岛看企鹅归巢的美景。从车上的收音机里他们得知,企鹅岛正在举行一场大规模的摩托车赛,到时候会有成千上万的汽车朝墨尔本方向开。由于这条路只有两车道,所以他们都担心会塞车,并会因此错过最佳的观赏时间。

担心的时刻终于到来了。离企鹅岛还有60多公里时,对面蜂拥而来大批车流,有汽车还有摩托车。可是他们的车却畅通无阻!后来他们注意到对面驶来的所有车辆,没有一辆越过中线。这是一个左右极不平衡的车道,一边是光光的道路,一边是密密麻麻的车辆。然而没有一个"聪明人"试图去破坏这样的秩序,要知道,这里没有警察,也没有监控。

设想,如果在这条道路上,所有车辆都不遵守交通规则,擅自行事,那么结果会怎样?

2. 教师将学生按照4~6人划分小组,通过小组内部讨论形成小组观点。

3. 每个小组选出一名代表陈述本组观点,其他小组可以对其进行提问,小组内其他成员也可以回答提出的问题;通过问题交流,将每一个需要研讨的问题都弄清楚。

4. 教师进行分析、归纳、总结。

5. 教师根据各组在研讨过程中的表现给予点评赋分。

主题4.2 工匠精神和技能成才

学习目标

1. 了解工匠精神的含义。
2. 了解当今工匠的职业价值。
3. 能自觉用好校内外资源,规划技能成才之路。

◎哲人隽语

让我们一起放下功利心,在工作中去提升自己的人格,修炼自己的心性。日复一日勤奋地工作,可以起到锻炼我们的心志、提升人性的了不起的作用。而通过这种心志的提升,我们每个人的人生价值也能随之提升。

——稻盛和夫

引入案例

焊接火箭"心脏"的金牌"大国工匠"——高凤林

高凤林,河北人。1980年他从技校毕业后在中国航天科技集团公司从事火箭发动机焊接工作至今,为我国130多枚火箭焊接过"心脏"——氢氧发动机喷管,占到我国火箭发射总数近四成。

工作之初,为了提高技艺,高凤林一面虚心向老师傅求教焊接技巧,一面苦练基本功,吃饭时拿筷子练习送丝的动作,喝水时端着盛满水的缸子练稳定性,休息时举着铁块练耐力,甚至冒着高温观察铁液的流动规律,这种不怕吃苦、无惧劳累、善于观察、勇于钻研的精神,使高凤林的技艺突飞猛进、日臻成熟。

工作之余,高凤林对知识的渴求也愈加强烈,面对繁重的生产任务和大量的社会工作,他克服种种困难进修了大学学历,不断改进工艺措施,不断创造新工艺方法,创造性地将知识与技术运用到科研生产实践中,使焊接设备自动化控制和应用技术达到了国际先进水平,破解了无数新型号发动机及重要产品的焊接修复难题,成为火箭发动机焊接专业领域的"技能大师"和"大国工匠"。

高凤林始终坚持以国为重、扎根一线、勇于登攀、甘于奉献,一次次攻克了发动机喷管焊接技术世界级难关,毫无保留地将自己积累的丰富经验和技能传授给同事和他的徒弟们,为北斗导航、嫦娥探月、载人航天等国家重点工程的顺利实施以及长征五号新一代运载火箭研制做出了突出贡献。他说:"火箭发射成功后的自豪和满足引领我一路前行,成就了我对人生价值的追求,也见证了中国走向航天强国的辉煌历程"。

工作三十多年来，高凤林先后获得全国劳动模范、全国道德模范、航天技术能手、全国青年岗位能手、全国十大能工巧匠等荣誉，当选2018年度"大国工匠年度人物"，2019年荣获全国"最美职工""最美奋斗者"等称号。突破极限精度，将"龙的轨迹"划入太空；破解20载难题，让中国繁星映亮苍穹。焊花闪烁，岁月寒暑，为火箭铸"心"，为民族筑梦，是对他最好的总结。

分析： 高凤林是新时代众多技术工人的代表和缩影，这些普通的劳动者不是进名牌大学、拿耀眼文凭，而是默默坚守、孜孜以求、坚守初心、执着专注，精益求精、不断创新，在平凡岗位上追求职业技能的完美和极致，最终成为"国宝级"金牌技师和技能工匠，他们用实际行动诠释了新时代的"工匠精神"，体现了不平凡的人生价值。

一、工匠精神

（一）工匠精神的概念

工匠精神是一种劳动精神，它是职业道德、职业能力、职业品质的体现，是从业者的一种职业价值取向和行为表现；它是一种在设计上追求独具匠心、质量上追求精益求精、技艺上追求尽善尽美、服务上追求用户至上的精神。

工匠精神是指不仅要具有高超的技艺和精湛的技能，而且还蕴涵着严谨细致、专注执着、精益求精、淡泊名利、敬业守信、勇于创新的工作态度，以及对职业的认同感、责任感、使命感、自豪感等可贵品质。

工匠精神可以概括为：坚守执着、精益求精、专业专注、追求极致、一丝不苟、自律自省。从工匠精神的角度看，坚守执着是一个人的本分，精益求精是一个人的追求，专业专注是一个人的作风，追求极致是一个人的使命，一丝不苟是一个人的境界，自律自省是一个人的修为。

◎知识链接

总理四次提及工匠精神

（二）新时代工匠精神内涵

2017年，中共中央、国务院印发了《新时期产业工人队伍建设改革方案》（以下简称《方案》）。《方案》指出：要"加强产业工人队伍建设，必须把培育和弘扬'工匠精神'放在更加重要的位置，让劳动光荣、技能宝贵、创造伟大的时代风尚更加浓厚，真正造就一支有理想守信念、懂技术会创新、敢担当讲奉献的宏大的产业工人队伍，为实现'两个一百年'奋斗目标、实现中华民族伟大复兴的中国梦凝聚最强大的力量。"

在新时代，"工匠精神"是推进供给侧结构性改革、实现从制造大国向制造强国转变的重要推手；提高职工就业创业能力、实现全面发展的重要动力；引导广大职工立足本职岗位劳动创造，切实提升技术技能素质，不断发展工人阶级先进性的有力抓手。兹将新时代工匠精神内涵梳理如下。

1. 爱岗敬业的职业精神

爱岗敬业是从业者基于对职业的崇敬和热爱而产生的一种全身心投入的认真、尽职的职业精神状态。爱岗是敬业的基础，而敬业是爱岗的升华。"爱岗"就是干一行爱一行，热爱本职工作，不见异思迁，不被高薪及利益所诱，淡泊名利，坚守初心。"敬业"就是要钻一行，精一行，对待工作勤勤恳恳，兢兢业业，一丝不苟，认真负责。

2. 精益求精的品质精神

精益求精，是从业者对每件产品、每道工序都凝神聚力、精益求精、追求极致的职业品质。所谓精益求精，是指无论产品大小，都不满足于现有标准和成就，还要求进一步提升质量，投入时间和精力，反复改进产品，努力把产品的品质从99%，提升到99.9999%，以期达到尽善尽美。

3. 坚定执着的专注精神

专注就是内心笃定而着眼于细节的耐心、执着、坚持的精神，这是所有"大国工匠"所必须具备的精神特质。

4. 团结协作的创新精神

当今时代，任何一项技术、任何一个工艺，都可能只是复杂技术链条上的一个环节，个体即使本领再大，智商再高也不可能完成所有的技术工序，这需要多部门、多环节团结协作共同完成。现代技术越来越复杂，其开发难度也越来越大，单凭一个人的力量难以完成，需要发挥团队合作的力量，充分利用各方优势，以集体的力量来攻坚克难，实现技术目的。因此，团结协作的合作态度是当前产业技术工人必备的精神素养。

案例 4-4

新时代中国工匠精神代表人物——胡双钱

新时代中国工匠精神代表人物胡双钱（见图 4-1），是中国商飞上海飞机制造有限公司数控机加工车间钳工组组长。

图 4-1 "航空手艺人"胡双钱

胡双钱技校毕业后进入上飞公司。在大型客机这个处于现代工业体系顶端的产业里，他的工作就是对飞机重要的零件进行最后的细微调整：打磨、钻孔、抛光，将精度做到精密机床也无法达到的设计标准。一架飞机有数百万个零件，当它们组合到一起时，飞机就有了生命。而只要其中的一个零件出了哪怕是一丝丝差错，就有可能付出生命的代价。为此，"我每天睡前都喜欢'放电影'，想想今天做了什么，有没有做好，能不能做到更好。"这是胡双钱对自己三十多年工作心得的简单总结。但在这个最简单的背后，是他自己构建的一道道确保零件质量万无一失的"防火墙"：不管在他看来是多么简单的一个加工，都要在干活前看透图纸，熟透零件在安装到飞机上所起的作用；在接收待加工的零件时，必定对照图纸要求，检查上道工序是否符合技术标准和工艺规范；自己加工时，从划线开始，就采用自创的"对比复查""反向验证"法校验自己的工艺步骤是否规范、标准、精确。航空工业，要的就是精细活。大飞机零件加工的精度，要求达到十分之一毫米级别。

二、当代工匠的职业价值

（一）手工技艺依然无法被取代

传统工匠主要依赖手工技艺进行器物的制作，其特点主要在两方面：一是速度慢、周期长、标准不规范、生产效率低；二是体现制作者的个性特征，能够按照需求进行个性化制作，每件作品都独一无二。正是上述两个方面的特点，决定了手工技艺在科技水平已经非常高超的今天，依然无法被取代。所以，当代工匠中的手工艺人，既要得到传统工匠的"风骨"真传，又要获得当代科技文化的极高素养。他们是相关产业的人才支柱和相关产业发展的技术基石。

（二）现代企业中的"三驾马车"之一

通常，管理人员、科技人员、技能人员被视为现代企业的"三驾马车"。现代企业中的技能人员较之传统工匠发生了很大的改变，虽然他们不能自主地决定产品的生产方式和技术规范，但他们对规范和标准的领会程度以及操控机器设备的能力依然决定着产品质量的优劣。我们现在所熟知的高质量的"德国制造"，就是得益于大批高素质的当代工匠。

（三）当代科技创新的最终实现者

人类第一次工业革命发生前，工匠的技艺水平往往代表着时代的科技水平。从石器时代、青铜时代、铁器时代到蒸汽时代，催生这种革命的都是以工匠为主导的科技发现和技艺改良。虽然第一次工业革命后，科学家作为一个群体迅速崛起，将人类社会带向了电气时代、信息时代。这期间工匠虽不再作为科技创新的主力军，但依然是所有科技创新的最后实现者。个中原因非常简单，越是尖端前沿的科技构想，越是需要杰出的工匠将其打造为实物。可以这样说，如果没有大批杰出工匠的创造性劳动，人类的一切奇思妙想都将是空中楼阁。

三、技能成才

技能人才是指掌握专门知识和技术，具备一定的操作技能，并在工作实践中能够运用自己的技术和能力进行实际操作的人员。他们是我国人才队伍的组成部分，是技术人员队伍的骨干。

"中华技能大奖"和"全国技术能手"

（一）用好工匠人才培养的长效机制

基于技能大赛平台，学校建立健全了全员参与大赛的组织制度，由专门教师长期负责大赛组织、训练、参赛等工作，并联合相关部门参与人才培养的评价、改进、后勤服务及安全保障等工作。将技能大赛与常规教学活动结合起来，区别以往的赛前集中突击培训，避免教学资源的滥用与浪费，将大赛资源进行转化和应用到日常教学中，大学生应该抓住学校利用大赛培养工匠人才的长效机制，珍惜每次参与的机会。

（二）自觉融入德技并修的竞赛文化氛围

现在职业类院校都在积极贯彻落实教育部等部门关于职业教育活动的要求，每年定期开展院级职业技能大赛活动，参照国赛赛项设置各类竞赛，建立学院、省、国家三级人才选拔机制，为参加省赛、国赛选拔储备有潜质的"种子"选手，实现职业技能大赛的广泛化、常态化、制度化，营造了德技并修的竞赛文化氛围。大学生要积极参与各类竞赛，自觉融入校园竞赛文化氛围。

（三）适应"赛教融合、赛课融通"的教学模式

现在职业院校依据职业技能大赛赛项、规程改革了教学内容，紧密对接相关专业中的专业课程、理实一体化课程，将大赛项目有机融入教学，将新技术、新工艺、新方法充实到教学内容中，并根据每年技能大赛内容的变化随时充实、调整和更新。大学生可依照工匠精神培养指标进行自评（见表4-1）。

表4-1　学生工匠精神培养指标

分类	素质层级		指标提取
显性素质	知识技能		所学专业或学科的技能知识
	行为习惯		自觉遵守操作规范／踏实肯练，不浮不躁，不投机取巧／精益求精，不打折扣，不急功近利／坚持写好学习和实训日志，及时总结和反思／思维活跃，主动创新／在团队中主动沟通合作
隐形素质	价值观		对职业的敬畏与热爱／有责任担当意识和使命感／个人价值与社会价值的一致
	自我认知		自尊／自爱／自信／乐观
	特质	个性品质	遵守规则／守时守约／诚实守信／责任心强／严谨，一丝不苟／求真务实／有毅力、有恒心，坚忍执着／谦恭自省／开放包容／彰显个性／善于沟通合作，具有团队精神
		艺术修养	艺术感受力强、细腻／艺术表达欲望强烈／趣味高雅／有一定的人文底蕴／注重文化传承
		工艺追求	符合技术标准规范／精益求精，追求卓越／善于发现问题、解决问题／有原创意识，富于挑战与创新
		动机	对所学专业领域和技艺表现出兴趣和热情／享受作品、产品不断完善的过程／追求"尽善尽美"的境界／对未来相关领域职业成功和成就的渴求

（四）参加创新创业活动

伴随着我国"大众创业、万众创新"等一系列利好政策的出台，大学生可积极响应国家号召，走上创新创业之路。大学生在夯实理论知识基础、加强实训技能之余，应提高对实践环节的重视程度，在现有课堂学习的基础上，充分利用现有的实践环节，让自己走出课堂，多参加创新创业实践活动，只有通过实践亲身去体验，才能不断提升自身的创新创业能力。

（五）积极参与科技社团的活动

现今，很多学校都基于专业特长、兴趣爱好组建了有关社团，旨在利用课余时间凝聚学生团队，建设学习型、创新型、研究型、大赛型科技社团。大学生可根据自身特长和优势，深挖内在潜能和发展潜力，规划自己在学校中成为工匠型技术人才的发展路径，令自己成为"有兴趣、有潜质、有动力、有特长"的技能大赛参赛预选手。

（六）用好校外资源，积极促进工匠精神养成

一是积极参加校企合作与企业顶岗实习。大学生要积极参加学校组织的企业实习，主动体验职场环境、接受职场压力，按照正式企业员工的标准来要求、规范自己，感受企业文化，这是提高大学生职业素养，培养"工匠精神"的重要方式。

二是向企业导师学习。现代学徒制又称新型学徒制，是传统学徒制融入的一种职业教育，它的培养方法强调教师亲身传授，师徒双方共同参与培养过程，企业师傅承担传授和指导的责任，师徒共同学习技艺，并在学习过程中，与企业师傅彼此之间通过心灵的交流、情感的传递，加深对企业文化的了解，感悟企业技术工匠的内在品质。

总结案例

技能成才之路
——阿尔伯特大奖获得者宋彪的故事

在2017年第44届世界技能大赛上，19岁的宋彪以所有项目最高分捧回被称为"金牌中的金牌"的阿尔伯特·维达大奖（见图4-2），实现了我国选手参赛以来的历史性突破，成为高职院校学生的榜样。

图4-2　宋彪和他获得的阿尔伯特·维达奖

回忆起当时的情形,他仍然记忆犹新,"完全没有想到,会有这么大的惊喜,"宋彪获奖后,兴奋地说,"今天终于站上了世界技能竞技的最高领奖台,为国家争得了荣誉,为学校增添了光彩,也为自己找准了继续前进的方向。"

根据世界技能大赛的赛程安排,前三天的比赛任务是焊接、机械加工、电气预防性维护和脚踏式水净化器的制作,这三天宋彪发挥正常。比赛进行到第四天,首席专家忽然对宋彪说,前一天计时出了点问题,中国选手第三天的比赛少计了半小时。听到这消息,宋彪懵了:"我的计时是没有任何问题的,但又没证据反驳,只能听从首席专家的指令。"就这样,宋彪的计划被打乱了,但他知道着急不是办法,要平静下来,重新制订计划。最终,宋彪顺利地完成比赛,他不仅获得了一枚金牌,而且一举夺得全场唯一的"阿尔伯特·维达"大奖。身披五星红旗登上领奖台的宋彪,赛出了中国青年的时代风采。

2018年1月,江苏省政府为他记个人一等功、授予"江苏大工匠"称号;江苏省人社厅认定宋彪副高级专业技术职称、晋升高级技师职业资格,成为江苏最年轻的副高级专业技术职称获得者。2019年,获"中国青年五四奖章",2020年作为高技能人才享受政府津贴。

从常州技师学院毕业后,宋彪选择了留校任教,上课时,宋彪一直强调"工匠精神",要求学生把"工匠精神"渗入到每个产品、每道工序,杜绝"差不多就行"的心态。宋彪说:"工匠精神,往大了说,它的内涵是精益求精,一丝不苟。往小了说,就是把日常中每一件事情做好。"

分析: 宋彪作为一名职业院校的学生,他用勤奋执着、刻苦钻研、精益求精书写着自己的成长履历,他用自己的实际行动诠释了工匠精神。如今,在他的带动和引领下,越来越多的职业院校的学生,正在通往技能工匠的道路上砥砺奋进,将新时代工匠精神接续传递。

课堂活动

关于工匠精神培养的思考

一、活动目标

理解工匠精神是如何培养的及工匠养成的意义。

二、活动时间

建议15分钟。

三、活动流程

1. 教师出示以下阅读材料,并提问:你从关改玉身上学到了什么?

钢轨探伤"女神探"关改玉

高铁建设中,500米长的钢轨要用自动焊接机一根根焊接在一起。

关改玉的工作就是用专用的超声探测仪,检查每一处钢轨焊接口是否合格。关改玉说，这个工作的第一步就是除锈，就是用专门的钢丝刷，将铁轨接缝处及周围的锈迹刷掉，再用毛刷将上面的细屑、灰土以及旁边的沙粒、碎石清理干净；第二步是涂抹机油，就是铁轨探伤用的耦合剂。第三步是用探头检测钢轨的轨底、轨腰、轨头等部位，确认每个焊接口没有伤损，不会给行车安全留下隐患。

能够探到伤损，是探伤工的价值所在。但现在钢轨无缝焊接技术已经非常成熟，常常是一条线路几百公里走下来，没有一个伤损出现。关改玉说，现在碰到的伤损越来越少，但自己的压力反而越来越大，因为枯燥的工作很容易让人疲劳、分心，万一有一个伤损没有被探出，那留下的隐患可能是致命的。所以，尽管检测出伤损的概率很小，但必须要求自己对每个焊接口的检测，都按照规程严格执行，这样就可以杜绝侥幸心理的出现，保证每个焊接口的检测过程都符合技术要求，所出的最后结果都科学可靠。

2. 教师将学生按照4~6人划分小组，通过小组内部讨论形成小组观点。

3. 每个小组选出一组代表陈述本组观点，其他小组可以对其进行提问，小组内其他成员也可以回答提出的问题；通过问题交流，将每一个需要研讨的问题都弄清楚。

4. 教师进行分析、归纳、总结。

5. 教师根据各组在研讨过程中的表现，给予点评赋分。

主题4.3　劳模精神和劳动素养

◎哲人隽语
美德在劳动中产生。
——欧里庇得斯

  学习目标

1. 了解劳模的含义。
2. 对劳模怀有崇高的敬意，能自觉培养劳模精神。
3. 了解劳动素养概念，能自觉培养劳动素养。

  引入案例

> **"知识工人"邓建军：由一名普通工人成为技术总监**
>
> 　　邓建军，江苏常州人，毕业于常州市轻工技术学校（现常州工业职业技术学院），现为江苏黑牡丹（集团）股份有限公司技术总监，党的十七大、十八大、十九大代表，中国工会十六届执委，中共江苏省第十三届委员会候补委员，江苏省总工会副主席（兼职）。从一名中专毕业的普通工人到高级工程师，邓建军在学习与创新中接续奋斗30年，被誉为"知识型产业工人领跑者"。在2013年召开的全国劳模代表座谈会，习近平总书记在讲话中称其为"知识工人邓建军"。
>
> 　　1988年，邓建军初入职就立志要在岗位实践中自学成才，不断提升学习力，需要什么就学什么。现已取得工程硕士学位，正从容统筹着企业技术研发、工艺创新等重要环节。1992年，企业从国外引进了一批剑杆织机，他每天蹲在机器边14个小时以上，从最基本的制图做起，最终"驯服"了这些机器。1999年，公司从比利时进口了一批

喷气织机。这些机器其中一个关键的部位是张力传感器，安装时外国厂商拒绝提供相关技术资料，出现故障后难以维修。结果邓建军从市场上找到了只要1分钱的替代配件。之后，邓建军解决问题的领域不局限在电气和机械，开始涉及工艺流程。

他更以"专、精、创"的新时代工匠精神带动人、引领人，为建设知识型、技能型、创新型劳动者大军不懈奋斗，形成了劳模的"扩散""集聚"和"品牌"效应，一大批邓建军式的知识型员工迅速成长起来。

分析： 通过不断学习，邓建军从一名普通中专生毕业，成为一名普通的技术工人，到成为高级工程师，直至成长为集团公司技术总监，成为道德高尚、技术过硬、人人敬佩的全国劳模，说明劳模不是与生俱来的，只有坚持不懈的学文化、学技术，一个普通的人也能发挥出巨大的潜能，并能最终获得成功。

一、劳模精神

劳动模范简称"劳模"，是在我国社会主义建设事业中成绩卓著的劳动者，经职工民主评选，有关部门审核和政府审批后被授予的荣誉称号。劳动模范分为全国劳动模范与省、部委级劳动模范，有些市、县和大企业也评选劳动模范。中共中央、国务院授予的劳动模范为"全国劳动模范"，是中国最高的荣誉称号。与此同级的还有"全国先进生产者""全国先进工作者"称号。

（一）劳模精神的含义

劳模精神，是指"爱岗敬业、争创一流、艰苦奋斗、勇于创新、淡泊名利、甘于奉献"的劳动模范的精神，是伟大时代精神的生动体现。劳模精神是劳模之所以成为劳模，而"在平凡岗位上做出不平凡业绩，所坚持坚守坚定的基本信念、价值追求、人生境界及其展现出的整体精神风貌。"其中，爱岗敬业是本分，争创一流是追求，艰苦奋斗是作风，勇于创新是使命，淡泊名利是境界，甘于奉献是修为。做一个守本分、有追求、讲作风、担使命、有境界、有修为的人，是每一位劳模的精神风范，更是每一位劳动者应该追求的目标。

长期以来，广大劳模以高度的主人翁责任感、卓越的劳动创造、忘我的拼搏奉献，谱写出一曲曲可歌可泣的动人赞歌，为全国各族人民树立了光辉的学习榜样。每个时期的劳模，都是时代的精神符号和力量化身。随着时代的发展，劳模被赋予越来越多的时代内涵和元素，但无论是生产者还是创业者，无论是比表现还是比贡献，无论是讲精神作用还是讲经济效益，劳模的核心价值都是始终不变的。

（二）新时代劳模精神的内涵

尽管每一时代的劳模群体都呈现出多元的组合，以体现对不同劳动价值的肯定，但总的趋势，社会对劳动价值的评判，正在从"出大力，流大汗""苦干加巧干"，向知识型，创造社会效益、经济效益方向转变。

新时代劳模精神具有十大内涵：劳模精神是工人阶级先进性的集中体现，是工人阶级主人翁意识的集中凸显，是社会主义核心价值观的生动诠释，是时代精神的生动体现，是民族

模块四　劳动素养与劳动精神

精神的重要组成部分，是劳动精神的积极呈现，是培育时代新人的重要手段，是文化自信的重要支撑，是实现伟大复兴中国梦的重要力量。劳模精神当代品格的核心要素是工匠精神。

案例 4-5

从"草根"工人到全国技能大师

1990年，张积贵（见图4-3）从职业中学毕业后，到浙江省温州市永兴模具厂当学徒，在师傅的带领下，负责模具车工、铣工、钳工等工作。在两年学艺期间，他从不挑肥拣瘦，再苦再累也要完成任务，经常都是晚上八九点以后才下班回家吃饭。其间，他熟练地掌握了车工、铣工、钳工、钻工等技术，成为模具制造的好手。

2003年3月他加入浙江温兄机械阀业有限公司，组建了四川成都温兄分公司，在市场销售中，他深入了解客户对制药、乳食品设备的技术需求，从而更加深知产品科技创新的紧迫感。因此，他经常向技

图4-3　从"草根"工人到全国技能大师的张积贵

术部门反馈客户意见，提出技术改造、技术创新等建议。后来他回到总部，由于他具有较为丰富的生产一线实践经验，特别熟悉机械加工流程，因此工作起来得心应手，另外他积极参加公司技术创新活动，在中药提取浓缩智能装备新产品开发中，敢于结合自己的专长，提出合理化建议，特别是有关机械加工方面，更是提出了许多独创性的思路，带动了全体职工对技术攻关和工艺创新的积极性，并攻克了多项国家、省、市科技项目的机械制造技术难点，如提取罐的气动旋转自锁排渣门作为实用新型专利，解决了长期困扰中药提取罐排渣门堵塞的老大难问题，有效提高了排渣速度，减轻了工人的劳动强度。

随着时间的积累和自身的努力，这位从一线工人中成长起来的高技能人才逐渐成为工作上的"技能大师"。

（三）劳模精神的意义

1. 劳模精神是工人阶级主人翁意识的集中凸显

主人翁意识是劳模精神的内在本质，是正确认识和理解劳模精神的关键词。正是因为自觉的、强烈的主人翁意识，劳模才以车间为家、以厂为家、以企为家，才具有积极主动的岗位意识、职业意识、进取精神和创新精神，才在本职工作中充分发挥积极性、主动性和创造性，才能够艰苦奋斗、淡泊名利、甘于奉献，自觉把人生理想、家庭幸福融入国家富强、民族复兴的伟业之中，最终建构起个人与集体、个人梦与中国梦、小家与国家民族融合统一的发展共同体和命运共同体。

2. 劳模精神是工人阶级先进性的集中体现

在中国革命、建设、改革的各个历史时期，我国工人阶级都具有走在前列、勇挑重担

的光荣传统。劳动模范作为工人阶级的优秀代表,是时代的引领者,在工作生活中发挥了先锋和排头兵作用,他们以辛勤劳动、诚实劳动和创造性劳动,持续推动着社会进步、国家发展和民族复兴。劳模精神作为劳动模范的思想内核、行动指南和精神灯塔,成为推动时代前进的强大精神动力,充分体现了工人阶级先进性的主体地位,彰显了工人阶级的伟大品格,推动了工人阶级的成长进步。

3. 劳模精神当代品格的核心要素是工匠精神

从本质上讲,工匠精神是一种基于技能导向的职业精神,它源于劳动者对劳动对象品质的极致追求,它具有精益求精、专注执着、严谨慎独、创新创造、爱岗敬业以及情感浸透、自我融入的基本内涵,既表现了极致之美的品质追求,又体现了敬业之美的精神原色,更展现了创造之美的价值升华。工匠精神充分凸显了新时代劳模精神爱岗敬业、精益求精、追求卓越的精神品质和价值导向,可以说,工匠精神是对劳模精神的重要深化和丰富发展。

4. 劳模精神是培育时代新人的重要手段

一方面,劳模精神作为社会主义核心价值观的生动体现,更简单为人们所理解,更容易为人们所接受,更方便为人们所模仿,将对培育时代新人起到重要推动作用;另一方面,通过强化教育引导、舆论宣传、文化熏陶、实践养成、制度保障,培养和造就具有劳模精神的时代新人,能够激发广大劳动者干事创业的积极性、主动性和创造性。

二、劳动素养

劳动素养是对劳动意识的进一步深化,是指经过生活和教育活动形成的与劳动有关的人的素养,包括劳动的价值观(态度)、劳动的知识与能力等维度①。因此,劳动素养是指劳动者在劳动过程中与之相匹配的劳动心态和劳动技能的综合概括,是处于社会实践活动中的实践主体在掌握一定知识储备和劳动技能基础上开展实践活动,特别是劳动实践中所展现的优良品质的集合,包括劳动意识、劳动精神、劳动能力以及知识储备和创新精神等状况。

案例 4-6

石油大王——约翰·D.洛克菲勒

有一个年轻人,在美国一家石油公司工作,他的学历并不高,也没什么特别的技术,因此,他在公司做的事连小孩都能胜任,就是巡视并确认石油罐盖有没有自动焊接好。石油罐在输送带上移动至旋转台上,焊接剂便自动滴下,沿着盖子回转一圈,作业就算结束。每天他就如此反复好几百次地注视着这种作业。没过几天,他便开始对这项工作厌烦了,他很想换个工种,却又找不到其他工作。他想,要使这项工作有所突破的话,就得自己找点事做。之后,他便细心观察焊接工作。他在长期的观察中发现,罐子旋转一次,焊接剂滴落39滴,焊接工作就此结束。他经常思考:在这一连串的工作中,有没有什么应该改善的地方呢?如果能将焊接剂减少一两滴,是不是能够节省一些成本呢?

---

① 檀传宝.劳动教育的概念理解:如何认识劳动教育概念的基本内涵与基本特征[J].中国教育学刊,2019(2):82-84.

模块四　劳动素养与劳动精神

经过深入的钻研，不断地探索，他终于研制出"37滴型"焊接机。但是，利用这种机器焊接出来的石油罐，偶尔会漏油，并不实用。他并不灰心，又研制出"38滴型"焊接机，这次的发明非常完美，公司对他的评价很高，不久便生产出这种机器，改用新的焊接方式。虽然节省的只是一滴焊接剂，但那"一滴"却替公司带来了每年5亿美元的新利润。这名青年，就是后来掌握全美制油业界95%实权的石油大王——约翰·D.洛克菲勒（见图4-4）。

图4-4　约翰·D.洛克菲勒

（一）高职学生的劳动素养

具体而言，高职学生的劳动素养是指在掌握扎实专业知识的同时，具有积极主动的劳动意识、良好的热爱劳动的心态和尊重他人劳动成果，不仅能够扎实开展学习、生活、工作中的脑力与体力实践活动，而且能够根据条件变化创造性地开展劳动的能力。当前高职学生反映的劳动素养现状有以下几方面。

（1）劳动认知不足。认知是态度和行为的基础，对劳动的积极认知，能够指导大学生热爱劳动，尊重劳动，投身劳动，反之，大学生就可能对劳动持消极和抗拒态度。然而，由于社会环境、成长经历和应试教育等因素的长期影响，当前大学生对劳动的认知普遍不足。劳动包含体力劳动和脑力劳动，但不少大学生对劳动简单化理解，片面地将体力劳动等同于劳动的全部，对劳动充满抵触情绪；也有部分学生轻视体力劳动，认为从事体力劳动低人一等，对体力劳动者缺乏应有的尊重；部分学生毕业后找不到满意的工作，宁愿在家"啃老"也不愿意到基层一线去；还有一些学生不能理解国家开展劳动教育的意义和价值，对劳动教育是"人生的第一教育""劳动教育是立德树人的重要载体"认识不到位，觉得当下开展劳动教育多此一举。

（2）劳动态度消极。认知影响态度。对劳动教育认知的不足，导致了部分学生劳动意识淡薄，劳动态度不够端正。如有学生认为经济社会发展了就无须发扬艰苦奋斗精神，甚至认为辛勤劳动是愚蠢行为，因而依赖父母积累的物质财富和社会资本不思进取，逐渐养成了逃避劳动的心理，形成了好逸恶劳的思想和懒散消极的习惯，成为"啃老族""佛系青年"；少数学生劳动取向功利化，参加志愿服务以及社会实践活动不以认识社会和提升能力为目的，而是关注能否在综合测评中"加分"，是否有助于"评优评先"，一旦认为达不到应有的回报，便选择逃避。日常生活中对劳动的消极态度，影响着大学生对劳动以及劳动人民的情感，并进一步影响到大学生的就业观，表现为就业时眼高手低，追求不切实际的薪酬待遇，随意毁约，频繁跳槽。

（3）劳动能力弱化。娴熟的劳动能力需要在长期的学习及动手实践中培养和练就。由于劳动观念淡薄、劳动价值模糊、劳动实践不足，当前大学生普遍动手能力较差，缺乏基本的劳动技能，更有甚者，连自己的日常生活都不能自理。如有的学生不会做饭烧菜，甚至不会整理房间和清洗衣物，以至于新生开学常有父母帮忙挂蚊帐的现象，媒体中时有大学生邮寄脏衣服回家清洗的报道。部分学生不会使用劳动工具，扫把不会拿，拖把不会用，把劳动工具当玩具，劳动技能几乎为零。一些毕业生眼高手低，只会纸上谈兵，不能很好地胜任工作岗位，且不愿意向有经验的先辈学习。以前的农村大学生对农活还有所了解，并能从事简单农务活动，但现今一些农村学生也吃不起苦，受不起累，不仅劳动技能大幅下滑，甚至"五谷不分"，更谈不上土地情结。

（4）劳动品质欠佳。社会主义的劳动教育最重要的目的是培养学生的劳动价值观，使学生知道劳动的价值，欣赏劳动的过程，尊重劳动的果实。然而受劳动认知不足和劳动态度消极的影响，不少大学生没有养成良好的劳动品质，且劳动情怀比较缺失。如有的学生崇尚安逸享乐，渴望不劳而获，梦想一夜暴富；有的学生劳动意志脆弱，不能够吃苦耐劳，在劳动面前容易产生退缩心理；也有学生缺乏艰苦奋斗精神，生活不够节俭，铺张浪费，攀比享乐；还有学生以自我为中心，不善于团队协作。部分学生在学校宁愿把大量时间花在娱乐消遣上，也不愿意打扫宿舍卫生，导致寝室脏乱不堪。还有一部分学生缺乏劳动意识和劳动自觉，不仅不愿意亲自动手劳动，而且还难以理解劳动过程的辛勤，不爱惜、不尊重别人的劳动成果，随手丢垃圾，随地吐痰等现象时有发生。

造成大学生劳动素养偏低的原因是多方面的，集中表现为大学生成长历程中缺乏培育劳动素养的土壤。这种缺乏，涉及社会氛围、学校教育、家庭环境等各个方面，具体表现为知识本位的文化传统、急功近利的社会风气、分数为王的应试教育、劳育缺失的高等教育、过度娇宠的成长经历、科技宠溺的消费社会。

（二）提升劳动素养的途径

1. 注重劳动价值引导

加强劳动思想教育让"劳动最光荣、劳动最崇高、劳动最伟大、劳动最美丽"的观念内化于心、外化于行。大学生要加强马克思主义劳动理论的学习，深刻理解和领会马克思主义关于劳动创造人、劳动促进人的全面发展等观点，通过加强思想政治学习、专业学习提高参加劳动实践、接受劳动锻炼的自觉性和主动性。

劳动教育并不是简单的学习理论课程，也不是完成多少劳动任务。接受劳动教育，不仅是获取劳动的知识与技能，而且涉及价值观的培养问题，要在日常行为习惯的养成中培养劳动意识，以及基本生存能力、责任担当意识。因此，劳动教育的核心目标是劳动价值观的培育，要通过劳动教育，加强对劳动的认识，改变对劳动的态度，培养对劳动的情感，最终树立尊崇劳动、热爱劳动的价值观。

2. 加强劳动品德修养

劳动品德体现了劳动的伦理要求，是指人们在劳动过程中所表现出来的对他人和社会的稳定的心理特征或倾向。大学生要深刻理解新时代的劳动者"不仅需要有力量，还要有智慧、有技术，能发明、会创新"的道理，要以科学家、大国工匠和劳动模范为榜样，胸怀理想、脚踏实地、勤学习、锐意进取、敢为先锋、勇于创造。

3. 加强劳动技能学习

劳动知识技能是个体从事一定劳动所必须具备的知识、技术、技巧及综合运用这些知识、技术、技巧的能力，是个体劳动素养全面提升的必备基础。大学生应通过专业课学

模块四　劳动素养与劳动精神

习、实习实训、创新创业教育、专业实习、毕业实习等课程加强劳动技能学习，用系统的科学知识为提升劳动素养奠定坚实的基础。

4. 加强劳动实践锻炼

劳动习惯是个体在长期劳动实践训练中形成的稳定的行为模式。加强劳动实践锻炼，养成良好的劳动习惯，要让真抓实干、埋头苦干成为基本的生活方式。大学生要在实践中体会劳动素养提升与自身健康成长和全面发展的内在联系，积极参加家庭劳动、学校组织的劳动教育和劳动锻炼，并积极寻找社会实践、公益劳动、勤工助学、校外实习、假期打工等劳动机会，在劳动过程中训练劳动技能，形成热爱劳动的良好品德，锻炼吃苦耐劳的意志品质，全面提高劳动素养。

5. 营造劳动校园文化

校园文化对大学生的思想观念、价值取向和行为方式具有潜移默化的影响。高校应加强劳动育人校园文化建设，大力弘扬劳模精神、劳动精神、工匠精神，实现劳动教育与校园文化建设相融合。对于高职学生而言，一是重视向榜样学习，通过参加学校开展"劳模大讲堂""大国工匠进校园"等专题讲座，以及在校园官网、官网微信、橱窗、走廊等宣传阵地推送劳模和工匠的先进事迹，使学生能够近距离接触劳动模范，聆听劳模故事，感受榜样力量，从而激发他们崇敬劳模、学习劳模，崇尚劳动、热爱劳动的情感；二是重视朋辈效应的作用，向身边的人学习。要积极参加与劳动有关的兴趣小组、学生社团，在班会、团课、社团活动，广泛开展劳模精神相关的主题演讲、知识竞赛、征文比赛，以及辩论赛、情景剧大赛，在活动中主动探索和反思劳动的意义与价值；要广泛参加以劳动教育为主题的手工劳技展演，如手工制作、电器维修、班务整理、室内装饰、宿舍内务技能大赛等实践活动，提高自身的劳动意识，加强自身劳动习惯的养成。

6. 在校园生活和日常自我管理中培养劳动素养

一是在班级和宿舍管理中设立劳动岗位。劳动是一项身心相结合的活动，对学生的社交能力、互相协作能力、团队精神的培养有促进作用。高职院校的学生大部分的时间是在教学场所和宿舍中活动的，在教学场所，可以安排定期的值日生进行教室和实训室的日常管理、卫生清洁；在宿舍内也进行轮流值班，负责宿舍的卫生及美化，打造和谐居住和生活的环境，培养劳动意识。

二是定期参加校内外劳动实践活动。学生可以参加在学校内设立的建设劳动基地参加劳动（如无条件，可就近联系工厂或者农场，有组织地安排学生进行生产劳作）。同时，应利用寒暑假进行一定时间的实习锻炼，提交相应的劳动实践报告，将劳动活动与专业的校内外时间、实习结合，并附以一定的学分，纳入考核范畴。

三是加强日常管理制度建设。高职院校从上至下，从领导到全体师生都要有培养劳动精神的意识，才能通力协作，将劳动意识的养成融入人才培养中。制度建设及多方位的宣传就成为保障和落实的关键。在管理过程中，将校内外实践、顶岗劳动、宿舍劳动岗位设立、校园服务及社区服务等都形成规矩和要求，最好以课时或者学分的形式纳入教学和育人体系。

总结案例

有一种工作境界，叫作全国劳模

在中国，有一群从工作精神到工作本领都非常厉害的人——全国劳动模范。

一、干什么工作，能成为全国劳模

新中国成立之初，我们国家就开始表彰先进劳模了。新中国第一代劳模，知名度很高，大庆铁人王进喜，掏粪工人时传祥，杂交水稻之父袁隆平，纺织工人赵梦桃，农业劳模申纪兰……

在20世纪五六十年代，如果你是工人、农民，会惊喜地发现，这些全国劳模绝大多数都跟你是同行。

改革开放以来，更多行业的能人走上劳模奖台。科教文卫体，各行各业辛勤工作的朋友都可以有当劳模的梦想，比如陈景润、蒋筑英。

2005年起，如果你是私营企业家或者农民工，都有机会当劳模。2005年，全国劳模评选名单上出现了三十多名私营企业家和23位农民工。

到了2015年，你要是个码农，或者美妆带货，也有机会评全国劳模。例如网络语音架构师贾磊，在商场销售化妆品的龚定玲。

几十年来，全国劳模的结构越来越多元，有基层劳动者，也有高学历技术人才；有理科生、工科生，也有文科生。劳模结构变化，是因为中国在变。中国靠着劳动发展起来，劳动又在发展中有越来越丰富的内涵。

二、看劳模的故事，你会觉得非常神奇

明明都是些那么普通的人，干着那么普通的工作，却能干到极致，让人叹为观止。但，同样一个工作，有两种段位，一种是普通人的段位，一种是劳模的段位。

2015年的全国劳模冯冰，是一名大同市公共交通总公司的驾驶员。

每天，冯冰都坚持早来晚走，对车辆认真细致的检查保养和擦拭，交车从不交有毛病的故障车和卫生不合格的脏乱车。在车辆拐弯时，他提醒乘客们站稳、扶好；在遇到复杂情况时，他总是提前减速、慢慢行进，避免急刹车；在车辆进站时平稳进站、规范停靠；在雨雪天气，总要把车停在没有积水和冰冻的地方，为的是不让乘客涉水履冰。冬天，他自费做了"暖心坐垫"；夏天，他给车厢内挂上了窗帘；他还在车厢右前方的车壁上悬挂"百宝袋"，内有针线包、旅游图、创可贴和日常药品。对一些高龄老人和肢体残疾人，主动搀扶，背他们上下车，帮忙找座位。2014年度完成运营31 586公里，车辆完好率100%，工作车率100%。乘客能坐上这样一个驾驶员开的公交车，得多舒服啊！

这就是全国劳模的本事。你觉着人家干的工作特普通，一点也不华丽，一点也不喧嚣，但人家能把每个细节都干得精致完美，每个环节都干出故事，刷新你的三观，让你惊叹一声："这活儿居然还能这么干啊，牛！"对人家来说，工作追求的就是一种境界。

三、今天，我们要继续向全国劳模学习

劳模告诉我们什么？一是别浮，要有静气，不要嫌自己的工作没劲儿，你还没把

模块四　劳动素养与劳动精神

它做到最好呢。二是不要嫌付出没得到回报，等你做得够好，鲜花自来，掌声自来，无私奉献、艰苦奋斗得到的才是 10 分回报，不添加任何泡沫。三是劳动真的可以帮你逆袭：例如，包起帆当上码头公司总经理、集团副总裁之前，曾是个机修工。四是要当全国劳模，拼爹拼娘是没用的，拼的是谁干得好，大家有目共睹。

（资料来源：中央纪委国家监委网站，2020-5-3，有修改）

分析： 在亿万社会主义建设者大军中，全国劳动模范在各自岗位上创造出的业绩，他们身上体现出的精神，是全社会的宝贵财富。随着时代的变化，劳模的组成在不断地变化。但不管身份怎么变，不管学识有多高，职务有多高，他们身上体现出的无私奉献、顽强拼搏进取的精神是不变的，全国劳动模范中有相当数量的是这些普通岗位的人成长为技术人才的行家里手，他们在为企业创造效益的同时，更为自己的人生创造了灿烂的未来。

课堂活动

劳模人物访谈

一、活动目标

通过访谈，了解劳模的事迹和劳模精神，帮助自己提升劳动素养。

二、活动时间

建议 90 分钟。

三、活动准备

知识准备：联系三位不同行业的（全国、省、市、县）劳模，就他们的劳动事迹、工作岗位和工作感悟进行访谈。

教具准备：白纸、笔、录音笔。

四、活动流程

1. 教师将学生按照 8~10 人划分小组，并进行小组分工。
2. 确定 3 个不同行业的访谈对象，可以从小组成员的周围人能联系到的群体中确定，并准备好相应的访谈提纲。
3. 小组成员分工合作对劳模进行访谈。
4. 组内运用头脑风暴法进行访谈，感悟并总结该如何进一步提升个人劳动素养。
5. 每个小组选派一名代表进行分享以便其他组学生能了解更多的劳模事迹，感悟劳模精神。
6. 教师进行分析、归纳、总结，并根据每组代表在分享过程中的表现给予点评并赋分。

第二部分

培养劳动能力

- ◆学校劳动实践
- ◆家庭劳动实践
- ◆社会劳动实践
- ◆职场劳动实践

模块五

学校劳动实践

导读导学

在人类的历史长河中，人类的每一次成长进步，劳动都不曾缺席。劳动让人直立行走，劳动让人的双手更灵活，劳动推动了语言的产生与发展，劳动促进了人脑的形成，劳动让人类形成了特有的抽象思维能力，在劳动中人类形成了社会关系，出现了社会分工。生产劳动对人类生存的意义还在于它贯穿于人类社会的始终。人类在生产劳动中不断创造自身所需的生产资料和生活资料，为自身创造生存和发展的物质条件。没有生产劳动就没有人类的延续和发展，没有生产劳动就没有人类恒河沙数的物质财富和灿若星河的精神财富。

俗话说"技多不压人"，在科技飞速发展的当代社会，新知识、新技术、新工艺、新方法层出不穷，只有过硬的劳动技能才能成就青年人有"干一行爱一行"的担当，将爱国爱校精神发扬光大。美好的校园靠劳动来创造。劳动与校园活动是密不可分的，不存在也不应该存在不含有劳动因素的教育，因此，劳动教育不是孤立存在的，是要和德育、智育、体育、美育互相交织、有机联系形成促进人的全面发展的现代人才培养体系。学生的成长成才不仅需要依靠知识和智慧，还需要具有深厚的劳动情怀和正确的劳动价值观，所以学校的劳动实践非常重要，它可以培养大学生的集体荣誉感和高度的责任感，培养其热爱劳动、珍惜劳动成果的优良品质和良好的卫生习惯；可以帮助大学生积极有效地适应未来社会的挑战，增强他们学会生存、学会生活、学会学习的实际本领。勤工助学是将从事的活动与所学专业知识、能力培养、素质提高和全面发展紧密结合起来的有偿实践活动，能使原本经济困难的学生缓解生活压力，增强贫困生的责任心，促进心理平衡健康发展。

本模块包括校园清洁和环保行动、义务劳动和勤工助学、专业服务和创新劳动三部分，围绕大学生平时开展的实践劳动做充分准备，优化学生的劳动素养。

主题5.1 校园清洁和环保行动

学习目标

1. 能够列出校园环境美化的内容和理解环境美化的内容。
2. 能够灵活运用学校室内、休闲空间和走廊的清洁要求与操作流程进行清洁，可独立实现垃圾分类。
3. 积极参加校园清洁和环保行动，养成崇尚劳动观念和环保意识。

> ◎哲人隽语
>
> 继农业革命、工业革命、计算机革命之后，影响人类生存发展的又一次浪潮，将是在世纪之交时要出现的垃圾革命。
>
> ——托夫勒

引入案例

一起动手扮靓校园

新型冠状病毒肺炎疫情打乱了全国各地学校2020年春的开学节奏，经过全国人民的努力，疫情逐渐被控制，各地开学在即。江苏某高职学院的学生小明返校领取技能竞赛材料，却被一股腐烂的气味熏得掩鼻屏息一路小跑。原来保洁人员还未返校，昔日整洁的校园好像蒙上了一层灰，各个角落飘落着废弃物。这可让他分外着急，因为接下来的两周，他要和9位同学一起备战全国创新创业技能竞赛。这样的环境怎么能安放下一张书桌？于是，小明跟辅导员商量，能不能号召班内已返校的同学一起动手美化校园。在辅导员和小明的动员下，同学们都动起来了，通过全天劳动大扫除，往日干净整洁的校园又回来了！

分析："一屋不扫，何以扫天下？"大学生采取积极行动，用双手改变环境。因为学校是全体师生的家园，保持校园清洁卫生，是校园中永恒的主题。因为一个干净的校园，会给求知的学生们营造出舒心惬意的学习氛围，也能起到净化心灵的作用。看来，掌握必要的保洁技能，开展爱校卫生行动，在平时可以维护环境，在特殊时期则可以创造一片净土。

一、校园清洁

在一个优美、整洁、干净、卫生的生活环境中学习，可以让大学生养成良好的卫生习惯，培养劳动观念，增强他们的公德意识，提高文明水准。大学生要共同努力，使自己的校园达到"清洁、整齐、文明、有序"的标准。

学校校园清洁的范围一般包括教室、楼道、走廊、图书馆、宿舍、会议室等，这些地方的清洁需要师生共同的付出，保持校园清洁需从细节做起。

（一）公共场所和环境卫生规范

校园的公共场所卫生一般由学校的专职卫生保洁员负责，除此之外，还需要每个学生的努力。校园公共场所的卫生可以按照以下规范去做。

（1）楼道、楼梯，做到地面清洁，无痰迹、无垃圾、无污水。

（2）洗手间、厕所，做到地面清洁、无积污水、墙面干净、上下水畅通、无跑冒滴漏、水池内外干净无污物、大小便池干净无便迹、无异味，水房厕所门干净。

（3）公共门窗玻璃、窗台窗框，做到干净、完好、无积尘。

（4）楼内墙壁顶棚，做到无积尘、无蛛网。

（5）爱护公物，节约水电，所用卫生工具等要妥善保管、谨慎使用，尽可能修旧利废。

（6）垃圾要倒入垃圾桶（箱）内，不能随处乱倒，杜绝焚烧垃圾、树叶等污染环境现象发生。

（7）爱护环卫设施，养成良好的卫生习惯，不在各种建筑物、各种设施及树木上刻画、张贴。

（二）个人卫生和宿舍内务卫生规范

讲好个人卫生有利于形成良好的个人生活习惯。宿舍是大学生每天生活的场所，良好的宿舍卫生有利于大家的身心健康。大学生在保持好个人卫生的同时，也要和舍友一起维护好宿舍卫生。

（1）养成良好的个人卫生习惯，要勤洗澡、勤洗衣，个人床铺整洁、卫生。

（2）不随地吐痰，不乱扔废纸、白色垃圾、果皮等；不向窗外倒水和乱扔杂物。

（3）宿舍的地面、墙壁、门窗整洁干净，保证无灰尘、痰迹、蛛网等。

（4）室内空气新鲜无异味，无蚊蝇，无蟑螂。

（5）床、桌、凳、书架等家具摆放整齐、干净。

（6）灯具、墙壁、顶棚、暖气设备无尘土，无蛛网。

（三）文明就餐

大学生的一日三餐离不开食堂，食堂是大家生活的重要组成部分，营造清洁舒适的就餐环境，不仅关系着他们的生活，而且直接体现了他们的整体形象。文明用餐是个人素质的体现，大学生要从自身做起，从点滴做起，从身边做起，共同营造一个良好的就餐环境。文明就餐要做到以下几点。

（1）爱惜粮食，杜绝浪费。节约粮食是尊重他人劳动的表现，也是我们每个人高尚人格的体现。

（2）保持良好的就餐秩序，排队就餐，讲文明、讲礼貌、守公德，言语文明、举止得体。

（3）自觉回收餐具。吃完饭后就把餐具和杂物带到餐具回收处，既减轻了餐厅人员的工作任务，又方便了其他同学。

（4）不要随地吐痰、乱扔餐巾纸和食物残渣，注意自己的仪表、穿着和行为。

（5）爱护餐厅的设施，不蹬踏桌凳，不乱涂，不乱刻，不损坏电器照明等设备，维护公共卫生安全。

（6）尊重餐厅工作人员，不侮辱甚至漫骂工作人员，发现问题，不吵不闹，逐级反应，妥善解决。

（四）清洁的基本操作流程

1. 室内保洁的基本操作流程

（1）检查。进入室内，先查看是否有异常现象、有无损坏的物品。如发现异常，应先向学校有关部门或老师报告后再保洁作业。

（2）推尘。推尘要按照先里后外、先上后下、先窗后门、先桌面后地面的顺序，先清扫天花板、墙角上的蜘蛛网和灰尘，接着抹窗户玻璃门面的灰尘，实验器材等设备挪动后要原位摆好。

（3）擦抹。擦抹应从门口开始，由左至右或由右至左，依次擦抹室内桌椅、柜子、讲台和墙壁等。抹布应拧干，擦拭每一件物品时，应由高到低、先里后外。擦墙壁时，重点擦拭门窗、窗台等。操作时，先将湿润的涂水抹布（干净的）湿润玻璃，再用干净的抹布擦干净窗框及窗台，最后用干燥的无毛的棉布擦干净玻璃四周和中间的水珠。大幅墙面、天花板等的清洁为定期清除（如每周清洁一次）。

（4）整理归置。讲台、桌面、实验台上的主要用品，如粉笔盒、粉笔擦、实验器具等抹净后按照原位摆放整齐。

（5）垃圾清倒。按照垃圾分类方法，收集垃圾，并清倒室内的纸篓、垃圾桶，及时更换垃圾袋。

（6）再确认。清洁结束后，参与保洁的人员退至门口，环视室内，确认清扫质量，然后关窗、关电、锁门。

2. 休闲空间和走廊保洁的基本操作流程

（1）进行检查处理。进入各种休闲空间后，先查看是否有异常现象、有无已损坏的物品。如发现异常，应先向有关部门或老师报告后再进行保洁作业。

（2）进行清扫处理。先用扫把对地面进行清洁，清除烟头、纸屑、灰尘等。

（3）进行擦抹处理。从门口开始，由左至右或由右至左，依次擦抹室内桌椅、柜子、讲台和墙壁等。抹布应拧干，擦抹每一件物品时，应由高到低、先里后外。擦墙壁时，重点擦拭门窗、窗台等。

（4）进行整理归置。桌椅、柜子等抹净后，按照原位摆放整齐。

（5）垃圾清倒处理。按照垃圾分类方法，收集垃圾，及时更换垃圾袋。

（6）进行推尘处理。用拖把清洁地面，按照先里后外，先边角、桌下，后地面进行推尘作业。清洁结束后把桌椅、柜子等设备恢复原位摆好。

3. 公共卫生间保洁的基本操作流程

（1）天花板的清理。用长柄扫把清扫天花板、墙面、墙角等的蜘蛛网和灰尘。

（2）门窗玻璃门面及墙面的清理。用湿抹布配合便池刷清洁玻璃、镜面和墙面上的污迹。

（3）蹲便池和小便池的清理。先用夹子夹出大、小便器里的烟头、纸屑等杂物，然后冲水，再倒入洁厕剂，泡一会儿，洗完面盆后再用便池刷刷洗。蹲便池、小便池内四周表面及外部表面均要清洗，检查冲水是否正常，有没有堵塞。

（4）洗手盆的清理。用清洁剂和百洁布擦洗洗手盆。从左到右抹干净台面，用不掉毛的毛巾从上到下擦拭干净镜子；水龙头也要清洗干净，保持光亮。

（5）更换垃圾袋。按照垃圾分类方法收集垃圾并及时更换垃圾袋。

（五）机动车道和人行路保洁的基本操作

清扫各种垃圾、树叶，清捡树枝和废弃物，清拔路沿石缝杂草、清除人行道边上绿化带的树叶杂草，清扫人行道和道路上的灰尘等。

（1）进行分组、分路段、分区域明确清扫范围，合理安排清理垃圾、树叶等任务。

（2）每天采取分时段收集沿路垃圾，做到定时清扫、及时堆放、及时运送，做到不慢收、漏收。

（3）参与保洁的学生利用竹扫把，对校园道路进行全面清扫，要做到"六不""三净"。"六不"即不花扫、漏扫；不见积水（无法排除的积水除外）；不见树叶、纸屑烟头；不漏收堆；不乱倒垃圾；不随便焚烧垃圾。"三净"为路面净、路尾干净、人行道净。

（4）校园路面清扫保洁要做到：晴天与雨天一个样；主干道与人行道一个样；检查与不检查一个样。

（六）广场、操场、台阶、水沟等保洁的基本操作

清扫各种类垃圾、树叶，清除各种杂草、树枝，清扫或者清洗灰尘、清理明水沟内各种垃圾和杂草。

（1）对广场、操场、停车场、台阶和楼房周边的水沟进行检查，先用扫把或垃圾夹清理面上的垃圾、树枝、树叶等。

（2）对广场、操场、台阶周边的杂草进行清除。

（3）用小扫把对广场、操场、停车场、台阶地面进行清尘处理。

（4）清理垃圾，运送到学校的垃圾中转站。

（5）不能把垃圾和树叶倒到道路两边的绿化带，更不能就地焚烧。

注意：清扫要有次序，如清扫操场应该先洒水再扫地，有风的时候应该顺风扫；如扫楼梯时，应该从上往下扫。

二、环境美化

（一）绿色校园的卫生维护和能源节约

《全国环境宣传教育行动纲要》在1996年首次提出了"绿色校园"概念，它将环保意识和行动贯穿于学校的管理、教育、教学和建设的整体性活动中，引导师生关注环境问题，让青少年在受教育、学知识、长身体的同时，树立热爱大自然、保护地球家园的高尚情操和对环境负责任的精神，掌握基本的环境科学知识，懂得人与自然要和谐相处的基本理念；学会如何从自己开始，从身边的小事做起，积极参与保护环境的行动，在头脑中孕育可持续发展思想萌芽；让学校里所有的师生从关心学校环境到关心周围、关心社会、关心国家、关心世界，并在教育和学习中学会创新和积极实践。它不仅成为我国学校实施素质教育的重要载体，而且也逐渐成为新形势下环境教育的一种有效方式。

"空气清新，环境整洁，楼房林立，绿树环抱"，这种良好的校园环境是实现环境育人的关键，为了给自己学习创造一个优美整洁的学习生活环境，需要通过学生多方面的共同努力。不仅要每个人能够养成讲究卫生的好习惯，还要不断增强对校园的环境保护意识，使大家树立"校园是我家，卫生靠大家"的思想意识，从养成良好的卫生习惯做起；并且加强各项卫生制度的落实，做好平时卫生保持工作，并不断激发学生的爱校荣誉感，促进大家能自觉维护校园环境卫生，爱护校园公共设施，能自觉做到不乱扔、乱倒、乱吐、乱画、乱张贴。懂得勤俭节约，不浪费水、电和食物，不过度浪费能源，不追求过冷的空

调、过高的供暖温度等。

（二）精神美化

环境美化既包括物质的美化，例如校园建筑的设计、绿植的栽培等，也包括精神的美化，即通过文化的建设来美化校园环境。这里主要介绍宿舍文化和班级文化。

1. 宿舍文化

宿舍文化是指依附于宿舍这个载体来反映和传播的各种文化现象的总和。它既包括校园中的物质文化、制度文化，也包括师生的价值观念、群体心态、校园舆论等。它以宿舍成员共同的价值观为核心，由涉及宿舍生活的各方面的价值准则、群体意识、行为规范、公共行为和学习生活习惯所组成，是由宿舍成员共同建立和长期形成的、潜移默化的氛围和影响力。

学生宿舍文化包括宿舍的室内设施、整体布局、卫生状况、规章制度、宿舍成员的人际关系、道德水准、学识智能、审美情趣、价值取向、行为方式等。

（1）保持宿舍卫生干净整洁。干净整洁的宿舍会给我们创造一个良好的生活休息环境，有利于我们的身心健康。每位学生都要把宿舍当成自己家，在宿舍不乱扔垃圾，认真做好值日，保持个人卫生，不给他人带来麻烦。

（2）共同打造宿舍文化。宿舍成员共同设计宿舍名字、宿舍舍徽，根据各自宿舍的特点，布置宿舍，对宿舍进行美化，让宿舍成为温馨的家园。

2. 班级文化

班级文化是"班级群体文化"的简称。作为社会群体的班级所有或部分成员共有的信念、价值观、态度的复合体，班级成员的言行倾向、班级人际环境、班级风气等为其主体标识，班级的墙报、黑板报、活动角及教室内外环境布置等则为其物化反映。

班级文化可分为"硬文化"和"软文化"。所谓硬文化，是一种"显性文化"，可以摸得着、看得见的环境文化，也就是物质文化，比如教室墙壁上的名言警句，英雄人物或世界名人的画像；摆成马蹄形、矩形、椭圆形的桌椅；展示学生书画艺术的书画长廊；激发学生探索未知世界的科普长廊；表露爱心的"小小地球村"；悬挂在教室前面的班训、班风等醒目图案和标语，等等。而软文化，则是一种"隐性文化"，包括制度文化、观念文化和行为文化。制度文化包括各种班级规约，构成一个制度化的法制文化环境；观念文化则是关于班级、学生、社会、人生、世界、价值的种种观念，这些观念弥漫在班级的各个角落，潜移默化地影响着每个学生；因制度和观念等引发出来，从学生身上表现出来的言谈举止和精神面貌，则是行为文化。

（1）"硬文化"的建设。苏霍姆林斯基曾经说过，要使教室的每一面墙壁都具有教育的作用。可见，对于教育而言，一切都可以成为它有利的素材。有效的运用空间资源，创设具有教育性、开放性、生动性且安全性的"硬文化"环境，对于陶冶学生的情操，激活学生的思维，融合师生的情感有着巨大的积极作用。对班级"硬文化"环境建设的法则是：力求朴素、大方，突出班级特点。我们要注重教室的卫生。当大家看到地上有纸屑时就主动捡起来，课桌椅摆放整齐，小黑板、扫帚、水桶理整齐等，每个学生都需树立主人翁的责任感——"教室就是我的家"。我们要重视教室的布置。两侧的墙壁可以贴一些字画、人物等（由学生自己选出）；教室的四角，可以布置成自然角、科技角、书法角等；后面的黑板报应经常更换，由学生自己排版、策划；教室前面黑板的上方可以挑选一句话作为整个班级的座右铭。教室的布置不能乱，应使各个部分都和谐统一起来。

（2）软文化建设。建设好班级"硬文化"环境，只是给这个班级做了一件好看的外衣，班级真正的精神体现还要看班级"软文化"环境的建设。班级"软文化"环境是班级文化环境的核心，是最能体现班级个性的，班级整体形象的优劣最终将取决于班级"软文化"环境是否健康。在班级软文化的建设中，首先可以考虑设计班歌、班徽、班旗等项目，作为班级的特色标志，增强大家对班级产生认同感和自豪感。其次是班风的建设，这是班级"软文化"环境建设的重头戏，也是整个文化环境建设的核心部分。良好的班风是无声的命令，是不成规章的准则，它能使大家自觉地约束自己的思想言行，抵制和排除不符合班级利益的各种行为。

三、垃圾分类

垃圾分类一般是指按一定规定或标准将垃圾分类储存、分类投放和分类搬运，从而转变成公共资源的一系列活动的总称。垃圾分类的目的是提高垃圾的资源价值和经济价值，力争物尽其用。

（一）垃圾分类的背景

习近平总书记在党的十九大报告中指出："建设生态文明是中华民族永续发展的千年大计，必须树立和践行绿水青山就是金山银山的理念。""要坚定走生产发展、生活富裕、生态良好的文明发展道路，建设美丽中国，为人民创造良好生产生活环境，为全球生态安全做出贡献。"

随着社会经济发展和物质消费水平的大幅度提高，我国每年垃圾产生量迅速增长，2018年仅生活垃圾总量就增至4亿多吨，这些垃圾不仅造成了环境安全隐患，也造成资源浪费，成为人民群众反映强烈的突出问题，成为社会经济持续健康发展的制约因素。实行垃圾分类，关系广大人民群众生活环境，关系节约使用资源，也是社会文明水平的一个重要体现。

◎知识链接
垃圾分类的意义

（二）垃圾种类

从国内外各城市对生活垃圾分类的方法来看，大致都是根据垃圾的成分构成、产生量，结合本地垃圾的资源利用和处理方式来进行分类的，图5-1为北京市垃圾分类目录，图5-2为部分垃圾分类的指引性标志。

图5-1 北京市垃圾分类目录

主题 5.1　校园清洁和环保行动

图 5-2　部分垃圾分类的指引性标志

1. 可回收物

主要包括废纸、塑料、玻璃、金属和布料五大类。

（1）废纸：主要包括报纸、期刊、图书、各种包装纸等。但是，要注意纸巾和厕所用纸由于水溶性太强不可回收。

（2）塑料：各种塑料袋、塑料泡沫、塑料包装、一次性塑料餐盒餐具、硬塑料、塑料牙刷、塑料杯子、矿泉水瓶等。

（3）玻璃：主要包括各种玻璃瓶、碎玻璃片、镜子、暖瓶等。

（4）金属物：主要包括易拉罐、罐头盒等。

（5）布料：主要包括废弃衣服、桌布、洗脸巾、书包、鞋等。

这些垃圾通过综合处理回收利用，可以减少污染、节省资源。如每回收 1 吨废纸可造好纸 850 千克，节省木材 300 千克，比等量生产减少污染 74%；每回收 1 吨塑料饮料瓶可获得 0.7 吨二级原料；每回收 1 吨废钢铁可炼好钢 0.9 吨，比用矿石冶炼节约成本 47%，减少空气污染 75%，减少 97% 的水污染和固体废物。

2. 厨余垃圾

厨余垃圾是有机垃圾的一种，包括剩菜、剩饭、菜叶、果皮、蛋壳、茶渣、骨、贝壳等，泛指家庭生活饮食中所需用的来源生料及成品（熟食）或残留物。经生物技术就地处理堆肥，每吨可生产 0.6~0.7 吨有机肥料。

3. 有害垃圾

有害垃圾指含有对人体健康有害的重金属、有毒的物质或者对环境造成现实危害或者潜在危害的废弃物，包括电池、荧光灯管、灯泡、水银温度计、油漆桶、部分家电、过期药品、过期化妆品等。这些垃圾一般使用单独回收或填埋处理。

4. 其它垃圾

其它垃圾主要包括砖瓦陶瓷、渣土、卫生间废纸、瓷器碎片等难以回收的废弃物。其它垃圾危害较小，但无再次利用价值；是可回收垃圾、厨余垃圾、有害垃圾剩余下来的一种垃圾。一般采取填埋、焚烧、卫生分解等方法，部分还可以使用生物降解。

 总结案例

"加减乘除""百十千万"……解码上海垃圾分类一年间

2019年7月1日，《上海市生活垃圾管理条例》正式实施。实施一年间，上海作为首个"吃螃蟹"的城市，在垃圾分类这件"小事"上庄严立法，全民参与、全程发力。上海市绿化市容局局长邓建平谈起上海垃圾分类一年间的新特点和新挑战，他说了两个词："加减乘除"和"百十千万"。用"新时尚"改变一座城。垃圾分类能否成功，考验的是市民素质，从"他律"实现"自律"的转变。有法律法规支撑，有市民全员参与，有志愿者全程引导，上海生活垃圾分类的社会氛围越发浓厚。

"加"体现在：资源化利用实现增量，因为分类细致、纯度高、质量有保障，分出的垃圾得到了更高效的资源化利用，回收利用率达到35%。

"减"落实在：干垃圾处置量减量和垃圾填埋处置比例降低。

"乘"立足在：垃圾分类社会效益倍增，市民垃圾基本养成分类习惯，居住区垃圾分类达标率从2018年的15%倍增到90%。

"除"着力在：环境污染点大幅减少，撤桶并点、定时投放后，住宅小区环境改善；废物箱减少后，道路公共场所环境卫生保持良好，处置设施污染物排放明显下降。

上海市民到底多给力？即便在大雨倾盆的早上，撑伞赶来倒垃圾的居民也络绎不绝。从一个人的努力扩展到2 000多万人的合力，从一户人家的行动到千家万户的践行，"百十千万"的格局悄然演进。

分析： 上海的这场垃圾分类绿色转型不仅引领了"新时尚"，提升了城市品质，更释放出环保产业升级的"新动能"。从"新时尚"到"好习惯"，百姓是参与者更是受益者。生活中废弃物品的数量和种类越来越多，准确分类投放确实不易。但为了保护地球母亲，造福子孙后代，我们每个人都必须学会并践行生活垃圾分类投放。

 课堂活动

校园垃圾分类我先行

一、活动目标

践行垃圾分类新风尚，为校园垃圾箱制作醒目垃圾分类小标识，主动将校园垃圾分类投放，引导校园内师生投放垃圾时主动将垃圾进行分类；培养垃圾分类好习惯，提高团队合作意识。

二、活动时间

建议 4~6 个小时。

三、活动流程

1. 教师先给学生集中展示垃圾分类方法，让学生熟悉日常生活垃圾的分类方法，动员学生参与校园垃圾分类实践行动。

2. 教师将学生按照 6~8 人进行分组，每组选出 1 名组长，教师引导学生制定垃圾分类的达到目标及确定垃圾分类行动的区域。

3. 以组为单位制定校园垃圾分类行动计划，制作垃圾分类小标识。

4. 学生分组行动，分配到校园内各个垃圾投放点，组长带领组员将制作的垃圾分类标识张贴到各垃圾投放点的垃圾桶，主动将校园内垃圾进行分类投放，并引导校园内的师生在投放垃圾分类时主动进行分类。

5. 各组汇报展示活动成果，总结分享劳动收获。

6. 每组选派一名代表与教师一起对劳动成果进行评比，教师根据评审结果进行点评。

主题5.2　义务劳动和勤工助学

> ◎哲人隽语
>
> 人的生命是有限的，可是，为人民服务是无限的，我要把有限的生命，投入到无限的为人民服务之中。
>
> ——雷锋

学习目标

1. 理解义务劳动和勤工助学的概念、意义，描述勤工助学的内涵。
2. 能够联系义务劳动和勤工助学的要求，参加力所能及的劳动。
3. 愿意与他人交流对义务劳动的认知，提升自己的勤工助学能力。

引入案例

最美快递员汪勇，平凡人中的英雄

汪勇是湖北顺丰在武汉的一名普通快递小哥。新型冠状病毒肺炎疫情暴发后，汪勇牵头建起了医护服务群，从调配医疗物品、保障医护人员日常出行、协调 1.5 万份盒饭，再到给医护人员修眼镜、买拖鞋……一个多月来，汪勇成了医护人员的"大管家"。汪勇和他的志愿者团队将温暖聚拢，守护着冬日里逆行的医务英雄。"我做了力所能及的事，我不后悔。"汪勇说。

汪勇的事迹让许多人为之泪目，也让更多人感受到一名普通"80后"快递小哥的无私与无畏、担当与奉献。汪勇和他的志愿者团队就像一团火，在这个寒冷的冬季给人们带来温暖和希望，鼓舞人们奋勇战胜疫情。

汪勇的优秀表现也激励和带动着更多顺丰员工积极投身抗疫工作。湖北顺丰相关负责人介绍说，战"疫"期间，湖北顺丰有超过 4 000 名快递小哥勇冲一线，为保障物资运送做出贡献。湖北顺丰对 25 名在疫情期间奋勇拼搏、彰显担当的优秀员工予以火线提拔，其中汪勇更是被跨等级提拔为硚口分公司经理。

> **分析**：汪勇在疫情期间选择义务劳动，主动投身没有硝烟的战场，把个人安危置之度外，共战疫情、共克时艰、守望相助的行为值得我们每个人学习。正如湖北顺丰的负责人所说："关键战役是优秀员工试金石，表现出色员工，如同大火淬炼出的真金，是企业的财富。"义务劳动是一种赠人玫瑰手有余香的行为，我们只有从身边的小事做起，从自己做起，能为他人着想，心存社会公德，真正起到先锋模范作用，未来才能经得起任何艰难困苦的考验，肩负起时代重任。

一、义务劳动的概念及意义

（一）义务劳动概念

义务劳动，又称志愿劳动，是指不计定额、不要报酬、自觉自愿地为社会劳动。义务劳动，虽然只比劳动多了"义务"二字，但蕴涵了更大的能量与意义。《中华人民共和国劳动法》第六条是国家对劳动者提倡、鼓励行为的规定。其中首句就是："国家提倡劳动者参加社会义务劳动。"《现代汉语词典》对"义务劳动"一词的解释是："自愿参加的无报酬的劳动。"

（二）义务劳动的意义

1. 提升劳动素质

面对日趋激烈的国际竞争，一个国家发展能否抢占先机、赢得主动，越来越取决于国民素质特别是广大劳动者素质。素质是立身之基，技能是立业之本。参加义务劳动，可以提高我们的文明素质和道德水平，培育"民生在勤，勤则不匮"精神和责任意识，引导我们树立正确的人生观、价值观和世界观，从而促进自身的全面发展，是一个知行合一的过程。

2. 促进个人全面发展

义务劳动能使我们的肌体充满活力，促进我们的身体发育；义务劳动，不论是体力劳动还是脑力劳动，要做出努力、耗费精力，要取得劳动成果，需要有顽强的意志和毅力，因而可以培养我们的自信心、责任心、情感和意志等思想品质；我们可从义务劳动中培养起尊重劳动、热爱劳动、尊重劳动人民的品质，认识到劳动没有贵贱之分，只要是劳动，就能为社会增加财富，就是为社会服务，从而养成劳动光荣、不劳为耻的思想品德；义务劳动有利于培养我们的创造意识和创新精神，我们在义务劳动中既要动手，又要动脑，是一种创造性活动。

总之，义务劳动不仅能培养我们的生活技能，而且能促进我们的体力发展和智力发展，培养我们的创新精神和实践能力，养成尊重劳动的思想品德。

二、义务劳动的类型和要求

当今时代是创新的时代，创造新的知识、新的技术，不是凭空想出来的，而是在艰苦的劳动中创造出来的。义务劳动创造财富，劳动创造新的思维，义务劳动也促进了人类进步。培养学生热爱劳动、尊重劳动，树立劳动光荣而幸福的情感十分有必要。

1. 让义务劳动教育成为一种价值召唤

学校的各种义务劳动可分为劳动课和校内及校外的适量的义务劳动，如义务家教、义务打扫卫生、义务植树、服务老弱病残人员、协助交警之类的劳动。

2. 让义务劳动成为一种积极的生存方式

社会义务劳动，其主要目的并不是为了创造物质财富，而是为了营造精神氛围，这对于社会发展而言是更有意义的。一个国家，需要人民自主自发的奉献，需要人民自愿地为国家劳动。社会义务劳动既然是一种劳动，就必然存在着各种生产要素的合理组织与利用的问题，投入与产出的比较仍然是衡量它有效与否的根本标准。近几年来，各界群众都以不同形式或多或少地参加义务劳动，为社会做出了应有的贡献。

3. 义务劳动是学生德育实践的主要形式之一

学校是培养社会主义建设者和接班人的殿堂，劳动是财富的源泉、幸福的源泉。勤于劳动、善于创造是中华民族最为鲜明的伟大品格。当代大学生应积极参加义务劳动并在实践中提升自己，学校也应大力宣传义务劳动事迹营造良好的氛围。学校开展义务劳动是贯彻党的教育方针和对学生进行德育教育的重要内容之一，它有利于增强学生的劳动观念、集体主义观念，有利于培养学生爱护公共财产意识，有利于促进班风、校园文明建设。

案例 5-1

新时代的雷锋事迹

在北京各火车站里活跃着一群助人为乐的铁路员工，他们是北京铁路分局先进集体的成员。长年来，他们学雷锋做好事，把温暖送给南来北往的旅客。"036"最早是北京北站一个普通服务员的胸牌号，由于她的热情服务，旅客们记住了036这个号码。现在，它已是一个响亮的优质服务品牌，成为"诚心待客，真心助人"的代名词。目前，036（图5-3）文明服务群体成员已经达到1 250名，共帮助困难旅客100多万，收到群众表扬信23 000多封。

北京西站036售票厅服务员王秀英说："虽然都是很平凡的小事情，但是我们036精神就是体现在为旅客多想一想，想一想要是我们出行在外，遇到困难怎么办。"

图 5-3 "036" 荣誉榜

三、勤工助学的内涵及意义

勤工助学是指学生在学校的组织下利用课余时间，通过劳动取得合法报酬，用于改善学习和生活条件的社会实践活动。在我国，勤工助学是贯彻教育与生产劳动相结合的一种教育经济活动，勤工助学对于推动学生素质教育，构建新的人才培养模式，促进学生成长成才有着重要意义。

（一）勤工助学的内涵

勤工助学源于"济困"，通过俭学来达到完成学业的目的。随着社会进步和对人才需求标准的提升，我国中高职学校和大学的勤工助学工作已由"济困"为主的阶段过渡到"济困与成才相结合的"社会实践阶段。越来越多的学生把勤工助学作为主动适应社会、参与社会实践、提升自身综合素质和能力的有效手段，勤工助学的内涵也越来越丰富、充实，完成了从纯粹"经济功能"到"人的全面发展教育功能"的转化。

1. 功能上由单纯解困向助困育人发展

如今，随着市场经济的发展和高等教育体制的改革，社会对复合型人才的需求不断扩大，学生价值观念和社会取向也在发生变化，成才意识日渐增强，勤工助学活动作为一项特殊的社会实践活动，其功能、内涵和作用不断得以拓展和延伸，育人功能更加突出。

2. 对象上由家庭贫困学生向全体学生发展

随着勤工助学活动的深入发展，学生对勤工助学活动的多重功能有了更深入的理解，勤工助学逐渐被学生群体广泛认同，一些非贫困学生从实践锻炼的角度出发，主动加入勤工助学活动。因此，参加勤工助学的学生群体也逐渐由贫困学生和非贫困学生共同组成。

3. 类型上由普通型向专业型发展

学校在开展勤工助学活动的过程中，更加注重开发学生智力，发挥专业特色和优势，提高人才培养质量，学生参加勤工助学活动由主要从事劳务型、服务型、事务型工作岗位逐渐向从事专业型、技术型、管理型工作岗位转变，实现了专业学习、能力培养和经济资助三者的有机统一。

4. 形式上由个体自发向集体组织发展

过去学生参加勤工助学往往呈现自发性、分散性特点，存在一定的安全隐患，合法权益容易受到侵害。目前，学校普遍建立了统一的管理和服务机构，制定了详细的管理规定和运行机制，同时注重勤工助学基地建设，积极拓展勤工助学市场，使勤工助学有了更加广阔的发展空间，为学生创造了良好的勤工助学环境。

○知识链接

勤工助学的相关政策要求及权益保护

（二）勤工助学的意义

1. 勤工助学实现了"济困"的功能

目前，大学中很大一部分时间是由学生自由支配的，勤工助学能够让学生在业余时间展示其价值，通过自己的劳动来获取报酬；同时勤工助学能帮助贫困学生缓解经济压力，已成为学校实现"济困"的重要手段。

2. 勤工助学锻炼了当代学生的思想品格

当下，"90后""00后"大学生普遍害怕吃苦，缺乏服务精神和团队意识，责任意识不强。因此，通过勤工助学实践活动能够让学生感受到生活的艰辛，懂得什么是责任和担当，明白什么是感恩和奉献，有利于他们树立自信心，形成劳动光荣的观念，有利于他们树立正确的人生观、世界观和价值观。在团队中学会面对激烈的竞争，提高他们的心理承受能力并培养危机意识。同时，在长期的勤工助学实践中，能够培养学生的自我约束力、劳动意识和职业道德，这些都将成为他们以后人生路上的宝贵财富。

3. 勤工助学提高了学生综合能力和素质

通过勤工助学实践活动，学生的学习能力、社会能力及内省能力可得到进一步提高。从校内岗位到校外岗位，从懵懂跟从到独立选择，从忐忑上岗到独当一面，学生们的实践能力、创新意识和独立分析解决问题的能力等明显提升；学生提前接触社会，了解社会规则，调整自己的预期，改进自身不足，契合社会需求，团队意识、自律能力、心理素质明显提升，社会适应能力显著提高。另外，通过勤工助学，学生的学习能力和专业素质也得到了增强。学生把学到的专业知识很好地运用到实践中去，边学习边实践，不仅可以让自己的专业知识更扎实与稳健，同时还可以从专业出发去扩展专业相应的特长，增强个人能力。

4. 勤工助学增强了学生创新创业能力

勤工助学引导带动学生从课堂到课外，从学校到企业，从学生到职员，从兼职到就业创业，开阔了视野。学生在自己熟悉的领域经过长期实践已趋于理性，从创新的角度重新审视身边的各种资源，寻求资源的更佳配置，谋求更大的发展。学生在勤工助学过程中容易迸发出创新想法和创业激情，结合团队管理、项目运作、人际管理、目标管理等，进入一个融会贯通、将所学所思转化为所想所为的新境界，创新创业能力大大提升。

5. 勤工助学促进了学生就业

勤工助学能够不断提升学生的管理组织能力和待人处事能力，使学生的职业素质和职业能力全方位提升，帮助他们储备优质就业和自主创业所需要的身心素质和技能。

四、勤工助学的岗位要求

（一）勤工助学要实现劳务型和智力型相结合

要促进勤工助学劳务型和智力型相结合，实现内容的多层次化。结合学生的年级和专业特点，充分发挥学生的知识和技能，开拓智力型勤工岗位，还可以与教师的科研工作相结合，这既有利于教师科研课题的完成，又有利于学生巩固知识、锻炼能力，特别是实验类型的科研项目，更能增加学生的兴趣，培养科研态度和科研能力。实地调研结果表明，目前各高校的勤工助学工作的主要内容是图书馆书籍整理、实验室仪器清洗维护、办公室卫生打扫、宿管科日常值班、教室座椅的排放等。此外，勤工岗位可以向服务型方向发展，对于不同阶段、不同需求的学生进行协调安排。因为相对智力型的工作而言，基层的服务型工作不仅可以培养学生待人接物的能力，还有助于他们更好地了解社会、适应社会，排除在学生中存在的眼高手低的问题，且这类工作一般要求较低，有较大需求量，适用于广大困难学生。

（二）勤工助学岗位设置及要求

校内岗位包括学校各类机构的办公室助理、技术助理、图书馆工作人员、校内会议临时工作人员以及一些学生机构的岗位。校外岗位主要包括展会翻译、员工培训、商场导购等。家教岗位，提供家教兼职机会，包括学生家教、成人家教、班教等。《高等学校学生勤工助学管理办法》要求勤工助学活动必须坚持"立足校园、服务社会"的原则，勤工助学要达到既向学生提供经济资助，又锻炼学生实践能力的目标。

勤工助学模式由传统型向创业型转变，是高校资助工作的内在要求和必然趋势。创业型勤工助学模式是指学校提供资金、场地支持，专业教师提供指导，通过校企合作，创建以学生为主体，由学生自主经营管理的勤工助学实体。学生既能通过创造性的劳动获取一定的报酬，同时还能参加专业实习和创业实践活动，提升专业技能和综合实践能力。创业型勤工助学让学生潜移默化地接受创新创业教育，形成"学生主导、教师指导、学生参与"的勤工助学与创业实践相结合的运行模式，推动资助形式的多样化发展，形成"资助—自助—助人"的良性循环，实现高校勤工助学的育人功能。

勤工助学的主要目的是为了帮助学生顺利完成学习任务，因而在完成勤工助学任务的时间安排上，更倾向于利用学生的课外休息时间。

（三）勤工助学岗位应聘技巧

勤工助学岗位应聘应该做好充分准备，根据岗位说明书准备材料。递交书面申请后及时询问确认面试时间。面试中涉及的常见问题如下：大学期间的学习情况，如专业排名、获得奖学金等；家教、兼职经历；学习紧张程度、空余时间等具体问题。学生要根据这些基本问题做好充分的准备，对评委问题尽量回答，对于自己应聘的岗位谈出认知。而且，在着装和文明礼貌方面也要精心准备，增加印象分。在语言表达方面，不要使用口头禅。在自我介绍时就让自己有特点。

总结案例

> **交大标兵：勤工助学，自己交学费，成绩第一被保研**
>
> 专业成绩第一、连续两年获国家奖学金、获全国大学生数学建模国家一等奖、美国大学生数学建模二等奖。此外，他还是乐于助人的公益之星，是体测成绩"101分"的运动达人。他最骄傲的，是自高考结束通过勤工助学，独立承担了自己所有学费。他就是西安交通大学优秀学生标兵、能动学院学生吴思远。
>
> 吴思远热爱公益，参与各项公益服务活动，大学三年累计志愿工时超400小时。他参与彭康学导团建设工作两年，完成了高数、线代、概率论的资料编写，累计发放量超2 000份，他也是学导团高数答疑志愿者，两年来帮助同学提高学业成绩。他说："做公益这件事情，并不是每个人都会认可你，但是你还是要坚持做下去，因为你是去做一件你感觉很有意义的事情，在未来的某一天，你的付出就会得到别人的认可和尊重。"
>
> 他坚持跑步3年，总路程超过1 000千米。大二时，体测超百加分1，千米跑超满

分 15 秒。在各个跑步赛场，也总能看到他的身影。他参与勤工俭学 3 年，负责校园绿化管理工作，工作总时长超过 400 小时。他独立自强，每周带 3 个家教，自高考结束，他就独立承担自己所有学费。

分析： 吴思远通过勤工助学不仅承担了自己大学期间的所有学费，而且还取得了优异成绩。随着国家体制的改革和素质教育的全面铺开，勤工助学成为大学生实践活动的重要环节，它可以帮助大学生顺利完成学业，及时而又满意地就业或更好地创新创业。每个大学生都可以在学有余力的情况下积极参与勤工助学行动，学习与实践相结合，为自己未来走向社会奠定一定基础。

课堂活动

走进儿童福利院，我们能为孩子们做些什么

一、活动目标

弘扬"奉献、友爱、互助、进步"的志愿者精神，关注儿童，传递爱心，培养社会责任感。

二、活动时间

建议 4~6 小时。

三、活动准备

1. 以小组为单位，为孩子们准备自制的小礼品。
2. 选出有文艺特长的同学，准备节目表演，为孩子们带去欢乐。
3. 校园募捐活动，为孩子们筹集图书、学习用品。

四、活动流程

1. 学生按照学校或教师安排到达指定的儿童福利院，为孩子们送上小礼品和募捐的物品。
2. 按照事先的排练，与福利院孩子一起开展联欢会，送上丰富多彩的节目。
3. 服务结束后，教师将学生按照 6~8 人划分小组，组内头脑风暴讨论自己的感悟和收获，并齐心协力写一份心得体会。
4. 每组选派一名代表分享小组的心得体会，其他小组成员可以对其进行提问，小组内其他成员也可以回答提出的问题；通过问题交流，将每一个需要研讨的问题都弄清楚。
5. 教师进行分析、归纳、总结，并根据各组在整个活动过程中的表现予以赋分。

模块五　学校劳动实践

主题5.3　专业服务和创新劳动

> ◎哲人隽语
> 创新就是创造性地破坏。
> ——熊彼特

学习目标

1. 能够总结专业服务、科技活动和创新创业劳动与自己学习的联系。
2. 能够有效运用个人技能参与专业服务、创新创业劳动。
3. 积极提升个人专业服务能力和创新创业能力，愿意亲历专业服务和各种科技活动。

引入案例

他们在杨家埠做年画

在农村，每到腊月二十三，家家户户都会在锅灶旁的墙上贴上一张"老爷爷"的画，画的上面写着"富贵满堂"，左右两列写着"上天言好事，下界保平安"，在袅袅炊烟中，"老爷爷"陪伴一家人一整年。那画上的"老爷爷"就是灶王爷，这个画就是杨家埠的木板年画。

杨家埠木板年画是一种主要流传于山东省潍坊市杨家埠的传统民间版画，有四百多年的历史，以其制作方法简便，工艺精湛，色彩鲜艳，内容丰富著称于世，与天津的杨柳青年画、苏州的桃花坞年画并称中国三大木刻版画。2006年5月20日，杨家埠木板年画经国务院批准列入第一批国家级非物质文化遗产名录。

随着科学技术的进步，印刷技术得以长足发展，快速批量生产得以实现，但是杨家埠年画的制作依然需要匠人们的手工制作。

分析：杨家埠木板年画的制作者都是有血有肉的职业人，他们是平凡生活中的平凡人，运用自己在木板年画制作的专门知识来制作一幅幅年画，让人们一代代的传承中国文化。大历史，小工匠；择一事，终一生，在平凡的岗位上做着不平凡的工作。

一、专业服务

专业服务，是指某个组织或个人，应用某些方面的专业知识和专门知识，按照客户的需要和要求，为客户在某一领域内提供特殊服务，其知识含量和科技含量都很高，是已经获得和将要继续获得巨大发展的行业。

（一）专业服务类型

专业服务一般可以分为生产者专业服务和消费者专业服务。其具体包括：法律服务；会计、审计和簿记服务；税收服务；咨询服务；管理服务；与计算机相关联的服务；生产技术服务；工程设计服务；集中工程服务；风景建筑服务；城市规划服务；旅游机构服务；公共关系服务；广告设计和媒体代理服务；人才猎头服务；市场调查服务、美容美发服务和其他。

根据世界贸易组织的分类，专业服务归纳在职业服务的范畴内，包括以下内容：法律服务；会计、审计和簿记服务；税收服务；建筑服务；工程服务；集中工程服务；城市规划和风景建筑服务；医疗和牙医服务；兽医服务；助产士、护士、理疗家和护理员提供的服务；其他。

（二）专业服务的特征

专业服务的特征主要包括以下几方面。

第一，专业服务由组织或个人应用某些专业知识和专门知识或者大量的实践经验来为客户或消费者提供某一领域的特殊服务。

第二，专业服务是知识和科技含量很高的服务，是少数专业人士提供的特殊服务。专业服务来自组织和组织之间，个体和个体之间的直接接触。专业服务所提供的服务是与消费同时进行的。供方和收方同时在供应和消费中得到新的利益。许多专业服务提供者与专业服务消费者需要在同时同地完成服务交易。

第三，专业服务具体技术化、知识化的特征，使高素质的人士成为国际竞争的核心。专业服务在提供服务方和接受服务方之间都会形成一种委托代理关系。这种委托代理关系以契约或签订服务协议的方式固定下来。因此，专业服务是以契约为纽带提供的服务，对法律的依赖程度相当高。

二、科技活动

科技活动指所有与各科学技术领域（即自然科学、工程和技术、医学、农业科学、社会科学及人文科学）中科技知识的产生、发展、传播和应用密切相关的系统的活动。它包含两个方面的含义：第一是科学技术活动的性质，即这些活动必须集中于或密切关系到科技知识的产生、发展、传播和应用；第二是所涉及的领域，即这些活动是在自然科学、工程与技术、医学、农业科学、社会科学及人文科学领域内进行的。

大学生要积极参与学校科技活动，培养自身科技创新精神和创新能力，培养主动学习、不断追求新知识的精神养成和善于独立思考问题、科学思维的习惯，提高勇于实践、勇于创新的能力。

（一）科技活动分类

科技活动分为三类：研究与试验发展、研究与试验发展成果应用、技术推广与科技服务。

1. 研究与试验发展活动

它是指为增加知识的总量（包括人类、文化和社会方面的知识），以及运用这些知识去创造新的应用而进行的系统的、创造性的工作。研究与试验发展的基本要素是：一是具有创造性；二是具有新颖性；三是运用科学方法；四是产生新的知识或创造新的应用。只有同时具备这 4 个条件，才是研究与试验发展。

在上述条件中，创造性和新颖性是研究与试验发展的决定因素，产生新的知识或创造新的应用是创造性的具体体现，运用科学方法则是所有科学技术活动的基本特点。

2. 研究与试验发展成果应用活动

它是指为使试验发展阶段产生的新产品、材料和装置，建立的新工艺、系统和服务以

模块五　学校劳动实践

及作实质性改进后的上述各项能够投入生产或在实际中运用，解决所存在的技术问题而进行的系统的活动。它不具有创新成分，研究与试验发展成果应用这一分类只用于自然科学、工程和技术、医学和农业科学领域，其特点主要为：一是为使试验发展的成果用于实际解决有关技术问题；二是运用的已有知识和技术，不具有创新成分；三是成果形式是可供生产和实际使用的带有技术、工艺参数规范的图纸、技术标准、操作规范等。

研究与试验发展成果应用不包括建筑、邮电、线路等方面的常规性设计工作，但包括为达到生产目的而进行的定型设计和试制，以及为扩大新产品的生产规模和新工艺、新方法、新技术的应用领域而进行的适应性试验。

3. 技术推广与科技服务活动

它是指与研发活动相关并有助于科学技术知识的产生、传播和应用的活动。其包括：为扩大科技成果的适用范围而进行的示范推广工作；为用户提供信息和文献服务的系统性工作；为用户提供可行性报告、技术方案、建议及进行技术论证等技术咨询工作；自然、生物现象的日常观测、监测、资源的考察和勘探；有关社会、人文、经济现象的通用资料的收集，如统计、市场调查等，以及这些资料的常规分析与整理；对社会和公众的科学普及；为社会和公众提供的测试、标准化、计量、质量控制和专利服务，但不包括企业为进行正常生产而开展的这类活动。

案例 5-2

人工智能在日常生活中应用的典型案例

当你听到有关人工智能（AI）的新闻时，多数情况下的第一反应是根本与你无关，但事实真的如此吗？因为很多人都是将人工智能视为大型科技巨头们才会关注的东西，而且不会对自己现在的生活带来影响。可是实际上呢，人工智能迟早会出现在人们生活的方方面面，只不过是时间的问题。以下仅举当下日常生活中应用人工智能（AI）的案例（见图5-4）。

1. 使用面部识别码打开手机

当代人们所使用的手机多为智能手机，因此对于这样的智能设备所采取的解锁方式就是生物识别技术，如人脸识别。

2. 社交媒体

人工智能不仅在幕后工作，使得阅读者能在订阅源中看到个性化的内容（因为它基于过去的历史了解了哪些类型的帖子最能引起阅读者的共鸣），还可以找出朋友的建议，识别和过滤虚假新闻，利用机器学习的方式正在努力防止网络欺凌。

3. 智能导航

人工智能对于我们日常生活中的一大体现就应该是支持旅行辅助工具，在这里不仅包括地图、百度地图和其他旅行应用程序等来通过人工智能技术进行交通状况的实时监控，同时还可以为你提供实时的天气情况等，从而能更好地规划出行路线。尤其是对于现在的上班族而言，最为害怕的就是遇到"堵车"的情况，所以实时的了解交通道路信息就显得尤为关键。

如此,如果没有 AI 的帮助,很难想象我们的日常生活和工作会变成什么样。

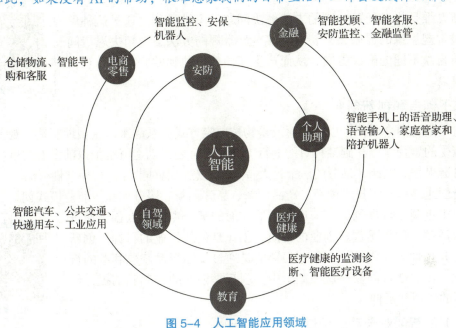

图 5-4　人工智能应用领域

(二)学校的科技活动

科技活动是科技教育的一种重要形式,是每个学生都应该体验和经历的学习方式,是打通学科界限,给学生运用所学知识解决问题的最好实践机会,是学生的知识存储方式得以发生变化的最好方式。它面向全体学生,让所有学生都参与到科技活动中,动手动口又动脑,能够更好地激发和培养学生们的科技创新意识。学校的科技活动主要分为 3 个层面:国家级的竞赛项目;省、市、县一级的竞赛项目;学校的科技活动。学校的科技活动应该是内容最丰富,形式最多样,最具有个性化的活动,可以为学生提供更多展示才能的机会。

学校科技活动的场所主要包括课堂和课外活动场所。由于空间的局限性,教室很难为学生创新思维的发展提供足够的创造空间和材料,因此学生要重视学校组织的有目的的科技活动,如"走进科技馆、走进企业、走进高新技术基地"等科技活动,帮助自己能独立进行探索或创造活动。

三、创新创业劳动

(一)创新与创新思维

1. 创新

创新是指以现有的思维模式提出有别于常规或常人思路的见解为导向,利用现有的知识和物质,在特定的环境中,本着理想化需要或为满足社会需求,而改进或创造新的事物、方法、元素、路径、环境,并能获得一定有益效果的行为。

2. 创新思维

创新思维是指以新颖独创的方法解决问题的思维过程，通过这种思维能突破常规思维的界限，以超常规甚至反常规的方法、视角去思考问题，提出与众不同的解决方案，从而产生新颖的、独到的、有社会意义的思维成果。

◎知识链接
创新思维的方法

（二）创造和创新创业

创造是指将两个或两个以上概念或事物按一定方式联系起来，主观地制造客观上能被人普遍接受的事物，以达到某种目的的行为。简而言之，创造就是把以前没有的事物给产生出或者造出来。因此，创造的一个最大特点是有意识地对世界进行探索性劳动。

创新创业是指基于技术创新、产品创新、品牌创新、服务创新、商业模式创新、管理创新、组织创新、市场创新、渠道创新等方面的某一点或几点创新而进行的创业活动。创新是创新创业的特质，创业是创新创业的目标。创新强调的是开拓性与原创性，而创业强调的是通过实际行动获取利益的行为。因此，在"创新创业"这一概念中，创新是创业的基础和前提，创业是创新的体现和延伸。

◎知识链接
创业模式

（三）创新创业劳动的价值

1. 创新精神和创新能力深受现代企业推崇，被赋予极高的价值

创新在现代企业未来的发展中起着至关重要的作用。企业的经营离不开创新，管理也需要创新。好的创意不仅可以使企业起死回生，还会使企业兴旺发达。那些具有创新精神和创新能力的企业，如华为、腾讯、小米、吉利等，都是通过不断创新，获得了更高的投资利润。

当今的世界已经进入了知识经济时代，先进的科学知识成为一个国家经济增长的主要支柱，掌握足够多的先进技术、保持较高的技术水平，才能走在世界发展的前列，才能在竞争中立于不败之地。

2. 培养创新精神，树立创业意识，激发劳动创造力

创新精神、创业意识是当代学生必须具备的重要个人素质。通过树立实现自我价值的强烈的创新创业意识，用劳动实现人生价值，激发劳动创造力。学生要通过创新思维正确认识自己，培养创业意识来激发自我潜能，提升创业能力，从而创造出劳动价值、个人价值和社会价值。

3. 培养创新创业实践能力和分析解决问题的能力

"大众创业、万众创新"是指导国民进行创新创业、引领时代潮流变革的重要方针，是新时代中国特色社会主义对人才培养的基本要求。2014年9月夏季达沃斯论坛上李克强总理提出，要在960万平方公里土地上掀起"大众创业""草根创业"的新浪潮，形成"万众创新""人人创新"的新势态。学生在学习期间可积极参加各种创新创业劳动，立足未来岗位，不断地学习新知识、新技能，充分发挥自己的聪明才智，利用掌握的知识在劳动中多搞技术革新和创新，增强劳动本领。通过创新创业劳动提高劳动效率，把自己从繁重的体力劳动中解放出来。

主题 5.3　专业服务和创新劳动

 总结案例

大专生的卖菜记

"00后"小刘的创业之路是从上大一暑假卖衣服开始的,此后近一年的时间他乐此不疲地利用周末去摆摊,在此期间学会了基本的经营技巧。他非常爱琢磨,所以沟通能力、观察能力和分析解决问题能力都得到了提高。有一次,他发现自己身边卖菜的虽说生意不错,但因为零星分散,又没有品牌,菜的质量、价格、信誉总不能让一些顾客满意。小刘就琢磨能否在这边的居民区开一家卖菜店,他的想法遭到了很多人的反对,但他用坚定的决心说服了四位同学和他一起创业。他们凑了三万多元钱作为启动资金,2018年7月,该居民区第一家蔬菜自助店开业了。在创业初期,销售状况并不理想,理想与现实的落差,影响着大家的情绪。但是,真诚的倾诉和相互安慰、鼓励,让这个创业小团队的心贴得更紧了,最终他们咬着牙走过来了。在迎接挑战的过程中,他们研究制定了一系列管理模式和管理制度,包括采购制度、仓库管理制度、营销制度和招聘培训制度。这些正好是他们在学校所学的知识,这些知识也成为这家蔬菜自助店发展的基础。2020年,因新型冠状病毒肺炎疫情,他们及时调整了策略,采取网上下单集中送货到小区门口的措施,销售额得到了大幅度提升,盈利也大大增加。

分析: 创新创业的成功,需要创业团队有较强的专业技术能力、经营管理能力、创新能力、交往协调能力、商业洞察力、应变能力、抗挫折力等。这些能力的培养需要学生在校期间参加各种创新创业劳动或实践。

 课堂活动

专业义务服务进校园

一、活动目标

学生能正确认识所学专业可提供的专业服务方向,理解辛勤劳动和创造性劳动的重要性,找到个人努力的目标。

二、活动时间

建议利用课余时间,可持续1~2个月。

三、活动流程

1. 教师要求学生根据专业特点,网上搜集相关资料,列出可提供的服务项目,例如电气专业可以义务维修小电器、计算机专业免费修图等。

2. 班内组织大讨论,最后根据易操作性、服务人群特点和准备工作的难易程度确定具体的服务项目。

3. 教师将学生按照6~8人划分小组,每组选择合适的服务项目。

4. 组成义务服务小分队,利用课余时间在校园开展义务服务活动。

5. 活动结束后每小组总结经验,找出其中的问题并列出问题清单。

6. 教师帮助各组学生答疑和解决问题,并根据各组的表现给予点评并赋分。

模块六

家庭劳动实践

导读导学

家庭是每个人的避风港和栖息地，需要所有人的共同努力，才能拥有温暖。家庭的温暖，不仅体现在亲密的言谈举止中，更体现在琐碎的家务劳动中，一个人对待家务的态度，就是对待家庭的温度。家务是家庭幸福的润滑剂，许多家务劳动都是举手之间的小事，并不需要占用太多的时间。通过做家务，我们不仅可以增长生活技能，还能切身体验家务的琐碎和不易，懂得感恩和尊重。

在未来的社会中，身体素质的好坏和劳动意识的强弱，将是一个人能否取得成功的关键。而一个人的劳动观念、劳动态度、劳动习惯、独立能力、掌握劳动的技能技巧，理解劳动中自己所扮演的角色与人际关系，以及在学习中是否勤奋、是否肯于动脑动手等，在很大程度上是从小时候开始的自我服务和参与家务劳动而逐渐形成与获得的。每个人的家庭都是培养自身自理能力和劳动习惯的实践场所，每个人应根据个人年龄和能力适度参与家庭劳动。

本模块主要介绍了自我服务劳动、日常生活劳动和日常家务劳动三部分，希望通过学习，学生能明白一个家庭就是一个小团队，家庭的幸福，需要彼此分工、共同努力的道理；能提升自己最基本的生活能力；学会做复杂综合的家务劳动；增强个人独立性和责任感；塑造正确的人生观、价值观和世界观。

主题6.1　自我服务劳动

学习目标

1. 了解自我服务劳动包含的具体劳动技能，对比后找到自己技能不足的地方。
2. 了解自我服务劳动意识建立的意义，积极养成自我服务和自我管理习惯。
3. 能灵活运用自我服务劳动能力提升的途径和方法帮助自己提升自立自主水平。

> ◎哲人隽语
>
> 希望诸君至少要做一个人，至多也只做一个人，一个整个的人。要有健康的身体，做八十岁的青年，别做十八岁的老翁。滴自己的汗，吃自己的饭，自己的事自己干，靠人，靠天，靠祖上，不算是英雄好汉。
>
> ——陶行知

引入案例

缺乏独立自主生活能力的小曹

吃饭、打水、洗澡……一切都得自己搞定的高职生活，让第一次远离父母，开始住宿生活的合肥女孩小曹非常不适应。

从幼儿园到高中毕业，小曹都是在"无菌室"里长大的，因家庭条件优越，父母只给小曹定下一个目标——学习，对孩子一直"惯着"，很少批评孩子，所有的衣服从袜子到外套从不用孩子洗，整理、扫地也从没让小曹动过手。

2019年新学期开始，小曹的父母把她送到学校报到后却接连几天频繁接到小曹电话，洗衣服、打饭、打水，这些都不会，还说"想家""想爸爸妈妈""想回家"。因为担心女儿，夫妻俩只得驱车两个小时来学校看她，每次都带去换洗的衣物，还有小曹喜欢吃的饭菜，临走再把脏衣服带走。

这样持续了一个多月后，小曹的不适应渐渐变成了恐惧，她一回到寝室就激动，有时候大哭，甚至不敢睡觉。同宿舍的室友一开始还能关心小曹，后来都被她的举动吓住了，也不敢接近。小曹因没法在寝室住下去，只能住到离学校最近的宾馆。她的父母以为国庆假期过后小曹会有所缓解，但假期里，不管谁来劝，小曹都一直拒绝回到学校，全家人一商量，小曹如果这种状况持续到这个学期结束，恐怕就只能退学了。

分析：人生活在社会中需要一定的生活自理能力，这些能力的缺失会对个人未来的发展极为不利。因为父母的过度溺爱导致小曹在成长过程中缺乏基础的自我服务劳动能力，对父母依赖性大，无法独立料理自己的生活，所以无法适应学校的学习和生活，面临退学的尴尬局面。

一、自我服务劳动技能

自我服务劳动是学生料理自己生活的各种劳动，如为自己整理床铺、打扫房间、洗涤缝补衣袜、洗碗筷、抹桌椅等。它是最简单的一种日常劳动，日后不管我们从事何种生产劳动，自我服务劳动都将成为我们的义务和习惯。

宋代朱熹就主张蒙学阶段训练儿童洒扫、清洁等生活习惯。现代教育则普遍重视培养个人生活自理能力。

爱劳动首先要从自我服务开始，任何一个人要培养热爱劳动的态度，需要从小做起，从自己做起，从小事做起，在自己的事情自己做的同时能为他人、为集体服务，逐渐培养自己的责任感和社会适应能力。

自我服务劳动技能是人人必须具备的技能。在我国，尽管各民族、各地区人们的生活习惯有所差异，但卫生习惯、生活自理、学习自理应当是共同的。自我服务劳动技能包括个人形象打理、个人卫生处理、内务整理、餐具清洁、衣物洗涤晾晒收纳、衣物缝补、学习用品整理等。

这类劳动项目重在养成学生自己动手的良好习惯，从而认识劳动光荣，为从事其他各类劳动打下基础。自我服务劳动技能可促进自己进行充分的自我服务，更加独立、自主地规划自身的高职生活，解决学习生活中遇到的各种困难。

◎知识链接

如何清理鞋子上的污渍

二、自我服务劳动意识建立的意义

劳动意识是当代中国学生发展核心素养的一个不可或缺的素养，它是一个学生全面发展、成长的必要条件和必然要求。一个人，先要从小学会料理自己的生活，长大后才能从事生产劳动。所以，中高职学生的自我服务劳动是未来从事其他劳动的基础。而家庭中的自我服务劳动则是培养我们劳动意识和技能的必要手段和基本途径。

（一）重视自我服务劳动有利于劳动意识和能力习惯的培养

劳动意识即爱劳动，主动参与承担劳动的思想观念；劳动能力即会劳动，掌握劳动的基本技能技巧。爱劳动一直是中华民族的传统美德。高职阶段虽然不是义务教育，但是高职阶段对于很多学生来说是全日制在校学习的最后阶段，是一个大学生成长的关键时期，在这一时期大学生的自我服务劳动意识就是衣食住行等"自理"的思想观念。

由于很多学生是独生子女，是父母的掌上明珠，家中的"小皇帝"，因从小娇生惯养，有的从很小就懒，怕脏怕累，什么活都不想干；有的想做，但家长不放心，什么也不让干，所以导致一些学生"四体不勤"，懒惰成性，既没有劳动意识也缺乏劳动的技能和习惯，连个人必备的自我服务劳动能力也没有达到起码要求，成了衣来伸手、饭来张口的书呆子，这些都直接影响了个人的身心发展。

案例 6-1

生活自理能力极差的大学生

社会发展需要具备各项能力的现代化四有新人。人要想在社会中生存，自理能力是尤为重要的，它贯穿着人的一生，是生活的基础。

又是一年开学报到季，关于大中专学生生活自理能力差的相关报道层出不穷：某西安高职学校新生小宁住校期间因突然流鼻血，在自己不会处理的情况下深夜给母亲打电话向她求救。沈阳一名准大学生以优异的高考成绩被外省某大学录取，却因生活自理能力差、没信心独立生活而不得不在开学前夕放弃了读大学的机会，选择次年复读考取本省高校。一名来自山西的大学新生开学前因不会洗袜子而陷入焦虑，并因此在报到时带了上百双袜子，塞满了大大小小的行李箱……

（二）自我服务劳动是提升个人觉悟、发展自身智力的需要

有教育家说过，个人的才能和天赋的起源在自己的指尖上，形象地说，从我们的手指淌出涓涓细流，汇成创造思想的源泉。换句话说，不动手不利于动脑。

（三）自我服务劳动有利于培养个人对劳动人民的思想感情

一个人只有付出了辛勤劳动，才能懂得珍惜劳动成果。一个人在穿自己洗的衣服时一般会格外小心在意；在用自己修补的图书时会小心翼翼；在用自己整理的学习用品时会很在意以免弄乱。

（四）自我服务劳动有助于促进个人意志品质的形成

劳动习惯的形成过程也是意志形成的过程。例如每天早晨起来自己叠被并打扫卧室，没有坚持的意志力是不可想象的。再如自己洗衣服、洗鞋子、倒垃圾等劳动，没有不怕脏、不怕累的品德是不行的。这些劳动不仅锻炼了学生的动手能力，而且也可以帮助学生养成良好的意志品质。

◎知识链接

清洗衣物上的笔印

三、自我服务劳动能力提升的途径和方法

提升自我服务劳动能力是提高我们自身生存能力、竞争能力和自我发展能力的基础。很难设想，一味地依赖别人，把自己的命运寄托在他人身上，时时事事靠别人指点才能过日子的人，会有什么大的作为。而且生活不能自理，样样由别人操心代劳，也是懒惰与无能的表现。虽然随着年龄的增长，我们的生活自理能力会有所提高，但自理能力不是自发产生的，它需要我们有意识地加以培养。

自我服务劳动能力需要循序渐进的形成，而不是一蹴而就，所以需要我们从一件件小事上来要求自己去完成，去做到，去实现，应注意做到以下几点。

1. 真尊重

中华传统美德是劳动最光荣，要从情感上尊重任何劳动者，比如保姆、快递员、保安、清洁工等。

2. 要肯动手

在自我服务劳动中，要多学多做，不能由父母或家人包办，摒弃这种"学习就已经够累的了，只要学习好就行了"的错误观点。要改变自己对劳动的错误态度，要求家长或老师放手让学生自己的事自己干，做一些力所能及的事。

3. 渐进提高

在老师和家长的帮助下制定科学的自我服务劳动培养计划，计划要根据自己年龄提出不同的自我劳动要求，逐渐提高自己能够独立完成的自我服务劳动事项。

4. 勤勉训练

要想培养自己的自我服务劳动技能，就需要有一份劳动任务，如铺床、做饭、洗小件

衣物等，让自己反复训练，循序渐进。多参与社会实践以此锻炼自我劳动服务能力。

5. 讲究方法

主动学习正确的生活自理方法。一方面在学校认真学习老师设计好的生活讲座或播放单项劳动视频；另一方面在家里要主动跟家长学习一些关于自我服务劳动的方法，要求家长多给予指导。

遇到自我服务劳动方面的问题，要学会"三步走"：第一步，自己想办法解决，锻炼自己处理事务和应对突发情况的能力；第二步，与同学交流，锻炼人际交往能力；第三步，向师长求助。

总结案例

个人整理收纳之断舍离

日本杂物管理咨询师山下英子于2013年出版了《断舍离》（见图6-1）一书，书中所提及的断舍离的意思是：断＝断绝不需要的东西，不买、不收取不需要的东西；舍＝舍弃多余的废物，处理掉堆放在家里没用的东西；离＝舍弃对物品的迷恋，让自己处于宽敞舒适、自由自主的空间。

断舍离近几年逐渐成为一种生活理念：断掉，舍掉，离掉，物尽其用，认识自己，活在当下。那作为学生的我们该如何断舍离呢？

（1）从时间轴看物品，从当下看物品。现在这个东西适合自己么，在购买的时候也是一样，买了一堆打折没用的东西只是自找麻烦。

（2）舍物原则。扔，赠，毁，卖。当你不想扔掉某样东西，但是用不着，可选择送给需要的人，并向对方说明或建议："这东西在我这里没办法物尽其用，但我觉得你会爱惜使用它的，所以能不能请你收下它呢？""如果不需要，扔掉或送人。"对于一些有怀念的，决定扔掉，说声"对不起"然后舍弃。

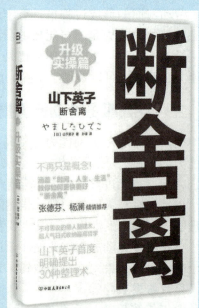

图6-1　山下英子的《断舍离》论著

（3）相称原则。物品是自我的投射，相信自己配得上所选择的物品，不一定越贵越好，也不是便宜就买。不要自我贬低，做自我提升。

（4）"七五一"法则。看不见的收纳空间放满七成，看得见的收纳空间限量五成，装饰性的给人看的空间放一成。

（5）替换原则。当购置新物，如果有旧的东西跟新物同类，相应替换掉旧的东西，这样心态会呈现用的一直都是最好的状态。

分析： 断舍离已经逐渐成为一种新时代的生活标志，很多用过一段时间断舍离的人们都说，它会令自己的人生提速30%，内心丰盈，过得充实了。作为大学生也可以

主题6.2 日常生活劳动

把这个方法应用到自己的自我服务劳动中，尤其是个人物品和家庭物品的断舍离上，学着按照科学的方法进行筛选，问清楚内心真实的需求，有助于我们个人生活质量的提升。

课堂活动

自我服务劳动成果展示

一、活动目标

用短视频的方式展示自我劳动的结果，养成爱劳动的好习惯。

二、活动时间

建议20分钟。

三、活动流程

1. 每名学生把自己认为做得最好的自我服务劳动的过程录制2分钟以内的视频。
2. 教师将学生按照4~6人划分小组，小组成员观看组内成员的视频并选出最成功的劳动成果。
3. 每个小组选出的最成功劳动成果对全班学生进行播放，并邀请这几名学生分享个人劳动的经验和体会。
4. 教师对分享者的经验和体会进行归纳、分析和总结。
5. 教师对展示的这几项自我服务劳动成果点评并赋分。

主题6.2 日常生活劳动

> ◎哲人隽语
> 如果儿童让自己任意地不论去做什么而不去劳动，他们就既学不会文学，也学不会音乐，也学不会体育，也学不会那保证道德达到最高峰的礼仪。
> ——德谟克利特

学习目标

1. 了解家庭照护、家庭护理应具备的基础知识，能运用这些知识指导照护和护理工作。
2. 熟悉家庭清洁中的家具清洁、常用家电保洁、居室清洁和室内空气清洁的主要技巧。
3. 愿意从日常生活劳动中体验劳动的快乐，形成照顾家人的责任感，提升个人服务他人的意识和能力。

引入案例

带着父母上大学，边读书边照顾母亲

家境贫寒、身体瘦弱的小潘被徐州工程学院机械设计专业录取后，他就带着不会说话、不能行走，更加没办法自理，全天24小时需要靠人照顾，连吃饭都要插胃管进食的母亲和体弱的父亲来到了徐州这座城市，一边上学一边照顾母亲。

小潘每天需要喂母亲5顿饭，每隔两小时就要帮她翻身、按摩，因此他每天的时

模块六 家庭劳动实践

> 间就要切割成一个个"两小时"。每天的早中晚,他要分3次给母亲买菜做饭,而到了夜里,他要陪母亲到凌晨2点才能睡觉。为避免时间太久把人累垮,父子俩就制定好了时间,轮流照顾他的母亲。在他的悉心照料下,虽然小潘的母亲长期卧床,可是身上却没有褥疮,家里也没有异味。
>
> **分析:** 为了更好地照顾母亲,小潘的大学生活充满了忙碌,甚至还有一些苦涩,但他硬是用一副瘦弱的身板扛下了种种苦难和煎熬,撑起了一个家的同时,也没有荒废过学业。家人生病或年老体弱,我们作为家庭中不可或缺的一分子也应该尽可能抽出时间参与照顾,这就需要我们掌握一定的知识,懂得如何照顾老人和病人。

一、家庭照护

家庭照护指对患有严重疾病综合征、身体功能失调、慢性精神功能障碍等患者提供的照护。家庭照护是老年人照护的首要形式,它的服务内容包括基本的医疗护理服务、个人照料、情感和社会支持等。

(一)老年照料

孝与感恩是中华民族传统美德的基本元素,是中国人传统美德形成的基础,也是政治道德、社会公德、职业道德、家庭美德、个人品德建设的基本元素。

一般而言,老年人生活照料的服务内容有:个人清洁卫生服务、衣着服务、修饰服务、饮食服务、如厕服务、口腔清洁服务、皮肤清洁服务、压疮预防、便溺护理等。

(1)个人清洁卫生服务。它包括洗脸、洗手、洗头(包括床上洗头)、洗脚,协助整理个人物品,清洁平整床铺,更换床单等。

(2)衣着服务。它包括协助穿脱衣裤、帮助扣扣子、更换衣裤、整理衣物等。

(3)修饰服务。它包括梳头、化妆、剪指甲和协助理发、修面等。

(4)饮食服务。它包括协助用膳、饮水,或喂饭、喂水、管饲等。

(5)如厕服务。它包括定时提醒老人上厕、协助如厕、使用便盆、尿壶等。

(6)口腔清洁护理服务。它包括刷牙、漱口、协助清洁口腔、假牙的清洁保养等。

(7)皮肤清洁护理服务。它包括擦浴、沐浴等。

(8)压疮预防服务。它包括保持床单干燥、清洁、平整;定时翻身更换卧位,防局部受压过久;受压部位按摩增进血液循环;保持皮肤干燥、清洁,预防皮肤受伤等。

(9)便溺护理服务。它包括清洗、更换尿布等。

(二)家人住院陪护

家人生病需要住院,作为学生的我们可以提供一些力所能及的服务为家人分忧解难,如承担部分陪护工作。若想成为一名合格的陪护者,需要了解一些陪护常识和日常起居照料内容。

◎知识链接
医院陪护常识

二、家庭护理常识

（一）生命体征测量

生命体征包括体温、脉搏、呼吸、血压，它是标志生命活动存在与质量的重要征象，是评估身体的重要项目之一。我们可以掌握基础的生命体征测量方法。

◎知识链接

照料病人时的日常起居内容

1. 测量体温

协助被测家人解开衣物，有汗应擦干腋下，将体温计水银端放置于其腋窝深处贴紧皮肤、屈臂过胸夹紧，过10分钟以后取出体温计。

2. 测量脉搏

协助被测家人手臂放松，要求其手臂向上，然后我们将自己的食指、中指、无名指的指端放在其桡动脉表面，计数30秒。正常成人60~100次/分，老年人可慢至55~75次/分。

3. 测量呼吸

可测量脉搏后仍然把手按在被测家人的手腕上，观察其腹部或胸部的起伏，一呼一吸为1次，计数为30秒。

（二）换药

换药是指对创伤手术以后的伤口及其他伤口进行敷料更换，促使伤口愈合和防止并发症的方法，主要目的是清除或引流伤口分泌物，除去坏死组织，促进伤口愈合。换药步骤如下：

（1）要进行无菌操作，原则上要戴口罩、帽子，用肥皂及流水洗净双手。

（2）区分所需换药伤口的种类，准备所用物品。

（3）采取合适的体位，铺治疗巾。

（4）去除伤口原有的敷料。撕胶布时要由外向内，顺着毛发生长方向；外层敷料用手揭去后，内层用无菌镊除去，顺着伤口的长轴方向。

（5）伤口清洁、消毒、处理后，根据伤口的种类使用不同的换药方法。

（6）敷料覆盖伤口后再视情况进行包扎。

三、家庭清洁

（一）家具清洁

家具上有了灰尘，不要用鸡毛掸之类的工具拂扫，因为飞扬的灰尘会重新落到家具上，应该用半干半湿的抹布抹除家具上的灰尘，这样才会抹干净。

对家具进行清洁保养时，一定先要确定所用的抹布是否干净。当清洁或拭去灰尘之后，一定要翻面或者换一块干净的抹布再使用。此外要选对护理剂。想要维持家具原有的亮度，可以用家具护理喷蜡和清洁保养剂两种家具保养品。前者主要针对各种木质、聚酯、油漆、防火胶板等材质的家具；后者适用于各种木制、玻璃、合成木或美耐板等材质的家具，特别适用混合材质的家具。抹布使用完后，切记要洗净晾干。至于带有布料材质的家具，如布艺沙发、休闲靠垫，则可以使用清洁地毯的清洁保养剂。使用时，先用吸尘器将灰尘吸除，再将地毯清洁剂少量喷在湿布上擦拭即可。

（二）常用家电清洁

1. 电视

液晶屏是液晶电视的核心部分，自然也是我们清洁的重点。使用柔软的布沾少许玻璃清洁剂轻轻地擦拭（擦拭时力度要轻，否则屏幕会因此而短路损坏），不要使用酒精一类的化学溶液，不要用硬质毛巾擦洗屏幕表面，以免将屏幕表面擦起毛而影响显示效果，也不能用粗糙的布或是纸类物品，因为这类物质易产生刮痕。当不开电视时，请关闭显示屏（不要仅限于遥控器的关闭状态），以防止灰尘堆积。不要用指尖（经常对屏幕指指点点）或尖物在屏幕上滑动，以免划伤表面。另外保持使用环境的干燥，远离一些化学药品。

2. 电冰箱

电冰箱需安排单独电源线路和使用专用插座，不能与多个其他电器合用同一插座，否则容易造成不良事故。正确安放电冰箱，不能距离火炉、暖气片等热源的地方过近，同时应避免阳光的直接照射，这样有利于散热；应摆放在不潮湿并通风良好的地方。冰箱背部应离墙10厘米以上，顶部应有30厘米以上的高度空间，四周不应该放置过多的杂物；应摆放在地面平稳的地方，否则当压缩机启动时会产生振动并发出很大的噪声，长期如此会缩短电冰箱的使用寿命；上下不应该摆放重物或过多杂物，特别是不能摆放其他电器。

3. 洗衣机

一般新买的洗衣机在使用半年后，每隔3个月都应用洗衣机专用洗洁剂清洗一次。清洁洗衣机时，可先往一条干毛巾上倒上200毫升的米醋；然后把沾满米醋的毛巾放到洗衣机里；盖上洗衣机的盖子，按下电源键，调成甩干，再按下启动键。一会儿桶的内部会均匀的沾上米醋，保留1个小时，这样可以软化污垢；倒半袋小苏打，往小苏打里倒入适量的清水，把小苏打溶解一下；洗衣机里加满水，把小苏打液倒进洗衣机里，泡2个小时；2个小时以后，盖上洗衣机盖子漂洗两次。另外要注意：平时不用洗衣机的时候，最好经常打开洗衣机的盖子，让洗衣机内部保持干燥状态。洗完的衣服应立刻拿出来晾晒，千万不要闷在里面。

4. 空调

空调使用有两忌：一是忌与其他电器共用插座；二是忌在运行中改变热泵型空调的运行状态。空调清洗时可用柔软的布醮少量的中性洗涤剂擦拭空调器，而且清洗时水温应低于40℃，以免引起外壳、面板收缩或变形；室内进风过滤网应每隔20天清洗一次，室外机组也应定期除尘。

5. 饮水机

饮水机机身里的水垢，可以先排尽余水，然后再打开冷热水开关放水，取下饮水机内接触矿泉水桶的部分，用酒精棉仔细擦洗饮水机内胆和盖子的内外侧，为下一步消毒做准备。按照去污泡腾片或消毒剂的说明书，兑好消毒水倒入饮水机，使消毒水充盈整个腔体流至10~15分钟，但更建议从进水口倒入少许白醋或鲜榨柠檬汁，再将里面加满水流至2小时，这样不用担心清洁剂残留对人体造成危害。

（三）居室日常清洁

（1）清场。将影响清洁作业的家具、工具、材料、用品等集中分类放置到合适位置。垃圾清扫后转移到室外或倒进室内垃圾桶。

（2）清洁墙面。掸去墙面浮尘。

（3）清洁窗框。先湿抹，再铲除多余物，最后用干净的清洁巾擦净。如果窗户玻璃较脏，可以顺势初步擦拭干净。

（4）清洁窗户玻璃。清洁窗户玻璃一般使用以下方法：擦窗器法；水刮法；搓纸法。

（5）清洁窗槽和窗台。首先用吸尘器吸出窗槽污垢，不易吸出的污物，用铲刀或平口工具配合润湿清洁布尝试清理，尽量使用不好的清洁布或废布。窗槽清理完毕，将窗台收拾擦净。

（6）清洁纱窗。可用水冲洗纱网，再擦净纱窗窗框。晾干后安装。

（7）清洁卧室、客厅、餐厅、书房、阳台的开关、插座、供暖设施、柜体、家具类表面等。

（8）清洁厨房。依序为顶面、墙面、附属设施、橱柜内部、橱柜外部、台面、地面（如果厨房为清洁使用水源地，厨房地面可安排在后期进行）。

（9）清洁卫生间顶面、附属设施、墙面、台面、洁具。

（10）清洁踢脚线。踢脚线上沿吸尘，然后擦净。

（11）清洁门体。依序是门头、门套、门框、门扇、门锁。

（四）室内空气净化

室内是人们生活工作的主要场所，如果室内长期空气质量差，不但影响人们的工作效率和生活质量，还对健康和寿命有负面作用，因此越来越多的人喜欢使用空气净化器，但我们也可做一些力所能及的净化工作。

◎知识链接

室内空气净化措施

总结案例

美国和德国不同年龄段孩子的劳动清单

美国孩子平均每天在家里劳动的时间为1.2个小时，不同年龄段的劳动清单如下：

2~5岁：扔垃圾箱；拿取东西；挂衣服；使用马桶；洗手；刷牙；浇花；整理玩具；喂宠物；睡前铺床；饭后把盘碗放到厨房水池里；把叠好的干净衣服放回衣柜；把脏衣服放到脏衣篮。

5~6岁：不仅要熟练掌握前几个阶段要求的家务，并能独立到信箱里取回信件；铺床；准备餐桌；饭后把脏的餐具放回厨房；把洗好烘干的衣服叠好放回衣柜（学校和家庭教给孩子如何正确叠不同的衣服）；自己准备第二天要穿的衣服；收拾房间（会把乱放的东西捡起来并放回原处）。

6~12岁：不仅要熟练掌握前几个阶段要求的家务，并能打扫房间；做简单的饭；帮忙洗车；吸地擦地；清理洗手间、厕所；扫树叶；扫雪；会用洗衣机和烘干机；把垃圾箱搬到门口街上（有垃圾车来收）。

模块六　家庭劳动实践

> 　　13岁以上：不仅要熟练掌握前几个阶段要求的家务，并能换灯泡；换吸尘器里的垃圾袋；擦玻璃（里外两面）；清理冰箱；清理炉台和烤箱；做饭；列出要买的东西的清单；洗衣服（全过程，包括洗衣、烘干衣物、叠衣以及放回衣柜）；修理草坪。
>
> 　　德国法律条文中有一项规定：孩子在6岁之前可以玩耍，不必做家务；6~10岁，偶尔要帮助父母洗碗、扫地、买东西；10~14岁，要剪草坪、洗碗、扫地及给全家人擦鞋；14~16岁，要洗汽车、整理花园；16~18岁，如果父母上班，要每周打扫家里一次。对于不愿意做家务的孩子，父母有权向法院申诉，以求法院督促孩子履行义务。
>
> 　　**分析：** 从美国和德国孩子的劳动清单中可以看出，它们都非常重视孩子的家庭劳动，培养孩子的独立自主精神。大学生中的很多人从小劳动的时间少，或者说根本没有学着劳动。这和很多人的父母的教育观念有关：他们一直注重孩子的智力开发，却忽视了他们作为一个独立的人的基本素质，缺乏对孩子生存技能的培养，致使他们中的一些人缺乏责任心。大学生应该认识到自己是家庭当中的一分子，有责任和义务做一些力所能及的家庭劳动，从日常生活劳动中培养自己的责任心和自豪感。

争做家庭生活劳动好帮手

一、活动目标

通过争做家庭生活劳动好帮手活动提高个人参与家庭劳动的积极性，培养自己吃苦耐劳的劳动观念，增强热爱劳动的意识和劳动能力。

二、活动时间

建议30分钟。

三、活动准备

1. 教师要求每名学生与家人一起共同做一项劳动复杂或难度较大的日常生活劳动，由学生负责把本次日常生活劳动进行角色分工、制定作业步骤、准备使用的工具和物品等，并记录下来。

2. 家人共同劳动，学生负责把整个劳动过程用手机录制下来并剪辑成不超过3分钟的短视频。

四、活动流程

1. 教师将学生按照4~6人进行分组，组内进行视频和记录分享，并对它们进行分析、总结，寻找可能存在的问题。

2. 对于可能存在的问题，每组通过讨论或网上搜索的方式，寻找解决问题的方法并形成小组观点。

3. 每个小组选出一名代表陈述本组组员在本次活动中的亮点和所有可能存在的问题的解决方案，其他小组可以对其进行提问，小组内其他成员也可以回答提出的问题；通过问题交流，将每一个需要研讨的问题都弄清楚。

4. 教师进行分析、归纳、总结，引导学生树立承担日常生活劳动意识，积极参与提高劳动技能的行动。

5. 教师根据各组在活动过程中的表现予以赋分。

主题6.3　日常家务劳动

> ◎哲人隽语
> 劳动是产生一切力量、一切道德和一切幸福的威力无比的源泉。
> 　　　　　　——拉·乔乃尼奥里

学习目标

1. 了解家居维修的常用工具并能用它们解决一些基础的家庭维修问题。
2. 能够总结家庭营养膳食的原则并懂得如何运用。
3. 能够尝试各种日常食材的处理，能实现家常菜肴的制作，能独立完成家常主食的蒸制。

引入案例

差的不仅是未来

哈佛大学学者曾经做过一项调查研究，得出一个惊人的结论：爱干家务的孩子和不爱干家务的孩子，成年之后的就业率为15∶1，犯罪率是1∶10。爱干家务的孩子，离婚率低，心理疾病患病率也低。另有专家指出，在孩子的成长过程中，家务劳动与孩子的动作技能、认知能力的发展以及责任感的培养有着密不可分的关系。

分析： 家庭作为个人成长的根基，家务劳动对于我们的健康成长有着重要的影响。每个人不论年龄大小都是重要的家庭成员，这就要求我们每个人在家庭中应该负起该有的责任，而承担家务则是最好的方式。通过家务劳动我们能体会父母的不易，体验劳动的价值，感知生活的意义，从而拓展我们的生存空间。

一、家居维修

几乎每个人在日常生活中都会遇到水管漏水、墙地面破损以及开关插座失效等问题。这些家居中与居住使用密切相关的小问题，稍不注意就容易导致大难题。面对这些问题，很多人常常感到束手无策，叫人来修理，不仅要收费，而且不能及时解决问题；自己动手，看似挺简单的事情，做起来又觉得费劲。其实，大多数家居维修工作都不难解决，主要在于个人对其是否了解，是否有一个正确的维修方法。下面介绍几种常用工具，它们能帮我们解决一部分家居维修工作。

（一）钻孔机

手摇曲柄钻和电钻是重要的家居维修工具，其中电钻分为有线和无线两种类型，无线电钻（见图6-2）使用电池，并配有一个充电器，这种电钻现在非常受欢迎。对于电钻来说，有三种不同大小的夹具能用来固定钻孔机。可变速的钻孔机也是一种

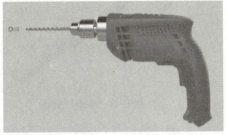
图6-2　电钻

模块六 家庭劳动实践

方便的工具，开始时可以采用较低的旋转速度，然后加速。还有各式各样的附件和配件可供选择，包括钢丝刷、涂料混合器，甚至是圆锯附件。

选择什么样的钻头取决于使用的钻孔机类型。表 6-1 可以帮助我们选择正确的钻头。

表 6-1 钻头及其用途

钻头	钻孔机类型	用途
麻花钻	手摇曲柄钻、电钻或钻床	在木材和金属中钻小直径孔
铲形钻头	电钻或钻床	在木材中钻最大 38 毫米的孔
螺旋钻头	手摇曲柄钻	在木材中钻最大 38 毫米的孔
变径钻头	手摇曲柄钻	在木材中钻最大 76 毫米的孔
飞刀	钻床	在木材中钻最大 152 毫米的孔；在其他材料中钻更小的孔
孔锯	电钻或钻床	在木材中钻最大 76 毫米的孔

推钻和手摇曲柄钻是两种主要的手摇曲柄钻。推钻适用于钻导孔和固定铰链，在操作空间有限时，用手摇曲柄钻则比较适宜，因为它具有棘轮结构。

（二）紧固件

紧固工具通常是家用维修工具箱中的首选工具。简单地说，它们就是帮助我们使用紧固件（如钉子、螺栓和黏合剂）的工具。紧固工具包括锤子、螺丝刀、钳子和夹子。以下对这些紧固工具进行简要介绍。

1. 锤子

最常见的锤子是木匠用的羊角拔钉锤（见图 6-3）。它配有铁头，把手为木柄或铁柄，用来击打钉子或其他紧固件。锤头一端的钳爪是有两个分叉的拱形物，用来从木头中拔出钉子。锤头的其余部分是锤眼和锤面。扁形或平面型的锤子适合初用者使用，但用这种锤子很难将钉子直接砸入物体表面。如果想要将涂漆的窗户卸下，或者必须在易于损坏的平面上轻轻锤打，使用橡皮锤（见图 6-4）就会非常方便。其他专用锤子还包括用于捶打金属的半球形锤、用于砖和混凝土材料的泥瓦匠锤。

图 6-3 羊角拔钉锤　　　　图 6-4 橡皮锤

2. 螺丝刀

每个家庭都应置备一套高质量的螺丝刀，用于拧紧或拧松螺丝。螺丝刀的类型有很多种，不同类型的螺丝刀使用不同的螺丝刀头。这里介绍一些最常用的螺丝刀头：①标准螺丝刀头（见图6-5）：即通常所说的平头螺丝刀、开槽螺丝刀或一字螺丝刀。②菲利普螺丝刀头（见图6-6）：也称为十字螺丝刀或X型螺丝刀，它能与螺钉或螺栓中的十字形凹槽咬合。③六角形螺丝刀头（见图6-7）：六角型（或称为Robertson的类似型号）螺丝刀能与正方形或六边形的凹洞咬合，它可以产生更大的力矩，以旋紧或松开紧固件。

图6-5　标准螺丝刀头

图6-6　菲利普螺丝刀头

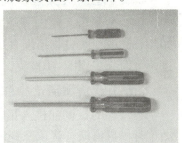

图6-7　六角形螺丝刀头

二、家庭营养膳食原则

人体是由物质组成的，人体要维持生命并保持健康就必须恰当平衡地不断补充消耗掉的物质。营养是生命的源泉，健康的根本。对于6岁以上的正常人群，国家卫生部曾给予膳食指南，我们可按照以下十条原则安排自己和家人的膳食。

（一）食物多样，粗细搭配

每种食物都有不同的营养素，只有最大限度地增加食物的种类，才能避免营养不良。专家建议每天每人应吃50种以上的食物，这其中包括主食、蔬菜、水果以及各种菜肴佐料。

粗细搭配不单单是建议经常吃粗杂粮，而且涉及主食的加工方式。例如，稻米、小麦不可碾磨得太精，否则谷粒表层所含的B族维生素、矿物质等营养素和膳食纤维等将会大部分流失于糠麸之中。建议每天最好能吃50克以上的粗粮。

（二）多吃蔬果，不忘薯类

蔬菜水分含量丰富，能量低，富含植物化学物质，是给人体提供微量营养素、膳食纤维和天然抗氧化物的重要来源。成人每天应该摄入300~500克蔬菜，也就是说每顿饭至少要有1~3份蔬菜，而蔬菜尽量选择深色的。

在保证水果无污染的情况下，尽可能将果皮与果肉一起吃掉。这样可以增加膳食纤维的摄入，有助于肠道健康。同时吃水果的时间也应该选择在餐前或两个正餐之间的辅餐时间，如上午10点左右或下午3点左右。

除了蔬菜和水果，薯类食品由于膳食纤维含量高、脂肪低，也应该成为餐桌上的常客，应每周吃5次左右，如红薯，一次可以食用一块，但注意避免油炸。

（三）每天要吃奶类、大豆

奶类营养成分齐全、组成比例适宜、容易消化吸收。奶类除含丰富的优质蛋白质和维生素外，含钙量较高，且利用率也很高，是膳食钙质的极好来源。建议每人每天饮奶300克或相当量的奶制品。

相比其他杂豆，大豆的营养构成有很大的区别。大豆的蛋白质可以达到50%，氨基酸组成是比较平衡合理的。大豆含丰富的优质蛋白质、必需脂肪酸、B族维生素、维生素E和膳食纤维等营养素，且含有大豆低聚糖以及异黄酮、植物固醇等多种植物化学物质。建议每人每天摄入30~50克大豆或相当量的大豆制品。

（四）适量进食鱼、禽、蛋、瘦肉

鱼、禽、蛋、瘦肉等动物性食物是优质蛋白质、脂溶性维生素和矿物质的良好来源，如与谷类或豆类食物搭配食用，可以明显发挥蛋白质互补作用。建议每人每天可吃一个鸡蛋，鱼肉或鸡肉50~100克，猪肉提倡吃瘦的。

（五）饮食清淡，少油、盐

不合理的烹调油摄入量，以及高盐饮食会导致肥胖人群和高血压人群的增长。因此，做菜时尽量清淡。建议烹调油每人每天不超过30克，食盐不超过6克。按一家三口计算，每月家庭吃油不超过半桶（5升装），吃盐1袋（1斤装）。

（六）食不过量，天天运动

吃得过饱、缺乏运动是当前慢性病高发的主要危害因素，因此控制食量、增加运动必不可少。建议每顿吃七八分饱为宜，每天不能少于30分钟的有氧运动。驾车族尽量减少开车机会，能走路就不骑车，能骑车就不开车。

（七）三餐合理，零食适当

按适合个人的健康体重计算出每天所需要的总热量，然后再按早、中、晚三餐各1/3的比例摄入热量。也可按早餐1/5、中餐2/5，晚餐2/5安排一天三餐的进食量。

建议零食可在两餐之间食用，要选择富有营养的食品，如牛奶、酸奶、水果、蛋糕、肉松、牛肉干和干果等。

（八）足量饮水，少喝饮料

在温和气候条件下生活的轻体力活动成年人每日至少饮水1 200毫升（约6杯），在高温或强体力劳动条件下应适当增加。在水的选择上，建议首选白开水，碳酸类饮料尽量少喝，因为它会给人体增加多余的热量，可选择一些果汁、酸奶等。

（九）饮酒限量，忌空腹喝

成年男性一天饮用酒的酒精量不超过25克，相当于白酒1两，啤酒250毫升，葡萄酒100毫升；成年女性一天不超过15克。最好不要空腹喝酒，切忌一醉方休或借酒浇愁。

（十）新鲜卫生，少吃剩饭

食物选择首先要新鲜、卫生。据有关调查显示，刚摘下来的蔬菜每过一天，营养素就会减半。所以在选购食物时，要选择外观好，没有泥污、杂质，没有变色、变味并符合卫生标准的食物。每次做饭菜，尽量按量做，避免吃剩菜剩饭，少吃熏制、腌制、酱制食品。

案例 6-2

现代人不是营养过剩，而是营养不均衡

随着时代的发展，我国已经从计划经济步入到小康社会。曾经限量供应，只能在节日期间吃到的食品，现在变得非常普遍，随时随地都可以吃到，这本是时代进步的标志，但问题是，丰富化和精细化的饮食条件带来的却是令人担忧的营养问题，我国肥胖人群和心脑血管等慢性疾病问题日益严重。

那么，现代人的营养问题究竟出在哪里呢？

事实上，现代人的饮食看上去虽然丰富，却多是甜品、零食、油炸食品等，而这些食物营养极其有限，大多数情况下，只能提供脂肪、蛋白质和碳水化合物三大营养素，人体必需的微量元素和维生素则极度缺乏。脂肪、蛋白质、碳水化合物这三大营养素尽管能为身体提供必要的能量，但是摄入过多的话，就容易变胖，所以嘴不闲着，又喜欢吃以上食品的人很容易因此而变成一个大胖子，而过度肥胖又是万病之源。所以现代人遇到的问题，不是营养过剩，而是营养偏科。

三、家常菜中常见食材的处理方法

不同的食材有不同的处理方法，我们把一些日常食材的初步处理方法进行了整理，参见表 6-2。

表 6-2　日常食材初步处理方法

食材名称	初步处理方法
青椒	①将青椒洗净后掰开；②去除蒂和内部的籽。
芹菜	①芹菜洗净，择下芹菜叶子；②撕去芹菜梗表面的粗丝。
黄瓜	①黄瓜洗净，加少许盐用清水浸泡；②带刺黄瓜要用刷子刷洗。
冬瓜	①冬瓜用刷子刷洗干净；②用削皮刀削去硬皮；③去皮冬瓜一切两半；④挖去冬瓜瓤。
苦瓜	①苦瓜用刷子刷洗净；②顺长剖开；③挖去苦瓜瓤。
南瓜	①南瓜用菜瓜布刷干净；②对半剖开；③用汤匙将瓤挖出；④用菜刀将南瓜皮削去，削时注意菜刀要贴着皮，不要削太厚。
甘蓝	①甘蓝洗净，根部朝上放在案板上，左手按住，用长水果刀顺根切入2厘米，刀尖朝菜心；②将水果刀顺着菜根旋转切一圈；③将刀尖向上一手撬，撬去菜根；④从根部将菜叶完整地剥下来；⑤菜叶放入加少许盐的清水中浸泡，再洗净即可。
洋葱	①剥去洋葱外层干皮；②切去洋葱两头；③切圈，即洋葱横放在案板上，直刀出洋葱圈；④切丝，即洋葱对半切开，切丝。
花椰菜	①花椰菜冲洗一下；②掰开成小块；③放入加了少许盐的清水中浸泡片刻即可。
芸豆	①芸豆择去两侧筋，用手将芸豆掰成段；②清洗干净。
豆芽	①豆芽择去豆皮；②掐去根须；③洗净即可。
西红柿	①西红柿冲洗一下；②放入烧开的水中烫一下；③取出西红柿，很容易就可将皮剥去。

续表

食材名称	初步处理方法
干木耳	①干木耳用水冲洗一下；②用淘米水泡发干木耳；③泡发好的木耳清洗干；④切除未泡发的部分；⑤剪去硬蒂，撕成小朵即可。
干香菇	①干香菇冲洗一下，用沸水泡至回软（泡发香菇的水营养丰富，过滤后可用于烹调）；②捞出泡发好的香菇，用剪刀剪去根部，漂洗去泥沙杂质。
干蘑菇	①干蘑菇冲洗一下；②用温水泡发蘑菇；③蘑菇泡发好后洗净，擦干。
笋	①用刀从笋尖至笋根划一刀；②从开口处把笋壳整个剥掉；③靠近笋尖的部分斜切成块；④靠近根部的部分横切成片。
红枣	①红枣用清水洗净；②将红枣放在蒸笼上；③红枣对准肉孔，用筷子从顶部将红枣核用力推出。
莲藕	①将莲藕从藕结处切开，切成两头；②用削皮刀削去莲藕的表皮；③将去皮莲藕用清水清洗干净。如果不马上使用，要用清水浸泡，以防止变黑。
猪肉	①用清水洗净；②剔去猪肉上的筋膜；③斜刀切片。
牛肉	①新鲜牛肉洗净；②横刀切片。
羊肉	①用清水洗净；②剔去羊肉上的筋膜；③斜刀切片。
鸡肉	①新鲜鸡肉洗净；②顺着鸡肉纹理切片。
鸡翅	①鸡翅冲洗干净，擦干，放在火上稍微烤一下；②用手搓一搓，鸡翅上大部分的毛就去掉了。
鸡腿	①用刀在鸡腿侧面剖一刀，露出鸡腿骨；②剥离鸡腿肉，用刀背在腿骨靠近末端处拍一下，敲断腿骨；③将腿骨周围的肉剥开，将腿骨取出；④将整个鸡腿肉平摊开，去掉筋膜，肉厚的地方划花刀，再用刀背将肉敲松即可。
鲤鱼	①鲤鱼放在案板上，用刀从鱼尾向鱼头方向刮鱼鳞，冲洗干净；②用刀切去鱼鳍；③用手挖去鱼鳃（也可以用剪刀）；④用剪刀沿着鱼的口部至脐部剖开，剔去内脏；⑤用清水将鱼身内外的黏液和血污洗净即可。
黄鱼	①按住鱼头，从鱼尾向鱼头方向刮鱼鳞；②从鱼头盖一侧切开一点皮，把鱼的头盖皮全部揭下（可去腥味）；③用剪刀将鱼鳃剪去；④用剪刀沿着鱼的口部至脐部剖开，剔去内脏，把鱼身内外冲洗干净即可。
带鱼	①轻刮带鱼身上的鱼鳞，不要刮破鱼皮，如果是新鲜带鱼，可不必去鳞；②用剪刀沿着鱼背剪去背鳍；③切去鱼的尖嘴和细尾，再用剪刀沿着鱼的口部至脐部剖开，剔去内脏和鱼鳃，最后用清水把鱼身冲洗干净即可。
墨鱼	①从市场买回来的墨鱼，通常已经去掉外皮、内脏，可直接用水冲洗干净；②将墨鱼褶皱裙边撕开，剥除皮膜；③去除头足部位的脏污；④用手剥除头足部位中心最硬的部位；⑤切下头足部位，将眼睛、口等用剪刀剪掉即可。
虾	①用剪刀剪去虾须；②剪去虾足；③将牙签从虾背第二节上的壳间穿过；④挑出黑色的虾线，洗净虾即可。
虾仁	①将牙签从虾背第二节上的壳间穿过；②挑出黑色的虾线，洗净虾即可；③择去虾头；④剥去虾壳；⑤反复漂洗去净黏液即可。

食材名称	初步处理方法
海米	①海米用温水洗净；②放入沸水中浸泡3~4小时至回软；③泡发好海米；④泡好的海米杂质洗净，浸泡海米的水过滤后可用于炒菜或做汤时提鲜。
鲜蛤蜊	①蛤蜊用水冲洗一下，放入盆中；②盆中加入清水，放少许食盐、香油；③泡3~4小时后蛤蜊的沙子吐得差不多了，再次洗净即可。
螃蟹	①将螃蟹在清水中浸泡10分钟，用细毛刷将蟹身刷洗干净；②揭去蟹壳；③除去蟹肺等杂物；④掰下蟹脚和蟹钳（从没有钳子的一端到有钳子的一端掰）；⑤用水冲洗干净即可

四、家常菜肴和家庭主食制作举例

（一）家常菜肴

1. 酸辣土豆丝

材料：土豆。

调料：小辣椒、花椒、蒜。

做法：

（1）把土豆去皮切丝，越细越好，再把青红椒切丝，蒜瓣切粒。

（2）土豆丝切好，过冷水去淀粉，这样炒出的菜口感脆。

（3）准备好盐和白醋，用白醋会使菜品看着色彩干净。

（4）开火，放炒锅，添油。

（5）油温热时，把花椒粒放进去，炸出香味，捞出花椒。

（6）油热时，把辣椒丝和蒜粒放入爆出香味，倒入准备好的土豆丝，掂锅翻炒几下。

（7）放白醋，放盐，动作要快，再翻炒几下，使盐味更匀。

（8）菜熟装盘、整形。

2. 炒青菜

材料：青菜、大蒜。

调料：鸡精、盐。

做法：

（1）将大蒜、青菜分别洗净，切好备用。

（2）热锅中倒一点油，把切好的大蒜倒入油中。闻到蒜香后，将切好的青菜倒入。

（3）加一点水，盖上锅盖焖一会儿，大火持续3分钟后，放盐、鸡精进去，翻炒均匀。

（4）大火收汁后，立即出锅。

3. 麻婆豆腐

材料：豆腐切丁、牛肉切末、豆瓣酱。

调料：盐、酒、干红辣椒碎、青蒜、姜末、花椒粉、水淀粉、酱油、少许糖。

做法：

（1）锅内加少许菜油，大火加热，油热后依次加入豆瓣酱、盐、干红辣椒、青蒜、姜末、花椒粉、牛肉末，也可将牛肉末用上述调料腌好后一并加入，炒香。

（2）加入切成小块的豆腐，改小火，煮沸。

模块六　家庭劳动实践

（3）待豆腐熟后，改大火，加入由水淀粉、糖、酒、味精、酱油调好的芡汁。待芡汁均匀附着后，关火，起锅。

（4）起锅，撒上花椒面。

4. 韭菜炒鸡蛋

材料：韭菜、鸡蛋。

调料：盐、植物油。

做法：

（1）将韭菜择洗干净，控干水分后切成3厘米长的段。

（2）将鸡蛋打入碗内搅匀待用。

（3）将炒锅烧热，加油烧至五六成热，倒入蛋清，炒至小团块时倒出。

（4）炒勺里植物油烧热后，加入韭菜，用旺火速炒、放盐，快熟时倒入鸡蛋，颠翻两下，即可出锅装盘。

5. 红烧肉

材料：五花肉。

调料：食用油、酱油、料酒、生姜、冰糖、盐、白糖。

做法：

（1）五花肉一块，切成1厘米见方的条状。

（2）炒锅洗净，烧热，下2汤匙油，放3~4汤匙白糖，转小火。

（3）不停地用炒勺搅动，使白糖溶化，变成红棕色的糖液，即炒糖色。

（4）把切好的五花肉倒入，炒均匀，使每块肉都沾上糖色。

（5）加酱油、料酒、生姜、冰糖、盐少许，烧开，再转小火烧二三十分钟左右。等汁挥发得差不多，加大火收汁。等收汁完成后就可以装盘。

（二）家常主食

说到主食我们总会想到米饭和馒头，但其实主食的种类也有很多种，在这里我们主要介绍蒸米饭和馒头的基本做法和注意事项。

1. 蒸米饭

蒸米饭的基本做法很简单，分为两步：第一步，需将米洗干净，放入要用来蒸米饭的容器中，加入清水。第二步，盖上盖后，放在火上或插上电即可。

蒸米饭的注意事项有以下4点：

（1）洗米。记住洗米不要超过3次，如果超过3次，米里的营养就会大量流失，这样蒸出来的米饭香味也会减少。

（2）泡米。先把米在冷水里浸泡半个小时，这样可以让米粒充分的吸收水分。这样蒸出来的米饭会粒粒饱满。

（3）米和水的比例。蒸米饭时，米和水的比例应该是1∶1.2。测量水量可将食指放入米水里，水不可超过食指的第一个关节。

（4）增香。如果家里的米是陈米，也可以蒸出新米的味道。就是在经过前三道工序后，我们在锅里加入少量的精盐或花生油，记住花生油是必须烧熟的，而且是晾凉的，只要在锅里加入少许就可以。

2. 蒸馒头

食材：面粉或麦芯小麦粉。

辅料：酵母粉、温水。

做法：

（1）揉面前的准备。揉面前需要先添加酵母粉，酵母粉与面粉的比例是1∶100，也就是说500克的面粉，加5克的酵母粉。将酵母粉放到30℃的温水中化开，融化酵母粉的水量也量取好，一般制作500克面粉会用50毫升的水来化酵母，酵母化开后加入到面粉中，再加450毫升的水到面粉里。

（2）揉面。用筷子将面粉搅拌成雪花状再开始动手揉面，这样揉面不会粘手，揉好面后盖上纱布开始发面。

（3）发面。很多人做馒头不成功，是因为发面时间太短或太久。判断面是否发好的方法非常简单，只要用手指粘一些面粉插入到面团里，面团不会缩，这就说明面已经发好了。

（4）二次发酵。将发酵好的面团揉成光滑的面团，然后再将面团揉成条状，分成相同大小，揉成圆形后盖上纱布进行二次发酵。还可以做刀切馒头，将面团揉成长条形，然后切成均等大小。二次发酵的时间，夏天为20分钟，冬天30~40分钟。

（5）冷水下锅蒸。等馒头二次发酵完成就可以开始蒸馒头了，冷水下锅，先大火烧水，等水烧开后，转中火再蒸15分钟就可以了。

（6）开锅。馒头蒸好几分钟后开锅。

注意事项：

（1）面粉选择。蒸馒头非常关键的一步就是选择面粉，建议选择多用途麦芯粉，即中筋面粉。麦芯粉做出的馒头，面香味浓。

（2）揉面程度。面要揉到面光、盆光、手光，即三光。

（3）二次发酵。要想馒头松软绵密，一定不能少了二次发酵。

（4）防止收缩。馒头蒸熟后先不着急打开锅盖，要过几分钟再打开锅盖，这样馒头就不会马上收缩。

（5）增加甜度。爱吃甜馒头可以适当加入糖，在加水的时候可以加入适量白砂糖。

 总结案例

帮助家人养成5个健康饮食习惯

如何健康饮食，如今是人们关注的焦点问题。随着日常食物的极大丰富，我们不仅要吃得好，而且更要吃的对！下面5个健康饮食习惯，值得每个人养成。

（1）晚餐早比晚好。因人体排钙高峰期是餐后5小时，晚餐吃得太晚，不仅影响睡眠、囤积热量，而且容易引起尿路结石。老年人晚餐的最佳时间最好在晚上六七点，而且应不吃或少吃夜宵。

（2）冷水洗肉，温水洗菜。用温水或热水洗肉，不但容易变质、腐败，做出来的肉口感也会受影响。最重要的是，会加速肉中蛋白质、氨基酸和B族维生素的流失。

与之相反，洗各类果蔬时用温水更好，因温水比凉水更容易去除果蔬表面的农药残留。

（3）凉菜汁蘸着吃。很多人去饭店都喜欢点盘大拌菜或蔬果沙拉，觉得这样能补充维生素。其实，这些菜中的酱汁反而会给原本健康的菜带来不少热量。最好把调好的酱汁放在一个小碗里，用切好的菜蘸着吃，这样，你需要的酱汁只是原来的1/6。

（4）生吃洋葱。洋葱含有大量保护心脏的类黄酮，每天生吃半个可增加心脏病人约30%的"好胆固醇"。尤其在吃烤肉这样的食物时，里面的洋葱就像你的"救命草"。

（5）餐前喝两杯水。饭前喝两小杯水能减少饥饿感和食物摄入量，比节食减肥的效果更明显，餐前饮水的人一天能少摄入近300卡热量。

 课堂活动

做点菜肴敬父母

一、活动目标

帮助学生重视日常家务劳动，提高个人动手能力和家庭责任感，增强感恩心。

二、活动时间

建议45分钟。

三、活动准备

教师要求：

1. 每名学生精心为父母准备一道热菜并把制作过程录制后编辑为90~120秒的短视频，短视频中要说明（文字/语音）：①选择这道热菜的原因；②菜品的制作关键；③父母品尝后的评价。

2. 每名学生写一份1 000字左右的心得体会。

四、活动流程

1. 教师将学生按照6~8人划分小组，组内成员一起观看小组内每个人制作的视频，并对心得体会展开讨论，然后汇总形成本组的心得体会。

2. 每组推选一名代表上台演示自己的视频，并分享小组的心得体会，其他小组可以对其进行提问，小组内其他成员也可以回答提出的问题；通过问题交流，将每一个需要研讨的问题都弄清楚。

3. 教师对各组分享进行分析、归纳、总结，引导学生重视日常家务劳动，懂得感恩。

4. 教师根据各组在研讨过程中的表现予以赋分。

模块七

社会劳动实践

导读导学

　　大学生社会实践是劳动教育的关键环节，是提高大学生实践能力和综合素质的重要途径。其核心在于通过变革人才培养模式，发展学生创新精神和实践能力。劳动是人类基本的实践活动和存在方式，是人类创造物质财富和精神财富的基本途径，也是人类生存和发展的最基本条件。教育事业培养的人才是德智体美劳全面发展的社会主义建设者和接班人。苏霍姆林斯基认为，"离开劳动，不可能有真正的教育。"所以他提倡劳动教育要贯穿、渗透于一切学校教育之中。劳动是培养人、塑造人的关键途径，甚至是最主要、最根本的手段。在教育体系中，学生只有通过劳动，才能充分发挥个人的才干和智力。

　　社会实践活动是学校"综合实践活动"课程的一部分，能够使学生融入社会，感触生活，通过参与、体验与感悟，增强对社会的认识和理解，发展学生的批判思维，增强学生的社会责任感。社会实践是人类发现真理、运用真理、验证真理、发展真理的基础。本模块包括社会实践和社会调查、社区劳动和志愿服务、农工商生产劳动实践三部分，围绕大学生即将开展的实践劳动做必要准备，提升自身综合素质。

模块七　社会劳动实践

主题7.1　社会实践和社会调查

 学习目标

1. 了解社会实践的概念，可说出其对高职学生的意义。
2. 能灵活运用 1~2 种社会调查方法。
3. 愿意亲历社会实践和社会调查活动助力自身成长。

> ◎哲人隽语
>
> 只有人们的社会实践，才是人们对于外界认识的真理性的标准。真理的标准只能是社会的实践。
>
> ——毛泽东

 引入案例

并不完美的暑假

为了提高自己的实践能力、交际能力、思考能力，北京某职业学院的男生小刘进行了暑期社会实践，工作地点是一家综合商业场所。他原本想大干一场，学到西餐制作技能，还能挣些零花钱。起初，他先在二楼的西餐厅当服务员。小刘认为自己是一个假期工，那些长期工会没事找事来欺负他。患得患失的他，小心翼翼，生怕出错。可是由于缺乏必要的劳动技能，第一天就打翻了一个红酒杯，第二天又上错了菜，第三天把手烫伤了。轻伤不下火线，小刘继续坚持实践。可是由于在学校坐卧习惯了，他很难适应一个工作日站 8 个小时的煎熬，而且服务中很少运用微笑服务，由此招致一些客户投诉。他工作很少出彩，但是在实践之余，经常品尝店内产品，例如披萨、汉堡包和烤肉，还有各种咖啡。时间长了，他发现周边老员工更是经常斜视他，心里怪别扭的。不到 3 周，小刘就向主管提出回家休息。原本豪情壮志的暑期实践落得个虎头蛇尾的结局。

分析： 暑假时间最长，是大学生最好的社会实践时间段。目前，不管是家长还是社会，对大学生的社会实践活动缺乏足够的理解。部分家长担心孩子的安全问题，担心孩子吃苦。另外，社会的不重视也是影响实践活动进行的重要因素。因为社会实践时间较短，实践单位对学生的培训耗时耗力，导致一些社会单位不愿意给这些大学生提供实践机会。小刘要是精心准备，完全有可能收获一段完美的实践经历。但是他没有在心理上做好准备，过度猜疑和恐慌，反而加剧了在实践场所的失误。另外，虽然不是正式工作，但是小刘还是应该入乡随俗，遵守实践场所的各种规则，尽快与资深员工建立合作与信任。前者之鉴教育我们要储备必要的劳动知识，用过硬的本领担当起一份重任，在有限的时间内完成充分的锻炼，以便今后适应职场要求。

一、社会实践的内涵、类型和意义

（一）社会实践的内涵

社会实践是培养学生创新精神和实践能力、提升学生综合素质的良好载体，是实施素质教育的一种良好形式。哲学上的社会实践是讲人类认识世界、改造世界的各种活动的总和。即全人类、大多数人从事的各种活动，包括认识世界、利用世界、享受世界和改造世界,等等。社会实践是学生走向社会的一个很重要的锻炼环节,也是教育与实践相结合的具体体现。学生参加实践活动,对德智体本身来说是课堂教育的延续。社会实践是教育教学内容的重要组成部分,主要以学生个人主动参与及体验为主,是巩固所学知识、吸收新知识、发展智能的重要途径。它不受教学大纲的限制,学生可以在这个课堂里自由驰骋,发挥自己的才能。

1. 社会实践活动的特点

社会实践活动具有实践性、开放性、生成性和自主性等特点,对学生综合素质的提升,特别是创新精神和实践能力的培养,提供了广阔的空间。学校学习的最终目的是要学以致用,为以后的社会生活积累必要的知识储备。社会实践活动可以使学生对书本知识在实际生活中的应用有一个练习的机会,同时也使学生对社会有一个初步的了解,在这种双向了解的过程中,学习社会知识,促进学生社会化,为所有人以后融入社会生活做一个铺垫和准备。

2. 社会实践原则

大学生社会实践的总体要求是:全面贯彻党的教育方针,遵循大学生成长规律和教育规律,以了解社会、服务社会为主要内容,以形式多样的活动为载体,以稳定的实践基地为依托,以建立长效机制为保障,引导大学生走出校门、深入基层、深入群众、深入实际,开展教学实践、专业实习、军政训练、社会调查、生产劳动、志愿服务、公益活动、科技发明和勤工助学等,在实践中受教育、长才干、做贡献,树立正确的世界观、人生观和价值观,努力成长为中国特色社会主义事业的合格建设者和可靠接班人。工作原则主要包括以下几点:

(1)坚持育人为本,牢固树立实践育人的思想,把提高大学生思想政治素质作为首要任务。

(2)坚持理论联系实际,提高社会实践的针对性、实效性和吸引力、感染力。

(3)坚持课内与课外相结合,集中与分散相结合,确保每个大学生都能参加社会实践,确保思想政治教育贯穿于社会实践的全过程。

(4)坚持受教育、长才干、做贡献,保证大学生社会实践长期健康发展。

(5)坚持整合资源,调动校内外各方面的积极性,努力形成全社会支持大学生社会实践的良好局面。

3. 社会实践存在的问题

(1)社会实践时间较短,内容缺乏创新。有调查显示,超过80%的学生在大学阶段每年都会参加社会实践活动;其中54.2%的团队实践时间不到1周,30%的团队实践会持续2周到4周,只有16%的团队实践会持续超过1个月。

(2)学校和社会缺乏对社会实践的指导及保障机制。

(3)大学生对社会实践的认识不准确。很多大学生认为实践活动是旅游,是打暑假工,这些错误的认识使得他们在实践过程中得不到锻炼,达不到实践活动真正的育人效果。

(4)家长及社会支持度不高。

（二）社会实践的类型

1. 以校内服务为主的岗位实践活动

社会实践活动首先应该从与学生学习生活关系密切的校内生活开始。学校在具体的开发过程中，可以充分运用学生的能力，相信学生，放手让学生从事一些校内岗位的锻炼，从而提高学生的能力，如校园迎宾活动、校园卫生值日的检查、纪律的维护、家长会时的一些服务导引工作、大型活动时的秩序维护，等等；也可帮助教师做一些辅助的工作，如帮助图书馆进行图书的整理、登记工作，帮助实验老师进行实验仪器的整理，帮助计算机老师进行电脑系统维护等；还可以从事一些校园的公益劳动，如进行公益卫生打扫、到食堂帮厨。

2. 以调查研究为主的社会实践

通过这些活动，既锻炼了学生的能力，也使学生对自己生活的校园有一个了解，了解部分老师的工作，从而使他们珍惜这些活动劳动成果，尊重老师的工作。学生在老师的指引下，针对某一社会现象，进行资料查询、专家走访、实地考察，提出这一现象出现的缘由、现状、解决的办法等，进而形成自己的考察报告。在这一过程中，学生的选题、调查的过程到形成报告，都需要认真地思索，不但要开动脑筋充分运用所学的知识，而且能够充分锻炼学生的资料收集能力、分析问题能力、观察能力、与人交往能力、写作能力等。在这类实践中，需要教师对学生进行认真的指导，切实选择适合他们实际的、经过努力便于解决而又存在一定难度的论题，如调查水污染、学生心理状况、课间教室关灯与资源节约等都是大学生可以参与的社会实践活动。

3. 以社区服务为主的社会实践

大学生在教师指导下，走出教室，进入实际社会情境，直接参与和亲身经历各种社会生活活动，开展各种力所能及的社区服务性、公益性、体验性的学习与实践，以获取直接经验，发展实践能力，增强他们的社会责任感。例如，针对自己生活的社区，通过垃圾分类、清除非法广告、帮助孤残老人和儿童、慰问军属烈属等各种形式的活动，进一步了解社会，增强社会责任感。

4. 以公益宣传为主的社会活动

大学生可利用节假日，走上街头，进行公益宣传，提高公众对某一社会现象的关注，增强公众的科学意识，建设环保节约型社会。如环保宣传、交通安全宣传、节约水资源的宣传、法律知识宣传、禁烟宣传等。这类宣传比较容易进行，只要结合某一节日（如世界水日）进行就行，但在宣传时要注意，大学生不但要面向公众，还要与自己的生活实际相联系，这样在宣传的过程中也会提高自己的意识与水平。

5. 以参观为主的实践活动

大学生可以在学校的组织下进行一些参观活动，这些参观可分为两类：一类是自己所在地的现代化企业，另一类是本地的一些人文自然景观。通过参观现代企业，使大学生感受现代企业文化和企业管理，体验现代高科技。通过参观本地的人文自然景观，如历史博物馆、科技馆、地质博物馆、一些遗址等，使大家了解本地的自然人文情况，增强他们对区域性文化的了解。

(三) 社会实践的意义

1. 提高个人能力

大学生社会实践是在校大学生利用课余时间，步入社会进行社会接触，提高个人能力，触发创作灵感，完成课题研究，发挥自己的聪明才智以求和社会有更大的接触，对社会做出贡献的活动。他们通过参与、动手、思考、解决问题等过程，将所学的书本知识内化为自己的能力，全面提升自身的思想素质、求真精神和务实的品质；同时也培养了他们积极向上、珍爱美好生活的优良心理品质。

2. 激发对社会问题的思考

社会实践活动，将有助于大学生接触群众，了解社会；大学生在社会实践过程中，通过融入社会、贴近自然、感触生活，增加对社会的认识与理解、体验与感悟，并能够在此基础上反思社会现象，发展批评思考能力，从而增强自己的社会责任意识，这是一个长期积累的过程。同时大学生在参与实践活动的过程中，会促使他们对出现的一些问题加以思考，并站在自身的角度上探寻解决的办法，加深对社会的认识。

3. 促进个人成长

社会实践活动能够有效地锻炼大学生的能力，提高大学生的综合素质，增强大学生的社会生活能力。当然在这一过程中，也会存在一些困难，如社会实践活动的时间安排问题，教师的跟进问题，甚至活动的一些经费问题，等等。但在活动过程中，只要用心发掘资源，一定能够找到合适的方式与方法，也一定能够对大学生自身的成长起到积极的作用。

案例 7-1

五味杂陈的支教日子

农村教育是我国国民教育中极为重要的环节。小张是教育类专业高职学生，她与几名同学相约开展"义教"活动，意在为农村的孩子们带去新知识，拓展他们的视野，提高他们的学习兴趣。可是上课时却遇到了种种难题，这其中的酸甜苦辣，回味无穷。可能是因为参加支教的学生年龄不大，也不严厉，所以刚开始课堂控制比较困难。孩子们会问奇奇怪怪的问题，上课时学生也总想站起来或是在教室里走动。十多天的日子不知不觉就过去了，看着那些孩子的进步，小张第一次感到欣慰。这些天的实践体验在她的心里已是沉甸甸的回忆，丰富了大学生活，更是为漫漫人生旅程增添了一抹绚丽的色彩。第一次站上讲台的激动仍记忆犹新，经过这次支教，她深切地体会到当老师的不易，也决心扎实提高教学基本功。

◎知识链接

暑期"三下乡"

二、社会实践的实践过程

大学生社会实践活动从筹划、实施到完成是一个过程。对于同一活动，由于其方法、时机、对象、目标的不同，其效果是截然不同的。因此，在组织社会实践过程中，要想效果最佳，必须重视过程优化。就某种意义而言，大学生参加社会实践活动的一般过程主要包括调适、抉择、策划、升华4个环节，过程优化的重点就是上述4个环节的整体优化。

（一）事先调适

大学生应该对社会实践过程中碰到的各种难题，从心理上、思想上、能力上、知识上进行必要的准备。长期生活在"象牙塔"下的大学生，一旦步入社会，展现在面前的将是一幅五彩缤纷的社会画面，令人目不暇接，若缺乏必要的思想准备，必然导致青红不分、皂白不辨。

1. 社会实践前的知识调适

参加社会实践的过程，既是接触工农、了解社会、认识国情、提高觉悟的过程，也是运用知识、理论联系实际、服务社会的过程。因此，大学生合理的知识结构，直接影响社会实践活动的效果。所谓知识结构，是指一个人知识体系的构成状况与组合方式。就大学生个体而言，无论在知识容量上，还是在知识构成上都是有限的，因此要求按照社会实践的需要调节知识结构。从实际出发、从社会需要出发，坚持缺什么补什么的方针。

2. 社会实践前的能力调适

知识不等于能力。歌德曾尖锐指出："单学知识的人仍然是蠢人。"建立合理的能力结构，是提高实践有效性的关键之一。在社会实践活动中最关键、最能起作用的能力是：社会适应能力、实践动手能力、言语表达能力、组织管理能力和分析观察能力等。

3. 社会实践前的心理调适

一旦走向社会，许多难题就会摆在大学生面前。一是生活，衣、食、住、行都要自理，这对自理能力较差的学生而言是一大难关。二是活动，在社会上开展的活动与学校不同，时间有限，加上人生地不熟，对此若没有必要的心理准备，过分地理想化，一旦碰到难题，他们就会无所适从，进退两难。

（二）抉择

抉择即选择，指从众多方案中挑选最佳方案的过程。在众多方案中如何选出最佳方案，直接影响着社会实践活动的实际效果。在选择活动目标时应注意：目标不宜太低，但也不宜太高。社会实践活动的内容是丰富多彩的。要选好活动的内容，必须选好活动的主题，在鲜明的主题下可以容纳丰富的活动内涵。主题提出后，必须具有可行性，要让人们看得见，摸得着，只有这样才能引起人们的心理共鸣。大学生在校时间是有限的，在参加社会实践活动的时间安排上，应根据学习的松紧程度给予合理安排，大规模的、难度大的、任务重的活动，一般应安排在假期为宜，并要坚持就近、就便的原则。

（三）策划

社会实践策划是社会实践中的一个重要环节，是对社会实践目标、内容和方法的统一。强化社会实践策划活动，可以将对社会实践活动的指导提前，帮助大学生更好地完成社会实践活动。社会实践活动是大学生培养的重要方式，在大学生成长为合格的社会主义接班人的过程中具有不可替代的作用。策划是理论知识与实践活动的结合点，在整个社会实践中起到承上启下的作用，是大学生形成理论联系实际观念的重要方法。

大学社会实践策划书模板

社会实践策划不同于实践活动计划。计划是为达成具体目标所制定的实施步骤与方法;而策划则是针对所要实现的目标,根据实际情况,确定实施的内容和方法,包括目标、内容和方法,是目标与内容的统一、内容与方法的统一、理论知识与实践情况的统一。通过实施社会实践的内容能够帮助大学生树立正确的人生观、世界观和价值观,能够帮助大学生将理论知识运用到具体的实践中,在实践中运用理论知识分析问题、解决问题,并提高理论研究的热情和主动性。

(四)升华

社会实践的根本宗旨在于人才和社会的双重效益。要使人才效益达到最佳,一个不可缺少的环节就是升华。所谓升华,就是要使大学生的思想觉悟、知识能力等诸方面在社会实践中得到提高和精炼。升华过程可有3个阶段:净化阶段、深化阶段和升华阶段。

案例 7-2

餐馆见习生有内涵

小王是深圳某职业学院的大二学生,毛遂自荐在深圳民间瓦缸煨汤坊找到一份社会实践的工作。他勤劳善良,在自身工作实践中,发现问题,提出建议,促进公司管理水平的提高。在起先的日子里,他只是以观察熟悉为主,学会一些饭店的工作流程和服务的程序。经过耐心的观察和经理及同事的细心教导与指引,他熟悉了要做的工作,其实说到底就是把顾客服务好,但真正要做好它并不是那么容易。工作任务主要是负责大厅的顾客,有5个大桌和二个小桌,碗、筷、台都由他负责处理;另外一个重要任务就是送外卖,外卖都是周围的生活小区和写字楼。每天重复着相同的工作,尤其是服务员,每天都做着相同的程序,打扫卫生、摆台、收台、再摆台。1个月的实践当中,他亲身感受着饭店的每一个管理层面,听员工们诉说着苦与乐,结合自己所学的知识,想到了用问卷调查的方式来反映饭店管理存在的问题,回收后总结了一些问题与建议,提交给了总经理。见习期满后,总经理给予了他2 600元的工资,他认为自己的收获远不止于此。在当服务员的过程中,他从一个领导者的角度来考虑一些问题,总想着用所学过的管理方法与经验运用到实际工作当中去。他坚定了信心,要继续提高劳动技能,在餐饮业有所作为。

三、社会调查

(一)社会调查的概念和类型

社会调查是社会"调查"和"研究"的简称。社会调查是指人们为达到一定目的,有意识地通过对社会现象的考察、了解和分析、研究,来了解社会真实情况的一种自觉认识活动。它包含以下四层意思。

(1)社会调查是一种自觉认识活动。

(2)社会调查的对象是社会现象。

(3)社会调查要使用一定方法。

(4)社会调查有一定目的。

模块七 社会劳动实践

调查程序包括选题阶段；准备阶段（准备调查内容、准备调查工具、准备调查对象）；调查阶段（收集资料，实施调查）；分析阶段（审核、整理、统计、分析）；总结阶段（调查报告）。

（二）大学生应该掌握的调查方法

1. 选题

根据当前国家经济形势和相关的方针政策，以及自己的专业、兴趣和学识，并结合社会调查的要素特征，选定一个值得研究的问题，如小城镇建设、退耕还林等。选题时应当采用必要的查阅文献资料，咨询相关老师等方法。

2. 计划

大学生要紧扣选定的主题，参照相关资料，提出不同层次的问题，并确定系统的调查项目，比如要研究小城镇建设的问题，就要提出其必要性和所需条件等问题，每个问题又包含若干小问题。

3. 设计指标

指标就是用一定的数量和单位来描述调查对象，如某地区的人口和人均收入等。大学生要用各种数量指标和质量指标从各方面完整地揭示调查对象的本质特征，保证其纵向和横向的可比性。

4. 拟定提纲

大学生要用提纲的形式将以上的准备确定下来，对所有提出的问题和项目加以精选，分轻重缓急，使系统完整。

5. 选择适当的调查方式和方法

常用的调查方式有普遍调查（对调查对象的每个部分毫无遗漏的逐个调查）；典型调查（选择一个或若干个具有代表性的单位做全面、系统、周密的调查）；个案调查（对社会的某个人、某个人群，或某个事件，某个单位所做的调查）。常用的调查方法有问卷法（合理设计问卷，采用开放式，封闭式或混合式问卷收集信息）；文献法（通过书面材料，统计数据等文献对研究对象进行间接调查）；访问法（通过交谈获得资料）；观察法（现场观察，凭借感觉的印象搜集数据资料）。

6. 培训与准备

请有关专家对参与调查的人员进行必要的培训，包括调查态度和调查技能的培训。此外，还应该注意筹备必要的资金和物质条件，作好与被调查单位的接洽工作，并争取有关单位的支持，保证调查工作的顺利开展。

（三）社会调查的意义

社会调查有助于大学生认识社会生活的真实情况和因果联系，揭示社会现象的本质及其规律，寻求新方法。研究问题、制定政策、推进工作，不能刻舟求剑、闭门造车，更不能异想天开，必须进行全面深入的调查研究。只有深入调查研究，才能真正做到一切从实际出发、理论联系实际、实事求是，保证我们在工作中尽可能防止和减少失误，即使发生了失误也能迅速得到纠正而继续胜利前进。经常开展调查研究，有益于深刻了解群众的需求、愿望和创造精神、实践经验。

 **总结案例**

大学生社会调研报告（节选）

一、调研时间

2019 年 12 月 21、22 日

二、调研地点

南京新街口莱迪商场、中央商场、大洋商场、新百商场、东方商城等。

三、调研目的

通过几天的参观实习和调研，对各种类型的专卖店观察，并对具体的案例进行分析，增加关于商业空间设计的知识，进一步了解并认识到应该注意的问题，为今后的室内设计打下良好的基础。

四、调研内容

考察商场各专卖店（服装店、鞋店、包店、珠宝店等）的空间设计。

五、结论

原先简单的室内设计已经不能满足人们的需求了，现在设计师们要做的不仅是从色彩、材料、总体预算上为人们考虑，而且更要在室内空间使用上下功夫，只有这样才能做出更符合人们要求的设计。店面的布置最好留有依季节变化而进行调整的余地，使顾客不断产生新鲜和新奇的感觉，激发他们不断来消费的愿望。一般来说，专卖店的格局只能延续 3 个月时间，每月变化已成为专卖店经营者的促销手段之一。（略）

分析： 调研不仅是一项劳动技能，而且是社会实践活动的重要参考资料。大学生可以根据专业、兴趣和特长，进行简便易行的调研。这种调研活动一方面开阔了眼界，另一方面也具备行业参考价值，不仅是学生提升个人价值的重要途径，而且还是以技能回报社会的初创成果。

 **课堂活动**

策划暑期社会实践

一、活动目标

引导学生形成社会实践策划书。

二、活动时间

建议 20 分钟。

三、活动流程

1. 教师提出问题：

（1）所学专业若暑假组织社会实践，你认为最可行的行业岗位有哪些？

（2）我们该如何策划实施暑假社会实践？

2. 教师将学生按照 8~10 人划分小组，要求每组通过搜集资料并经小组内部讨论后形成策划书。

3. 每个小组选出 2 名代表陈述本组策划书，通过大幅白板展示策划书要点，小组内其他成员也可以补充资料。

4. 教师对各组的策划书进行分析、归纳、总结。

5. 教师根据各组在活动过程中的表现，给予点评并赋分。

主题7.2　社区劳动和志愿服务

> ◎哲人隽语
>
> 活着就要做个对社会有益的人。
>
> ——张海迪

学习目标

1. 理解志愿服务的内涵。
2. 掌握与本专业相关的志愿服务技能，联系案例寻找志愿服务机会。
3. 养成用专业技能服务社区的习惯，积极参加各种社区劳动。

引入案例

社区服务中的困境

大学生志愿者是青年志愿者的主力军，志愿者参与社区服务是当代中国高校顺应社会经济体制转型发展的迫切需要。小夏就是顺应大潮的一名共青团员，在某高职学校的健康管理专业学习两年后，按照学校安排进入社区一家养老院做志愿服务。随着人口老龄化问题的逐渐加剧，面对养老服务人才短缺的困境，引导培育大学生参与养老志愿服务具有重要意义。但是，小夏面临一系列的问题。一是养老院里的老人脾气特别大，总是埋怨小夏干活不利落；二是老人们嗓门大，说话基本在吼，搞得小夏异常疲惫；三是自己的专业技能始终没有顺畅发挥出来。另外，养老院用人的高峰时间恰巧与学业时间冲突。心灰意冷的小夏，已经没有了当初报名志愿服务的那股子热情了。面对着周边隔三岔五的好奇询问，她还不忍心打击师弟师妹们的热情。通过社区服务，她希望提升"奉献、友爱、互助、进步"精神，但是现实状况并未尽如人意。

分析： 目前，有很多大学生自愿走进社区进行服务活动，这一方面给了大学生实习锻炼的机会，另一方面对社区服务起到了完善的作用，一举两得。志愿服务对提高社区服务能力、推进高校人才培养等工作具有重要的意义和价值，大学生志愿服务进社区具有必要性，但也存在问题，可行途径如下：加强和社区的沟通联系，增加志愿服务的途径和方式；立足社团，增加大学生志愿服务能力的培养；进一步完善大学生志愿服务的管理和激励机制；进一步完善大学生志愿服务的保障和支持机制；实施大学生社区志愿服务品牌化发展道路。

一、志愿服务

志愿服务，是志愿者组织、志愿者服务社会公众生产生活和促进社会发展进步的行为。或者说，志愿服务是指任何人志愿贡献个人的时间及精力，在不为任何物质报酬的情况下，为改善社会，促进社会进步而提供的服务。志愿服务的范围主要包括：扶贫开发、社区建设、环境保护、大型赛会、应急救助、海外服务等。志愿服务的功能有：社会动员、社会保障、社会整合、社会教化、促进社会和谐、促进社会进步。

2000年，共青团中央确定每年3月5日为"中国青年志愿服务日"。

（一）志愿服务的内涵

志愿服务是现代社会文明进步的重要标志，是加强精神文明建设、培育和践行社会主义核心价值观的重要内容。志愿服务组织是以开展志愿服务为宗旨的非营利性社会组织，是汇聚社会资源、传递社会关爱、弘扬社会正气的重要载体，是形成向上向善、诚信互助社会风尚的重要力量。伴随着中国特色社会主义历史进程，我国志愿服务事业快速发展，志愿服务组织不断涌现，对促进志愿服务活动广泛开展，推进精神文明建设、推动社会治理创新、维护社会和谐稳定发挥了重要作用。

◎知识链接

志愿者日

（二）志愿服务的特征

志愿服务为实现中华民族伟大复兴的中国梦提供了强大精神动力和道德支撑。党的十八大报告指出，全面提高公民道德素质的举措之一，就是要深化群众性精神文明创建活动，广泛开展志愿服务，要深入开展城乡社会志愿服务活动，大力发展与政府服务、市场服务衔接的社会志愿服务体系。党的十八大以来，广大志愿者、志愿服务组织、志愿服务工作者为他人送温暖、为社会做贡献，充分彰显了理想信念、爱心善意、责任担当，成为人民有信仰、国家有力量、民族有希望的生动体现。志愿服务精神是"奉献、友爱、互助、进步"。

其中，进步精神是志愿服务精神的重要组成部分。志愿者通过参与志愿服务，使自己的能力得到提高，同时促进了社会的进步。在志愿活动中无处不体现着"进步"的精神，正是这一精神使人们甘心付出，追求社会和谐之境的实现。

（三）志愿服务的原则

开展青年志愿者行动，一定要坚持自愿参加、量力而行、讲求实效、持之以恒的原则。

（1）"自愿参加"主要是强调参加青年志愿服务的自觉性。自愿参加是青年志愿者行动的主要特征之一，也是开展青年志愿服务活动的前提。对于参加者而言，青年志愿者行动的魅力就在于它变"要我参加"为"我要参加"，充分尊重青年的主体地位，注重调动青年自身的积极性、主动性。

（2）"量力而行"就是要根据自己人力、物力、财力条件允许的程度来开展工作。首先，要研究服务客体，也就是要研究服务对象，搞清楚服务需求。志愿服务一定要从实际出发，把主观愿望和客观实际结合起来，把社会需求和服务能力结合起来，实事求是，量力而行，不搞一刀切。其次，要分清什么是现在能做到的，什么是下一步才能做到的，什么是将来才能做到的，还有什么是做不到的。要循序渐进，逐步发展，切不可操之过急，否则欲速则不达。

（3）"讲求实效"首先就是要办实事。青年志愿者行动的出发点和立足点，就是要上为政府分忧，下为群众解难，为社会、为群众办实事。其次是要抓落实。青年志愿服务只有落实到基层，落实到具体人、具体事，真正成为基层广大青年的经常行为，才有生命力和发展前途。再次是求实效。求实效的集中表现就是在实践中使社会和群众体验及享受到志愿服务的成效。办实事、抓落实、求实效三者缺一不可。

（4）"持之以恒"就是指青年志愿服务要做到经常化、长期化。青年志愿者行动是一项跨世纪事业，必须以办事业的精神和方法来推进。开展志愿服务活动必须与建立多层次社会保障体系结合起来，必须着眼于建立有中国特色的青年志愿服务体系，必须建立必要的机制以保障青年志愿者行动经常化、长期化、规范化、制度化。要健全组织，稳定队伍，建立基金，制定规章，形成机制，坚持长久。要保持工作和人员的相对稳定性和连续性。

（四）志愿服务的技能与技巧

1. 志愿者应具备多种服务技能

随着社会的进步，人们对志愿服务的形式、内容、质量都提出了更高的要求。在针对志愿者的调查中，研究结果有超过半数的志愿者认为"自身知识水平以及社会实践能力的欠缺"制约了志愿服务的进一步开展，越来越多的志愿者也已经开始注意从事志愿服务所需技能的问题。深入农村的志愿者必须参加组织培训与学习，了解农村的有关法律、法规、习俗和农业知识；到边远地区支教的志愿者必须学习教学方法、沟通技巧，掌握除专业之外的广泛的知识和技能；走入社区提供社区服务的志愿者，不能将自己的服务定格在具体的形式和具体的内容上，必须创造出丰富多彩的服务以满足社区不同人员的需求；向社会弱势群体伸出援手的志愿者，必须了解并熟悉当地的孤儿院、敬老院的情况；到伤残人士、军烈属、生活有困难的人家中去，必须想其所想，运用自己所掌握的服务技能提供最贴心的服务。可见，无论从事哪一种志愿服务，都必须掌握起码的专业技能。只有认识到这一点，志愿服务工作做起来才能得心应手。

2. 志愿服务应提高专业化水平

在高校青年志愿者组织下设立专门的专业项目队，除了开展日常志愿服务活动外，让专业团队的活动实施项目化管理，提高专项志愿服务的针对性和实效性，打造品牌性专业志愿者服务项目。高校需要在健全学校志愿者组织的同时，大力加强对志愿者基层组织与专业服务队的扶助和指导。高校成立志愿者专业服务队，再配备上高年级骨干志愿者，这种项目团队式组织模式运作起来既可以细化职能分工，强化服务功能，又能提升专业服务水平和组织效能。同时，作为专业化青年志愿服务组织，需要在服务的过程中以更加积极、更加专业的志愿服务精神投入自己的服务中，这就需要志愿者树立专业化的志愿服务精神。对于庞大的志愿者群体，要想紧紧地将志愿者凝聚在一起，需要的是志愿者精神的内驱力，激发志愿者的认同感及作为志愿者的自豪感、归属感、使命感。

案例 7-3

积极参与社区防疫的高职学生

西安一所高职学院学生小刘的家乡位于陕西省一个小镇。2020 年新型冠状病毒肺炎疫情刚开始时他了解到当地防疫物资非常紧张，所以他利用自己的专业所长与家人一道成功配置出了含有效氯 8 000mmp 的消毒液。为满足防疫所需，他与家人共制了 2 240 升 84 消毒液，按比例可配置 134.4 吨消毒药水，满足全镇各街道、村组、养老院所需。小刘说，作为大学生，无论是居家自我隔离还是参与防疫工作，都是不同程度在为抗击疫情做出自己的贡献。他在社区也成了妇孺皆知的优秀志愿者。

3. 志愿服务应提高突发事件应对技能

当代大学生志愿服务已由刚开始的公益劳动、敬老爱幼、帮残助残等志愿活动，扩展到依托重大活动赛事、开展志愿服务活动。新一代的大学生越来越多地参与到志愿服务中，成为青年志愿者的中坚力量。大学生志愿服务工作越来越多的面向社会，对志愿服务工作的要求也越来越高，这就要求志愿者通过系统的培训和专业的应急救护技能培训，能够掌握志愿服务的方式方法和应对突发事件的技能。

二、社区服务

（一）社区与社区服务

1. 社区

社区是若干社会群体或社会组织聚集在某一个领域里所形成的一个生活上相互关联的大集体，是社会有机体最基本的内容，是宏观社会的缩影。社区是具有某种互动关系的和共同文化维系力的，在一定领域内相互关联的人群形成的共同体及其活动区域。

社区的特点是：有一定的地理区域；有一定数量的人口；居民之间有共同的意识和利益；有着较密切的社会交往。

2. 社区志愿者

社区志愿者是指以社区为范围，在不为任何物质报酬的情况下，能够主动承担社会责任而奉献个人的时间及精神的人。

3. 社区志愿服务

一是志愿者"一助一"长期结对服务。该工作从 1994 年初开始实施，通过青年志愿者组织牵线搭桥，由一名青年志愿者或一支青年志愿者服务队为一个困难家庭提供经常性服务，目前全国"一助一"结对已达 250 多万对。二是开展设点服务。即以街道设施和家庭，楼院设立网点为居民提供多种技能性或劳务性服务，如理发、修脚、修理电器等。

4. 社工精神

社工精神与人文精神、志愿精神既有联系又有区别。与人文精神相比，社工精神是一个小概念，人文精神是其上位概念；志愿精神与社工精神则是两个内涵不同的并列概念。社工精神是社会工作实践的灵魂，是社会工作者的精神动力。作为一种专业价值观，它指一整套用以支撑社会工作者进行专业实践的哲学信念。社会工作价值观以人道主义为基础，充分体现了热爱人类、服务人类、促进公平、维护正义和改善人类与社会环境关系的理想追求，激励和指导着社会工作者的具体工作。社会精神是构成专业社会工作的必要条件之一，是确定社会工作专业使命或目标的根据，同时，也是专业教育的核心内容。社会精神是社会工作者的实践动力；通过社会工作专业伦理标准这种形式，社会工作价值观可以指导社会工作者的实践；社会精神是促进社会工作者个人成长的有效力量；社会工作价值观是维系社会期望和社会工作专业服务关系的关键。

（二）社区劳动的技能与技巧

1. 社区劳动范畴

主要以校园周边社区为中心开展志愿者服务工作，立足于本辖区人民开展活动，为广大群众的精神文明建设和生活劳动建设服务。

大学生在社区可结合自己的专业主要开展以下服务项目：为社区打扫部分街道卫生的志愿活动；开展敬老助残、救助弱势群体的志愿活动；开展环保知识及健康知识的宣传和讲座；开展爱心家教等有益社区儿童的志愿活动；宣传青年志愿者精神及其他综合活动等。

2. 绿色服务

当前社会最为关注的问题无疑是环境问题，随着社会的发展和人类的进步，在满足了经济需求后，人类开始寻找自身和周围环境的良性发展。因此开展环保活动刻不容缓。大学生可参加青年志愿者协会，在校团委的领导下，主要开展以下几个方面的社区环保劳动：开展植树造林的志愿者活动；开展垃圾分类的志愿者活动；开展清理白色垃圾的志愿者活动；开展动物保护的志愿者活动；开展对环保方面的宣传活动等。

3. 健康服务

宣传健康知识，提高全民对健康的重视。一般由学校青年志愿者协会协助区政府及各机关部门开展各项活动，主要有以下几个方面：参与献血、捐献骨髓等服务活动；开展关于健康方面的公益演出；编制健康知识小手册，并为社区群众发放。

4. 文艺宣传

开展文艺活动，主要有节目主持、声乐、器乐、戏剧、相声、小品及本地的风土人情，风俗习惯，传统文化等的发扬与宣传。

5. 赛会服务

负责为各种大赛活动服务，服务内容有以下几个方面：外语翻译；微机操作；礼仪服务；安全保卫；体力服务等。

6. 公益服务

主要针对各类社会福利机构，如福利院、敬老院、慈善机构、红十字会、纪念馆、医院、图书馆、博物馆等。

7. 一对一服务

志愿者可与区内及市范围内结成一对一定点服务，以接力的形式将工作延续下去。可根据需要的不同、志愿者能力的特点，针对不同形式的需要，组织不同的小分队开展社区劳动。大学生可以根据服务对象的不同制定不同的实施方案，并组成一批长期稳定的志愿者服务队来为社区提供帮助，例如，扶贫帮困、文化教育、法律援助、文体娱乐、生活家政、医疗卫生、环境保护等。

总结案例

雷锋精神永放光芒

郭明义，1958年12月生，辽宁鞍山人，1977年参军，1980年入党，1992年复员到齐大山铁矿工作。多年来，郭明义先后获部队学雷锋标兵、鞍钢劳动模范、鞍山市特等劳动模范、全国无偿献血奉献奖金奖、中央企业优秀共产党员、全国"五一劳动奖章"等荣誉称号，并被中央精神文明建设指导委员会授予"当代雷锋"荣誉称号。

郭明义从身边的点滴小事做起，从服务社区开始，让志愿服务成为一种习惯、一份责任、一种担当，让雷锋精神融入他的血脉中，成为发自内心的思想自觉。郭明义积极参与社会公益事业，被人民群众亲切地誉为"爱心使者"和"雷锋传人"。

习近平总书记在收到爱心团队汇报"跟着郭明义学雷锋"的主要成果和心得体会的来信后，给他们写了回信，希望大家从"赠人玫瑰，手有余香"中感受善的力量，以实际行动书写新时代的雷锋故事，为实现中国梦有一分热发一分光。

分析： 社工精神与雷锋精神交相辉映，两者都是为他人服务，且都是建立在自己的能力基础之上的。社工有专业的知识结构和知识能力，更注重"助人自助"，有效地整合资源来帮助他人。雷锋作为一个时代的符号，成为人们精神中一面永不褪色的旗帜，他的"助人为乐、无私奉献、毫不利己、专门利人"的精神，更是人们宝贵的精神财富。社会工作作为专门的助人活动，价值理念与雷锋的助人精神在一定程度上相契合，借鉴社会工作专业价值观有助于更好地开展学雷锋活动，而吸收雷锋精神中的精髓也有助于促进社会工作价值观的本土化。

课堂活动

筹划校内志愿服务活动方案

一、活动目标

提升学生对志愿服务的认同感，愿意积极参与传递正能量。

二、活动时间

建议30分钟。

三、活动流程

1. 教师按照6~8人把学生划为一组，并要求每组自定一项校内志愿服务活动。
2. 小组分工搜集相关资料，针对自定的志愿服务形成1个可实施的方案。
3. 每组选出一名代表分享本组的活动方案，其他小组可以对其进行提问，组内其他成员也可以回答问题。
4. 教师进行分析、归纳和总结，每组可在教师总结的基础上再次修改活动方案并提交。
5. 教师根据各组在活动过程中的表现和最终的活动方案给予点评并赋分。

模块七　社会劳动实践

主题7.3　农工商生产劳动实践

> ◎哲人隽语
> 我们在我们的劳动过程中学习思考劳动的结果，我们认识了世界的奥妙，于是我们就真正来改变生活了。
> ——苏霍姆林斯基

学习目标

1. 了解我国的农业、工业和商业文明，对农工商生产劳动有深度理解。
2. 能总结种植技能、养殖技能、采摘技能、金工实习、装配技能、营销策划和商业服务精神。
3. 结合所学专业和个人兴趣积极提升自身生产劳动能力。

引入案例

能工巧匠去哪了

根据某经济调研机构统计，在中国大城市人口结构里，"高级专业技术人员"和"普通技能人员"的比重基本上是1∶1的。大城市越来越大，而且人口仍然在不断地在向大城市集中。当代大学生毕业之后很大一部分在找工作时不仅缺乏一定的求职技能，而且缺乏目的性。与此同时，很多工厂却苦于招不到年富力强的能工巧匠，商场招不到业务全面的销售员，公共事业单位求贤若渴却很难完成招聘计划。

分析：能工巧匠是指工艺技术高超的人。经济发展必然呼唤高技能人才涌现，大学生应该充分了解我国的工业、农业和商业的发展趋势，掌握一定的基础技能，发展自己的核心技能，做到人无我有，人有我精，凭借一门过硬的手艺得到一个金饭碗。因为机会总是偏爱有准备的人。

一、农业生产劳动

（一）农业文明与常见农作物

1. 农业文明

所有文明皆起源于农耕文明，稼穑是社会发展的根基和重要一环，更是人生不可或缺的一环，有稼穑经历和体验的人生更扎实也更丰富。《尚书·无逸篇》说："不知稼穑之艰难，乃逸乃谚。"意思是没有体验过"面朝黄土背朝天"的艰辛滋味，就会变得放纵、荒唐。

现代农业文明带给当代人类的不仅仅是一种新能源，更是继工业革命之后的又一次经济形态转型的新革命。中国农业精神来自于中国传统农业，体现和贯彻中国传统的天时、地利、人和，以及自然界各种物质与事物之间相生相克关系的阴阳五行思想，精耕细作，轮种套种，是它的典型工作生产模式。随着中国农业的发展，越来越需要有文化、懂技术、会经营，有较强市场意识、有较高生产技能、有一定管理能力的新型农民。

2. 认识常见农作物

我国农作物主要分为七大类：粮食作物、经济作物、蔬菜作物、果类、野生果类、饲料作物、药用作物。粮食作物以小麦、水稻、玉米、大豆、薯类为主要作物；经济作物以油籽、蔓青、大芥、花生、胡麻、大麻、向日葵等为主；蔬菜作物主要有萝卜、白菜、芹菜、韭菜、蒜、葱、胡萝卜、菜瓜、莲花菜、莴笋、黄花、辣椒、黄瓜、西红柿、香菜等；果类有梨、青梅、苹果、桃、杏、核桃、李子、樱桃、草莓、沙果、红枣等品种；野生果类有酸梨、野杏、毛桃、山枣、山樱桃、沙棘等；饲料作物有绿肥、紫云英等；药用作物有人参、当归、金银花、薄荷、艾蒿等。

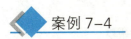

◎知识链接

二十四节气歌

（二）种植技能、畜牧技能和采摘技能

1. 农作物种植技能

在种子没有问题的前提下，植物要想生根发芽就必须满足四个条件：温度、水分、空气和肥料。例如，大蒜发芽比较适宜的温度是 20℃ 左右，超过这个温度就会抑制大蒜发芽速度。农作物在生长发育过程中，需要碳、氢、氧、钙、镁、硫、氮、磷、钾、硼、铝、锌、锰、铁、铜、氯十六种元素，其中碳、氢、氧可以从水和空气中取得，其他大多数是从土壤取得，当土壤不能满足时，必须通过施肥来解决。影响农作物生产的主要因素有天气、土壤和人为措施。

农作物栽培基本要求是精细整地，抢墒覆膜。土壤耕作是根据植物对土壤的要求和土壤特性，采用机械或非机械方法改善土壤耕层结构和理化性状，以达到提高肥力、消灭病虫杂草的目的而采取的一系列耕作措施，包括切茬、开沟、喷药、施肥、播种、覆土等多道工序。覆膜栽培关系到土壤的结构。施足底肥，谨防早衰。重施有机肥，增施磷、钾肥，适当施氮肥，以便增强长势，这是提高果实品质、促进着色的基础。改善光照，合理整形修剪，打开光路。出苗时，中耕除草并施人畜粪水。

2. 畜牧技能

畜牧业主要包括牛、马、驴、骡、骆驼、猪、羊、鸡、鸭、鹅、兔、蜜蜂等家畜家禽饲养业和鹿、貂、水獭、麝等野生经济动物驯养业。畜牧业与种植业并列为农业生产的两大支柱。发展畜牧业必须根据各地的自然经济条件，因地制宜，发挥优势。畜牧业养殖技术，包括培育和繁殖，其中养殖技术包括生猪养殖技术、家畜养殖技术、水产动物养殖技术、特种养殖技术几大类。

案例 7-4

养山鸡走上致富路

季家峰毕业于山东济南的一所高职院校，主修汽车检测与维修专业。然而，在农村老家的一次偶然劳动实践，让他走上了独特的创业道路。他从一家畜禽企业引进了 2 000 只刚出壳的野鸡苗回到老家，把养鸡场建在一块麦田里，用红砖和石棉瓦搭建了简易房。由于养鸡场的条件相对有限，温度、湿度、通风一直控制不好，鸡苗买回来以后就开始出现感冒、发热的症状，最严重的时候一天死了 300 多只。为了防止鸡雏聚集在一起取暖引起窒息，季家峰不分白天黑夜地守在小窝棚里，有一次竟然三天三夜没有合眼。野山鸡长到 30 日龄的时候就可以露天放养了，这时候对精饲料和青饲料的需求比较大，各项投入也与日俱增。为此，一家人做了明确分工：父亲负责家里的几亩庄稼，并提供原粮和青饲料。

模块七　社会劳动实践

母亲负责洗衣、做饭等后勤保障。季家峰则负责捕捉黄鳝和小龙虾卖给鱼贩子，再用这些钱买玉米、豆饼等精饲料。鸡仔每天吃的是农场里天然的虫、草，喝的是深层泉水，满山溜达，快乐成长。更令人拍案叫绝的是，他们每天为鸡补充自己配制的益生菌保健液，增强野鸡免疫力，解决了现代大规模养殖遇到的难题。这批露天养殖的野山鸡最终成活了四百多只，并且全都在春节前集中上市，卖了一个好价钱。这批野山鸡的成活率虽然不足四分之一，却给辛苦半年多的季家峰带来了10 000多元的经济收入。

3. 采摘技能

农作物采摘的关键是参照节气和植物生长规律。做到正确合理，适时采收，能多产优质，实现增产增收。采摘时间要掌握成熟度合适，太嫩会影响产量、太老会影响质量。一般采收适期为7~8分熟时。这时作物嫩脆，品质优，每天具体采收时间以上午9时前、下午6时后为宜。

二、工业生产劳动

（一）我国工业现状

我国已从一个落后的农业大国转变为一个工业大国，但"大而不强"是我国的最基本国情；我国工业化进程已从初期阶段快速发展到工业化后期阶段。在世人瞩目的经济增速背后，是一个世界性的实体经济大国崛起，或者更为具体地说是工业大国的崛起。

◎知识链接

水果采摘技巧

（二）一般工业技能

1. 金工实习

金工实习（见图7-1）是为了培养学生现代化工程素质，启迪学生创新意识。它包括铸造、锻压、焊接、切削加工基础知识、车工、铣工、刨工、磨工、钳工、数控加工、特种加工等内容。职业学院机电工程专业通常开设金工实习课程，包含钳工实习、车工实习和铣工实习。学生要掌握铣床的基本结构和操作方法、工件安装的方法及要求、工件对刀的方法、铣削要素及切削用量的换算、铣削方式的区分，具有使用普通铣床按照图纸加工出中等复杂零件的技能，具备按图纸要求控制尺寸的能力。

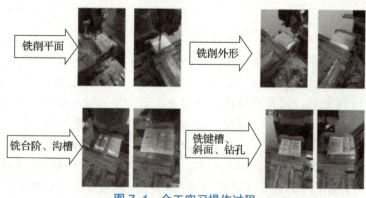

图7-1　金工实习操作过程

工人技能的增强是经济进步和经济福利增长的基本源泉。技能标准是按不同工种、不同等级制定的,包括"应知""应会"和"工作实例"三部分。我国的技术等级标准,按照工种的技术复杂程序分成不同的等级系列。例如,钳工:切削加工、机械装配和修理作业中的手工作业,因常在钳工台上用虎钳夹持工件操作而得名。钳工作业主要包括錾削、锉削、锯切、划线、钻削、铰削、攻丝和套丝、刮削、研磨、矫正、弯曲和铆接等。钳工是机械制造中最古老的金属加工技术。在机械制造过程中钳工仍是广泛应用的基本技术,至今尚无适当的机械化设备可以全部代替。

知识链接

初级钳工职业要求(节选)

案例 7-5

从钳工到发明家

从普通钳工到发明家,沈卫军(见图 7-2)走过了 23 年。这 23 年,沈卫军辗转各个车间,对机器也从单纯的兴趣上升为对职业的热爱。靠着一股子钻研劲儿,一些奇思妙想不断在他的脑中涌现,并因此获得了 5 项国家授权专利,以及"全国机械工业劳动模范""上海市十大工人发明家"等荣誉称号。

图 7-2 钳工工作场景

1993 年的一天,年仅 19 岁的沈卫军成为一名钳工,跟一名老师傅学本事。3 年的学徒时间,沈卫军在车间里从钻、铣、车、刨、磨、划线等基本功学起。有一次划完线后,沈卫军随手把尺放在地上。师傅见状,立马变脸,厉声说道:"你不知道量具是标准,标准都被你破坏了,还谈什么质量和精度。"这让沈卫军对所从事的工种有了更加深刻的认识,"量具长久放在地上会有磨损,影响后道工序,师傅这一课教会我:做任何事都要严谨"。在师傅的指点下,他掌握了正确的方法,锉刀、锯弓也成了他手中的利器,工作起来得心应手。

2. 电子装配

电子装配主要是电子产品的部件的元件安装、焊接、拼装、包装。它要求学生有一定的学习能力,有较强的空间感和计算能力,有准确的分析、推理、判断能力,此外,手指、手臂要灵活。

三、商业服务劳动

(一)商业文明

16—18世纪的中国商业革命是由国内大宗商品的远距离贸易和海外贸易扩张来推动的,国内大宗商品的远距离贸易在不同经济区之间,由具有地方特点的商帮进行,著名的商帮有徽商、晋商、粤商、闽商、江右商、洞庭商、京商等。千百年来,京商文化穿越了历史长河,汇聚了不同文化因子,是我国地域型商业文化的典型代表。它是前店搞经营,专管应酬买主,招揽顾客;后场搞生产,负责加工订货,"炮制虽繁必不敢省人工,品味虽贵必不敢减物力"。这种商业文明彰显了精益求精和顾客至上。

(二)服务业从业精神

服务业最重要的传承是"动脑、动手和用心"三方面的结合。动脑是理论与批判性思维的培养,动手是实操技能的训练,用心是对行业和做人的态度培养。同时,在服务领域保障艺术性和科学性的平衡。服务业从业精神是指为某种事业、集体、他人工作的思想意识和心理状态。具有服务精神的人有帮助或服务客户的愿望以满足他们的要求,即专注于如何发现并满足客户的需求。服务业的主要从业精神包括以下几点:

1. 换位思考

换位思考应该落到实际行动,如追踪客户的要求、需求、抱怨;让客户对最新项目进展有所了解;与顾客在彼此的期望方面保持沟通,监督客户满意度的执行;给客户提供有益信息,以及友善和开心的帮助;对更正客户服务问题采取亲自负责的态度,及时地、不袒护自己地解决问题;特别在客户碰到关键问题时,主动使自己能随时被顾客找到。例如:提供给客户自己的家庭电话或休假时电话,或其他能容易找到自己的方式,或为解决问题在顾客所在地滞留很长时间,采取超出正常范围的措施,能指出客户潜在的需要,对待客户问题采取长远观点,为了长远利益关系宁愿牺牲暂时的利益等。

2. 服务意识

服务意识是指企业全体员工在与一切企业利益相关的人或企业的交往中所体现的为其提供热情、周到、主动的服务的欲望和意识,即自觉主动地做好服务工作的一种观念和愿望,它是发自服务人员的内心的。具有服务意识的人,能够把自己利益的实现建立在服务别人的基础之上,能够把利己和利他行为有机协调起来,常常表现出"以别人为中心"的倾向。因为他们知道,只有首先以别人为中心,服务别人,才能体现出自己存在的价值,才能得到别人对自己的服务。

3. 顾客至上

服务行业的企业文化是以服务为导向、以顾客为中心的服务文化。服务业在人类现代

主题 7.3　农工商生产劳动实践

文明和社会经济发展中的地位正日益显现，现代服务业是社会经济链条中的重要一环，上游可创造产品和效率，下游可创造市场和需求。21世纪，人类进入了知识经济时代，现代服务业集聚了一大批受过良好教育、拥有现代文化素养、受过专业训练的人力资源。服务和产品的营销原则基本相同，但也有一些差异。与实际产品相比，服务更难以通过客观指标来描述，因此消费者可能在服务选择和购买方面有更多的选择。此外，服务有效性更多地取决于服务员工的质量，而不仅仅是品牌保证。由于与"人"相关的诸多因素，服务业通常被认为是非标准产品。

案例 7-6

礼宾送客十步曲

小徐是山东一家四星级宾馆贵宾楼的前厅主管，她 2001 年毕业于某旅游职业学院，至今已经在宾馆工作 19 年了。19 年来，小徐在宾馆这个大课堂里孜孜不倦的汲取营养，不断充实完善自己，伴随山庄不断成长。她勤于思考，不断创新，本着方便宾客、易于掌握的原则，总结和提炼了《前厅常见问题处理 100 问》《前厅对客服务关键点》《礼宾送客十步曲》，将前厅服务关键环节总结提炼，在关键点上提供有针对性的服务。小徐常说："以匠人之心，追求服务的极致，把工作中的每个细节都做到完美，让客人满意加惊喜" 这是她作为一名山东酒店人所追求的目标。

2018 年，小徐接到了一个"特殊"的预订，一位老客户的女儿要结婚，想把婚礼安排在宾馆，并十分信任的把相关环节委托给她全权办理。接到预定后，小徐在第一时间制定了接待方案，按照礼宾送客十步曲，将婚礼前夜的来宾住宿和欢迎晚宴、婚礼当天的场地布置、宴会安排以及重要来宾的行程和接送服务等都做了详细的预案。之后，她又找到部门领导将事情做了详细汇报，和各服务环节的相关负责人做好沟通，保证预案的顺利实施。婚礼非常成功，这家宾馆的优质婚庆服务美名也不胫而走，成为这两年的主营创收业务。

（三）营销策划实习

营销是指企业发现或发掘准消费者需求，让消费者了解该产品进而购买该产品的过程。市场营销是在创造、沟通、传播和交换产品中，为顾客、客户、合作伙伴以及整个社会带来经济价值的活动、过程和体系。它主要是指营销同时针对市场开展经营活动、销售行为的过程，即经营销售实现转化的过程。商业最看重的是营销，谋营销就是谋发展。以餐饮业为例，多家名店借助抖音等多媒体直播带货送福利，促进客人到店消费或者预定外卖，实现了盈利。

1. 4P 理论

4P 理论概括了营销四要素：产品（product）、价格（price）、渠道（place）、促销（promotion）。产品是指企业提供给目标市场的货物、服务的集合，包括产品的效用、质量、外观、式样、品牌、包装和规格，还包括服务和保证等因素。价格是指企业出售产品所追求的经济回报，主要包括基本价格、折扣价格、付款时间、借贷条件等。渠道代表企业为使其产品进入和达到目标市场所组织、实施的各种活动，包括途径、环节、场所、仓储和运输等。促销是指企业利用各种信息载体与目标市场进行沟通的传播活动,包括广告、人员推销、营业推广与公共关系等。4P 是市场营销过程中可以控制的因素,也是企业进行市场营销活动的主要手段;对它们的具体运用,形成了企业的市场营销战略。

2. 销售核心五要素

成功的销售人员,要掌握 5 个核心要素:产品知识、销售技巧、落实执行、做事态度和借助外力。销售核心五要素与 4P 理论相互支撑,旨在人员层面夯实关键技能。营销要用专业去成交客户,需要营销人员对客户的心理需求把握,在销售沟通中要重视语言的引导,对销售漏斗层层铺垫。营销人员要把客户分类,用不同的精力去跟进,认真、勤奋是必备的态度。借助外力是制作和使用销售工具,例如产品介绍的单页、报价单、幻灯片等。此外营销人员还需要和同事及上级处理好关系,这样团队才会提供销售上的帮助。

3. 精准营销

(1)精准的市场定位。市场营销中有一个著名的 20/80 法则,它充分说明了不同的客户会给企业带来不同的价值。因此,当企业准备将产品推向市场时,必须先找到准确的市场定位,然后集中公司的优势资源,才有可能获得市场战略和营销活动的成功。产品要得到用户的青睐,必须能够在恰当的时间,提供恰当的产品,用恰当的方式,送达到恰当的顾客手中。而这"恰当"到一定程度,即称之为"精准"。

(2)巧妙的推广策略。精准营销正是借助数据库的筛选,寻找到目标客户,实施有效的推广策略,实现精准销售,从而大大降低营销费用。当前方兴未艾的新媒体营销就是基于大数据和互联网技术开展的精准推广。

(3)更高的客户体验。在以市场导向、消费者为中心的营销新时代,要想获得收益,就必须关注客户价值。客户价值的实现才可能给企业带来丰厚的利润和回报。当然,只有当客户的需求转化为企业价值时,才是真正满足了客户需求,而这必须通过客户体验,来表明他的需求。由此可见,以消费为导向、关注消费个体体验就是精准营销中要实现更高的客户体验的真谛。

总结案例

智慧餐厅实现突围

海底捞首家智慧餐厅在北京经营业绩增长迅猛。海底捞在解决食品安全问题的同时,用技术手段降低成本,提升了运营效率。该餐厅呈现出 6 个不同的主题,消费者通过点餐 Pad 下单后,与前台点餐系统连接的自动出菜机就通过机械臂从菜品仓库中开始配菜,并通过传送带把菜品送至传菜口,再由传菜机器人或服务员将菜品送至相应的餐桌,店内的送餐机器人共有 6 台。为满足不同客人的需求海底捞还打造了"千人千味配锅机",顾客提交定制化锅底的需求后,系统会自动记录下这些需求,将"好吃"标准化。

分析: 海底捞这次改变,是营销的升级,也是商业文明与工业文明的结晶,更是考验员工劳动技能的匹配度。看来,要想获得餐饮业的高端实践岗位,真的要有与之适应的劳动技能。只有脑力与体力的结合,提升服务水准,才能最终实现多方共赢。

课堂活动

畅想希望尝试的劳动

一、活动目标

深刻认识自己的优势和不足,愿意积极学习,提升个人劳动技能。

二、活动时间

建议 30 分钟。

三、活动流程

1. 每个人畅想当前想尝试的劳动,并根据表 7-1 收集相关资料评估自己是否能胜任,若有欠缺需要在哪些方面继续努力。

2. 教师根据学生希望尝试的具体工作按照农、工、商三大类进行划分,然后再在每个大类里面按照 4~6 人划分小组。

3. 组内每个人按照自己填写的表 7-1 向组员展示并进行陈述,其他人可以对其提问并给予建议。

表 7-1　× × 劳动要求

岗位功能	工作内容	技能要求	相关知识	自我评估	继续努力

4. 每组推选一名代表向全班做展示和陈述,并对自我选择做评价。

5. 教师进行分析、归纳和总结,并对每名学生在活动过程中的表现予以赋分。

模块八

职场劳动实践

导读导学

千千万万种劳动共同创造了我们的美好生活，社会上的每个人都在不同的岗位上服务他人，贡献社会。大学生作为"一只脚踏入社会"的特殊群体，正在完成从家庭化向社会化的转变。作为一个有独立行为能力的成年人，也要开始独自面对复杂的社会并承担起对自己和家庭、社会的责任。大学生从学校进入社会后，将迅速成为我国工业、农业、服务业的各个领域的中坚力量，但职场劳动中充斥着各种安全问题，这些安全问题有的可以直接感受到，有的却是潜在的。不过安全无小事，这需要我们提高劳动安全意识，在作业场所能够正确辨识各种危害因素，做到自我管理、自我保护，提高自救能力。

大学生的顶岗实习是他们走向职业活动之前较为系统的实践锻炼，在某种意义上也可以被视作一种准职场劳动。大学生可通过顶岗实习在实践中了解社会、在实践中巩固知识；使自己学到很多在课堂上根本学不到的知识，既开阔视野，又增长见识，为他们以后进一步走向社会打下坚实的基础。

跨出校门，迈向社会，走进职场，开启人生新篇章，是许多大学生憧憬的生活。但校园与职场是截然不同的环境和文化，如何适应这一转变，顺利度过职业适应期，将是摆在每一个大学生面前的现实问题。为了提高自己的职业适应性，需要大学生在校期间提前做好相关准备，做好学生角色到职业角色的转换，以便进入职场后能得心应手地展开工作。

本模块包括劳动保护和职场安全、顶岗实习和现场管理、角色转换和职场适应三部分，围绕大学生将从事的职场劳动做必要准备。在劳动保护和职场安全中，重点阐述了劳动禁忌、职业病的防护和职场安全常识；在顶岗实习须知和现场管理中，强调了顶岗实习中的行为规范和安全事项，现场管理的基本要求与作用；在角色转换和职场适应中，重点强调了职场新人该如何尽快转变角色并适应职场。

主题8.1 劳动保护和职场安全

◎哲人隽语
    工作1分钟，安全60秒。

学习目标

1. 了解劳动禁忌和危险源识别，可识别不同的安全标志。
2. 能够灵活应用职业病防护知识于未来自己的日常工作中。
3. 增强职场防护和安全意识，积极构建自身应对安全的能力。

引入案例

职场"过劳死"现象

    世界卫生组织经过调查显示，截至2014年年底，全球健康人口仅占人群总数的5%，被确诊患有各种疾病的人占人群总数的20%，处于健康与疾病之间的亚健康状态的人约占人群总数的70%。

    2016年6月，34岁的天涯副主编金波因长期熬夜，工作太拼，猝死在北京地铁里。

    2017年2月，34岁的著名音乐编曲覃桢因过度用脑及劳累导致心肌梗死猝死。

    2018年1月，38岁的重庆知名游戏圈从业者冒朝华因长期加班熬夜，突发脑溢血医治无效逝世。

    ……

    近年来，常有"白领通宵熬夜加班猝死"的新闻见诸报端，猝死原因有很多说法。神经内科专家提醒，过度"透支"脑功能会导致脑死亡，严重危害身体健康，不排除为猝死的诱因之一。

    分析： 如今"过劳死"的威胁对象已从体力劳动者转向脑力劳动者，且呈年轻化趋势，"过劳"似乎已成中国职场的常态，而过度加班又是导致过劳死的首要原因。加班常态化、工作压力大，如今正在威胁着许多年轻人的生命，而这已不是哪个行业独有的现象，广告、媒体、医疗以及金融等行业都没有幸免。随着社会就业竞争的加剧，过劳问题也将日益严重。要真正维护自身权益，需要我们对职场劳动保护多一些了解。

    劳动保护是国家和组织为保护劳动者在劳动生产过程中的安全和健康所采取的立法、组织和技术措施的总称。劳动保护旨在消除危及人身安全健康的不良条件和行为，防止事故和职业病，保护劳动者在劳动过程中的安全与健康。

一、合理规避劳动禁忌

（一）脑力劳动禁忌

1. 生理健康失常

    长期过度脑力劳动，使大脑缺血、缺氧，神经衰弱，从而导致注意力不集中、记忆力下降，思维欠敏捷，反应迟钝，睡眠规律不正常。睡眠规律不正常症状为白天瞌睡，大脑

模块八　职场劳动实践

昏昏沉沉；夜晚卧床后，大脑却兴奋起来，难以入眠；醒后大脑疲劳不缓解，精神不振。

2. 心理健康失常

由于上述生理功能的失衡，造成了心理活动失衡，出现忧虑、紧张、抑郁、烦躁、消极、敏感、多疑、易怒、自卑、自责等不良情绪。其症状表现为表面上强打精神，但内心充满困惑和痛苦、无奈和彷徨，继而对工作学习丧失兴趣，产生厌倦感，甚至产生轻生的念头。

（二）体力劳动禁忌

1. 长期重复一定姿势

长期从事站姿作业或坐姿作业、站立或行走的职业、强迫体位作业等较容易导致腰肌劳损、下肢静脉曲张、神经血管疼痛、视力下降等身体损伤。

2. 不良劳动环境条件

如高温、寒冷、潮湿、光线不足、通道狭窄等不良劳动环境条件，增加了劳动负荷，提高了劳动强度，容易产生疲劳和损伤。

3. 企业劳动安排不合理

劳动时间过长，劳动强度过大，休息时间不够，轮班制度不合理等，也容易形成过度疲劳，造成身体损伤。

4. 身体素质不强

劳动者身体状况不适应所安排的劳动强度时也会导致其身体损伤。

（三）适合采取的措施

1. 适当运动锻炼，增强身体素质

脑力劳动者因工作性质会经常使大脑过度消耗，而且需要久坐，胸部难以得到扩展和活动；而体力劳动者经常长时间重复一个劳动动作，容易使用力部位劳损，而其他部位得不到锻炼，所以无论是脑力劳动者还是体力劳动者皆可通过适当的运动锻炼来使身体各部位得到锻炼，提高身体素质，增强免疫力。

2. 生活规律且合理膳食，科学用脑，不熬夜

饮食有规律且营养健康，不饥一顿、饱一顿，进食1~2小时后再思考问题，设法提高用脑效率；尽量避免熬夜，不破坏人体的"生物钟"，使身体各器官得到恢复和及时补充。

3. 采取合理的工作姿势

改善作业平台和劳动工具，加强自身作业训练，使自己能够采取正确的工作姿势和方式。尽量避免不良作业姿势，避免和减少负重作业，使身体各部位处于自然状态，减轻身体承受的压力。

4. 改善劳动环境，科学优化劳动组织和劳动制度

劳动者可要求单位科学合理设计劳动环境并能控制劳动环境中各种有害因素，创造良好的劳动环境，如适宜的温度、湿度、光照、空间等。另根据参与劳动的个体情况合理安排相匹配的工作，并安排适当的工间休息和轮班制度。

○知识链接

体力劳动的等级划分

（四）女职工劳动禁忌

为保护女职工的合法权益和身体健康，减少和解决女职工在劳动中因生理特点造成的特殊困难，创造积极、健康、和谐的社会经济环境，我国对女职工实行特殊劳动保护制度。

1. 女职工禁忌从事的劳动范围

用人单位在安排女职工工作时，应当遵守女职工禁忌从事的劳动范围的规定（见表8-1），并应当将本单位属于女职工禁忌从事的劳动范围的岗位书面告知女职工。

表8-1 女职工禁忌从事的劳动范围的规定

情况	禁忌从事的劳动范围
女职工	①矿山井下作业。 ②体力劳动强度分级标准中规定的第四级体力劳动强度的作业。 ③每小时负重6次以上、每次负重超过20千克的作业，或者间断负重、每次负重超过25千克的作业。
女职工在经期	①冷水作业分级标准中规定的第二级、第三级、第四级冷水作业。 ②低温作业分级标准中规定的第二级、第三级、第四级低温作业。 ③体力劳动强度分级标准中规定的第三级、第四级体力劳动强度的作业。 ④高处作业分级标准中规定的第三级、第四级高处作业。
女职工在孕期	①作业场所空气中铅及其化合物、汞及其化合物、苯、镉、铍、砷、氰化物、氮氧化物、一氧化碳、二硫化碳、氯、己内酰胺、氯丁二烯、氯乙烯、环氧乙烷、苯胺、甲醛等有毒物质浓度超过国家职业卫生标准的作业。 ②从事抗癌药物、己烯雌酚生产接触麻醉剂气体等的作业。 ③非密封源放射性物质的操作，核事故与放射事故的应急处置。 ④高处作业分级标准中规定的高处作业。 ⑤冷水作业分级标准中规定的冷水作业。 ⑥低温作业分级标准中规定的低温作业。 ⑦高温作业分级标准中规定的第三级、第四级的作业。 ⑧噪声作业分级标准中规定的第三级、第四级的作业。 ⑨体力劳动强度分级标准中规定的第三级、第四级体力劳动强度的作业。 ⑩在密闭空间、高压室作业或者潜水作业，伴有强烈振动的作业，或者需要频繁弯腰、攀高、下蹲的作业。
女职工在哺乳期	①孕期禁忌从事的劳动范围的第一项、第三项、第九项。 ②作业场所空气中锰、氟、甲醇、有机磷化合物、有机氯化合物等有毒物质浓度超过国家职业卫生标准的作业。

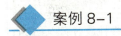

案例 8-1

她可以调换岗位吗

小郝是某公司的一名一线职工，其工作中要与各种机器打交道，且需要进行频繁的弯腰、下蹲作业。最近她有了身孕，怕频繁的弯腰、下蹲会对胎儿不利，因此向公司请求暂换一个岗位。公司以暂时没有合适的岗位，且小郝的工作暂时无人代替为由，拒绝了小郝的请求。请问小郝的请求合理吗？

分析： 女职工在特殊生理时期可以提出调换工作岗位的要求，一般的企业应按照："经期调干不调湿；孕期调轻不调重，调白不调夜；哺乳期调近不调远"的原则合理安排。

2. 女职工夜班特别规定

《女职工劳动保护特别规定》第六条规定："对怀孕七个月以上的女职工，用人单位不得延长劳动时间或者安排夜班劳动，并应当在劳动时间内安排一定的休息时间。"同时该法第九条规定："对哺乳未满一周岁婴儿的女职工，用人单位不得延长劳动时间或者安排夜班劳动。"此外，一些地方法规对此有进一步规定，例如：《上海市女职工劳动保护办法》第十二条规定："女职工妊娠七个月以上（按二十八周计算），应给予每天工间休息一小时，不得安排夜班劳动。"

二、职业病防护

职业病是指企业、事业单位和个体经济组织等用人单位的劳动者在职业活动中，因接触粉尘、放射性物质和其他有毒有害物质等因素而引起的疾病。职业病的危害因素是指在生产过程中、劳动过程中、作业环境中存在的危害劳动者健康，可能导致职业病的各种因素。

（一）常见职业病种类

根据《中华人民共和国职业病防治法》的规定，2013年12月23日，国家卫生和计划生育委员会（2018年3月，组建国家卫生健康委员会，不再保留国家卫生和计划生育委员会）、人力资源和社会保障部、国家安全监管总局、全国总工会四部门联合印发《职业病分类和目录》，新颁布的《职业病分类和目录》将职业病分为10大类132种，职业病种类见表8-2。

表8-2　职业病分类

序号	职业病分类	职业病种类
1	职业性尘肺病及其他呼吸系统疾病	（1）尘肺病 ①矽肺；②煤工尘肺；③石墨尘肺；④炭黑尘肺；⑤石棉尘肺；⑥滑石尘肺；⑦水泥尘肺；⑧云母尘肺；⑨陶工尘肺；⑩铝尘肺；⑪电焊工尘肺；⑫铸工尘肺；⑬根据《尘肺病诊断标准》和《尘肺病理诊断标准》可以诊断的其他尘肺 （2）其他呼吸系统疾病 ①过敏性肺炎；②棉尘病；③哮喘；④金属及其化合物粉尘肺沉着病（锡、铁、锑、钡及其化合物等）；⑤刺激性化学物所致慢性阻塞性肺疾病；⑥硬金属肺病
2	职业性放射性疾病	①外照射急性放射病；②外照射恶急性放射病；③外照射慢性放射病；④内照射放射病；⑤放射性皮肤疾病；⑥放射性肿瘤（含矿工高氡暴露所致肺癌）；⑦放射性骨损伤；⑧放射性甲状腺疾病；⑨放射性性腺疾病；⑩放射复合伤；⑪根据《职业性放射性疾病诊断标准（总则）》可以诊断的其他放射性损伤

续表

序号	职业病分类	职业病种类
3	职业性化学中毒	①铅及其化合物中毒（不包括四乙基铅）；②汞及其化合物中毒；③锰及其化合物中毒；④镉及其化合物中毒；⑤铍病；⑥铊及其化合物中毒；⑦钡及其化合物中毒；⑧钒及其化合物中毒；⑨磷及其化合物中毒；⑩砷及其化合物中毒；⑪铀中毒；⑫砷化氢中毒；⑬氯气中毒；⑭二氧化硫中毒；⑮光气中毒；⑯氨中毒；⑰偏二甲基肼中毒；⑱氮氧化合物中毒；⑲一氧化碳中毒；⑳二硫化碳中毒；㉑硫化氢中毒；㉒磷化氢、磷化锌、磷化铝中毒；㉓氟及其无机化合物中毒；㉔氰及腈类化合物中毒；㉕四乙基铅中毒；㉖有机锡中毒；㉗羰基镍中毒；㉘苯中毒；㉙甲苯中毒；㉚二甲苯中毒；㉛正己烷中毒；㉜汽油中毒；㉝一甲胺中毒；㉞有机氟聚合物单体及其热裂解物中毒；㉟二氯乙烷中毒；㊱四氯化碳中毒；㊲氯乙烯中毒；㊳三氯乙烯中毒；㊴氯丙烯中毒；㊵氯丁二烯中毒；㊶苯的氨基及硝基化合物（不包括三硝基甲苯）中毒；㊷三硝基甲苯中毒；㊸甲醇中毒；㊹酚中毒；㊺五氯酚（钠）中毒；㊻甲醛中毒；㊼硫酸二甲酯中毒；㊽丙烯酰胺中毒；㊾二甲基甲酰胺中毒；㊿有机磷中毒；51氨基甲酸酯类中毒；52杀虫脒中毒；53溴甲烷中毒；54拟除虫菊酯类中毒；55铟及其化合物中毒；56溴丙烷中毒；57碘甲烷中毒；58氯乙酸中毒；59环氧乙烷中毒；60上述条目未提及的与职业有害因素接触之间存在直接因果联系的其他化学中毒
4	物理因素所致职业病	①中暑；②减压病；③高原病；④航空病；⑤手臂振动病；⑥激光所致眼（角膜、晶状体、视网膜）损伤；⑦冻伤
5	职业性传染病	①炭疽；②森林脑炎；③布鲁氏菌病；④艾滋病（限于医疗卫生人员及人民警察）；⑤莱姆病
6	职业性皮肤病	①接触性皮炎；②光接触性皮炎；③电光性皮炎；④黑变病；⑤痤疮；⑥溃疡；⑦化学性皮肤灼伤；⑧白斑；⑨根据《职业性皮肤病诊断标准（总则）》可以诊断的其他职业性皮肤病
7	职业性眼病	①化学性眼部灼伤；②电光性眼炎；③白内障（含辐射性白内障、三硝基甲苯白内障）
8	职业性耳鼻喉口腔疾病	①噪声聋；②铬鼻病；③牙酸蚀病；④爆震聋
9	职业性肿瘤	①石棉所致肺癌、间皮瘤；②联苯胺所致膀胱癌；③苯所致白血病；④氯甲醚、双氯甲醚所致肺癌；⑤砷及其化合物所致肺癌、皮肤癌；⑥氯乙烯所致肝血管肉瘤；⑦焦炉逸散物所致肺癌；⑧六价铬化合物所致肺癌；⑨毛沸石所致肺癌、胸膜间皮瘤；⑩煤焦油、煤焦油沥青、石油沥青所致皮肤癌；⑪β-萘胺所致膀胱癌
10	其他职业病	①金属烟热；②滑囊炎（限于井下工人）；③股静脉血栓综合征、股动脉闭塞症或淋巴管闭塞症（限于刮研作业人员）

（二）职业病的防护

1. 毒物防护

生产性毒物是指在生产过程中产生的，存在于工作环境空气中的毒物。生产性毒物的种类繁多，影响面大，职业中毒约占职业病总数的一半。预防职业性毒物必须采取综合性的防治措施，见表8-3。

表8-3 生产性毒物防护措施表

防毒措施		具体说明
组织管理措施		重视预防职业中毒工作，在工作中应认真贯彻执行国家有关预防职业中毒的法规和政策，结合企业内部接触毒物的性质，制定预防措施及安全操作规程，并建立相应的组织领导机构。
消除毒物		利用科学技术和工艺改革，使用无毒或低毒物质代替有毒或高毒的物质。
降低毒物浓度	改革工艺	1. 尽量采用先进技术和工艺过程，避免开放式生产，消除毒物逸散的条件。 2. 采用远距离程序控制，最大限度地减少工人接触毒物的机会。 3. 用无毒或低毒物质代替有毒或高毒物质等。
	通风排毒	1. 应用局部抽风式通风装置将产生的毒物尽快收集起来，防止毒物逸散。 2. 常用的装置有通风柜、排气罩、槽边吸气罩等，排出的毒物要经过净化装置，或回收利用或净化处理后排空。
	合理布局	1. 不同生产工序的布局，不仅要满足生产上的需要，而且要考虑卫生上的要求。 2. 有毒的作业应与无毒的作业分开，危害大的毒物要有隔离设施及防范手段。
	安全管理	对生产设备要加强维修和管理，防止跑、冒、滴、漏污染环境。
	个人防护	1. 做好个人防护与个人卫生。除普通工作服外，还需对特殊工种的作业人员提供特殊质地的防护服。如接触强碱、强酸应有耐酸耐碱的工作服，对某些毒物作业要有防毒口罩与防毒面具等。 2. 为保持良好的个人卫生状况，减少毒物作用机会，应设置盥洗设备、沐浴室及存衣室，配备个人专用更衣箱等。
	增强体质	1. 合理实施有毒作业保健待遇制度，因地制宜地开展体育锻炼。 2. 注意安排夜班工人休息，组织员工进行有益身心的业余活动，以及做好季节性多发病的预防等。
	监测检查	1. 要定期监测作业场所空气中毒物浓度，将其控制在最高容许浓度以下。 2. 实施就业前健康检查，排除职业禁忌证者参加接触毒物的作业。 3. 坚持定期健康检查，早期发现员工健康问题并及时处理。

2. 粉尘防护

生产性粉尘是指在生产中形成的，并能长时间飘浮在空气中的固体微粒，如矽尘、煤尘、石棉尘、电焊烟尘等。生产性粉尘根据其理化特性和作用特点不同，对机体的损害也不同，可引起不同疾病。因此，应采取有效的预防措施控制生产性粉尘的产生，见表8-4。

表 8-4　生产性粉尘防护措施表

防尘措施		具体说明
组织措施		1.加强组织领导是做好防尘工作的关键。粉尘作业较多的厂矿要有专人分管防尘事宜，建立和健全防尘机构，制定防尘工作计划和必要的规章制度，切实贯彻综合防尘措施，建立粉尘监测制度。 2.大型厂矿应有专职测尘人员，医务人员应对测尘工作提出要求，定期检查并指导，做到定时定点测尘，评价劳动条件改善情况和技术措施的效果。 3.做好防尘宣传工作，从领导到职工都能了解粉尘的危害，根据自己的职责和义务做好防尘工作。
技术措施	改革工艺过程	1.革新生产设备是消除粉尘危害的根本途径。应从生产工艺设计、设备选择，以及产尘机械在出厂前就应有达到防尘要求的设备等各个环节做起。 2.如采用封闭式风力管道运输，负压吸砂等消除粉尘飞扬，用无矽物质代替石英，以铁丸喷砂代替石英喷砂等。
	湿式作业	1.湿式作业是一种经济易行的防止粉尘飞扬的有效措施。 2.凡是可以湿式生产的作业均可使用，例如，矿山的湿式凿岩、冲刷巷道、净化进风等，石英、矿石等的湿式粉碎或喷雾洒水，玻璃陶瓷业的湿式拌料，铸造业的湿砂造型、湿式开箱清砂、化学清砂等。
	密闭、吸风、除尘	1.对不能采取湿式作业的产尘岗位，应采用密闭、吸风、除尘方法。 2.凡是能产生粉尘的设备均应尽可能密闭，并用局部机械吸风，使密闭设备内保持一定的负压，防止粉尘外逸。 3.抽出的含尘空气必须经过除尘净化处理，才能排出，避免污染大气。
卫生保健措施	个人防护和个人卫生	1.对受到条件限制粉尘浓度达不到允许浓度标准的作业应佩戴合适的防尘口罩。 2.开展体育锻炼，注意营养；此外应注意个人卫生习惯，不吸烟。 3.遵守防尘操作规程，严格执行未佩戴防尘口罩不上岗操作的制度。
	就业前及定期体检	1.对新从事粉尘作业的员工，必须进行健康检查，目的主要是发现粉尘作业就业禁忌证及作为健康资料。 2.定期体检的目的在于早期发现粉尘对健康的损害，发现有不宜从事粉尘作业的疾病时，及时将员工调离岗位。

3. 物理有害因素防护

生产作业场所物理有害因素主要包括高温、高气压、振动、噪声、照度、紫外线、红外线、微波、电磁辐射（高频、超高频、微波）工频等。物理有害因素的防治主要是加强个人防护和采用合理的工艺及其设备，具体的防护措施见表 8-5。

表 8-5　物理有害因素的防护措施表

防护内容	具体措施
噪声	1. 如长期在超过 86dB（A）作业环境下作业时应加强对作业人员听觉器官的防护，正确佩戴防噪声耳塞、耳罩和防噪声帽等听力保护器。 2. 采用无噪声或低噪声的工艺或加工方法，选用低噪声的设备，加强对设备的经常性维护。 3. 降低设备运行负荷，使用消声器、隔振降噪等工艺措施。
高温	1. 控制污染，合理设计工艺流程，远离热源，利用热压差自然通风，切断污染途径。 2. 隔热、通风降温、使用空调等。 3. 合理安排作业时间，加强机体热适应训练，使用清凉饮料及高温防护服和防护帽。
振动	1. 在厂房设计与机械安装时要采用减振、防振措施。 2. 对手持振动工具的重量、频率、振幅等应进行必要的限制，工作中应适当安排工间休息，实行轮换作业，间歇使用振动工具。 3. 使用振动工具时应采用防振动手套，或者在振动工具外加防振垫。
紫外线	1. 电光性眼炎是眼部受紫外线照射所致的角膜炎、结膜炎，常见于电焊操作及产生紫外线辐射的场所。 2. 电焊作业人员作业时应佩戴好防护面罩。如室内同时有几部焊机工作时，最好中间设立隔离屏障，以免相互影响。 3. 车间墙壁上可以涂刷锌白、铬黄等颜色以吸收紫外线。尽量不要在室外进行电焊作业以免影响他人。
电磁辐射	1. 在作业场所强磁场源周围设置栅栏或屏障，用铜丝网隔离，但一定要接地，这有助于阻止未经许可的人员进入场强超过国家暴露限值的区域。 2. 远距离操作，在屏蔽辐射源有困难时，可采用自动或半自动的远距离操作，在场源周围设立明显标志，禁止人员靠近。 3. 工作地点应置于辐射强度小的部位，避免在辐射流的正前方工作。 4. 工作中要加强对作业场所电磁场环境的监测，明确电场、磁场的实际水平。
不良气象条件	加强管理、改善作业环境，严格按照国家有关作业标准进行作业，合理安排劳动作息时间，让作业人员轮流休息。

三、安全标志和危险源识别

要想保证职场的安全，需要应用各种方法、技术和手段辨识职场中的各种安全隐患（危险源），评价职场的危险性，并采取控制措施使其危险性最小，使事故的发生减少到最低程度，从而使职场达到最佳的安全状态。

（一）安全标志识别

安全标志，是职场中最常见、最明显的安全提示信息，是规范作业、安全作业的基本要求。职场中常见的安全标志一般有以下几种。

1. 安全色

安全色是传递禁止、警告、指令、提示等安全信息含义的颜色，包括红、黄、蓝、绿

4种颜色。安全色用途广泛，主要用于安全标牌、交通标志牌、防护栏杆及设备机器的部位等。国际标准化组织（ISO）和很多国家都对安全色的使用有严格规定，根据我国制定的《安全色》（GB 2893—2008）的有关规定，将红、黄、蓝、绿4种颜色作为全国通用的安全色，其含义和用途见表8–6。

表8-6 安全色、对比色含义和用途举例

安全色	对比色	含义	用途举例
红色	白色	禁止、停止、危险、消防	各种禁止标志，交通禁令标志，消防设备标志，机械的停止按钮、刹车及停车装置的操纵手柄，机械设备转动部件的裸露部位，仪表刻度盘上极限位置的刻度，各种危险信号旗等
黄色	黑色	警告、注意	各种警告标志，道路交通标志和标线中警告标志，警告信号旗等
蓝色	白色	指令、必须遵守	各种指令标志，道路交通标志和标线中指示标志
绿色	白色	安全	各种提示标志，机器启动按钮，安全信号，急救站、疏散通道、避险处、应急避难场所等

2. 安全线

它是为维持秩序、保证安全而画的或拉起的禁止越过的线。

3. 安全标志

安全标志是用以表达特定安全信息的标志，由图形符号、安全色、几何形状（边框）或文字构成。如图8-1所示，具体可以查阅《安全标志及其使用导则》（GB2894-2008）。

图8-1 各种安全标志

4. 文字辅助标志

安全标志下方的文字辅助标志的基本形式为矩形边框，包括横写和竖写两种形式。

（二）危险源识别

危险源是指一个系统中具有潜在能量和物质释放危险的、可造成人员伤害、在一定的触发因素作用下可转化为事故的部位、区域、场所、空间、岗位、设备及其位置。管理不当的危险源可能导致事故。危险源识别是指将生产过程中常见的危险源，通过正确的方法，准确、及时地识别，进而对其进行管理和控制，避免事故的发生。

模块八　职场劳动实践

案例 8-2

海因里希事故法则

美国海因里希（W.H.Heinrich）早在 20 世纪 30 年代就研究了事故发生频率与事故后果严重度之间的关系，其统计结果表明：在同一个人发生的 330 起同种事故中，300 起事故没有造成伤害，29 起造成了轻微伤害，1 起造成了严重伤害。即事故后果分别为严重伤害、轻微伤害和无伤害的事故次数之比大约为 1∶29∶300（见图 8-2）。

比例 1∶29∶300 被称为海因里希法则，它反映了事故发生频率与事故后果严重度之间的一般规律。即事故发生后带来严重伤害的情况是很少的，造成轻微伤害的情况稍多，而事故后无伤害的情况是大量的。

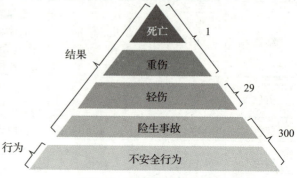

图 8-2　海因里希事故法则

四、消防安全与疏散逃生

（一）消防安全

消防安全是指预防和解决（扑灭）火灾的安全措施，消防工作直接关系我们的生命财产安全和社会的稳定。

1. 日常工作中的注意事项

为了做好消防工作，需要我们在日常工作中注意以下事项：一是注意防范乱扔烟头引起火灾；二是注意防范燃烧垃圾引起火灾；三是注意防范气体泄漏引起火灾。

2. 火灾自救和互救的基本原则

（1）及时呼救通知他人，并且拨打火警电话 119。

（2）如果是在火灾的初期且火势较小的阶段，应该尽早采取灭火措施，防止火势蔓延。

（3）保持镇定，快速找到安全通道和出口，尽早脱险，保障生命安全。

（4）尽量走楼梯，切忌乘坐电梯。

（5）身上一旦着火，不要乱跑，应立即脱掉衣物或就地打滚。

（6）学会寻找逃生通道，阳台、窗户、卫生间等都是逃生的主要地方。

（7）顾全大局，救助结合。

（二）安全疏散设施设备

1. 安全疏散设施的组成

安全疏散设施包括逃生路线图、疏散指示标志、疏散走道、安全出口、事故照明以及防烟、排烟设施等。有时还包括用于救生的避难袋、救生绳、救生梯、缓降器、救生网、救生垫、升降机等。

2. 常见的安全疏散设施

（1）逃生路线图。客房门后或楼道里张贴的"逃生路线图"，是一张印有本楼层平面结构的图纸，房间位置和房号均有标志，同时有一箭头（通常为红色）自房间的位置沿走廊指向最近的疏散通道。

（2）安全出口。建筑物内发生火灾时，凡是符合安全疏散要求的门、楼梯、走道等都称为安全出口。如建筑物的外门、着火楼层梯间的门、防火墙上所设的防火门、经过走道或楼梯能通向室外的门等，都是安全出口。

（3）疏散楼梯。疏散楼梯包括普通楼梯、封闭楼梯、防烟楼梯及室外疏散楼梯4种。

（4）事故照明和疏散指示标志。建筑物发生火灾时，正常电源需要被切断，为了便于人员在夜间或浓烟中疏散，需要在建筑物中安装事故照明灯（见图8-3）和疏散指示标志（见图8-4）。

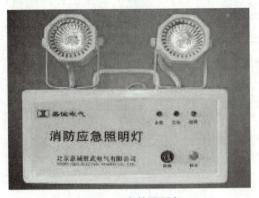

图8-3　事故照明灯

图8-4　常见疏散指示标识

（5）过滤式自救呼吸器。消防过滤式自救呼吸器是一种自给开放式空呼吸器，一般存放于消防箱中，使用方法如图8-5所示。

图8-5　消防过滤式自救呼吸器的使用示意图

（6）其他安全疏散设施。除了以上常见的安全疏散设施，根据需要，通常还会配备防火卷帘门、避难袋、救生绳、救生梯、缓降器、救生网、救生垫、升降机、强光手电等设施。

◆ 总结案例

推行危险预知活动，提高安全意识

危险预知训练是职业安全健康管理体系的一个重要部分。它是针对生产特点和作业全过程，以危险因素为对象，以作业班组为团队开展的一项安全教育和训练活动，它是一种群众性的自主管理活动，对班组长来说，危险预知活动就是指对安全生产事故隐患的预测，对事故的预防，对每天开工前的安全生产情况做到一清二楚，目的是有效控制作业过程中的危险，预测和预防可能出现的事故。

危险预知活动是以班组或作业小组为单元，以预防（预防为各项工作之首，强调技术措施的重要）、先行（发现问题、隐患立即解决、消除，并建立持续改善的机制）及参与（发动员工积极参与现场安全管理，增强自觉意识和能力）为原则。

危险预知活动开展的要点是围绕主题，通过班组活动以解决问题，其四步循环如图8-6所示。

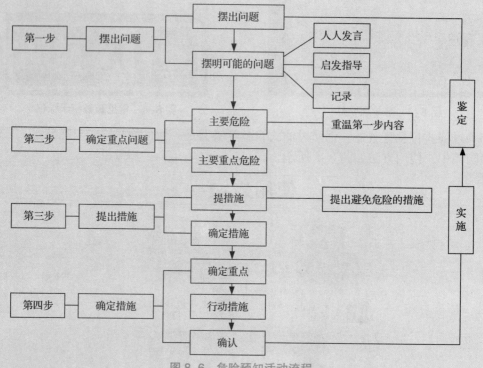

图8-6 危险预知活动流程

分析：生产现场是工作现场，也是产生工伤事故的地方。班组是预防安全事故发生的第一线，班组安全活动是预防安全事故的最好手段，而危险预知活动是班组安全活动的最有效方法之一，它主要用来控制人为失误，提高职工安全意识和安全生产技能，落实安全技术操作规程，进行岗位安全生产教育。

主题 8.2　顶岗实习和现场管理

课堂活动

如何预防职业病

一、活动目标

引导学生关注职业病案例，规避特殊行业的职业病。

二、活动时间

建议 20 分钟。

三、活动流程

1. 教师出示以下阅读材料，并提问：你知道身边有哪些职业病？我们采取哪些措施可以预防这种职业病？

尘肺病村

陕西一小镇某村是"尘肺病"村，至 2016 年 1 月，被查出的一百多个尘肺病人中，已有三十多人去世。起因是 20 世纪 90 年代后，部分村民自发前往矿区务工，长期接触粉尘却没有采取有效防护措施。医疗专家组在普查和义诊中发现，当地农民对于尘肺病的危害及防治知识一无所知，得了病后认为"无法治疗"，很多患者只是苦熬，失去了最佳治疗时机。

2. 教师将学生按照 4~6 人划分小组，通过搜集资料并经小组内部讨论后形成小组观点。
3. 每个小组选出一名代表陈述本组观点，其他小组可以对其进行提问，小组内其他成员也可以回答提出的问题；通过问题交流，将每一个需要研讨的问题都弄清楚。
4. 教师进行分析、归纳、总结。
5. 教师根据各组在活动过程中的表现给予点评并赋分。

主题 8.2　顶岗实习和现场管理

> ◎哲人隽语
>
> 一个人，只有在实践中运用能力，才能知道自己的能力。
>
> ——小塞涅卡

学习目标

1. 能复述顶岗实习须知包含的内容和理解现场管理概念。
2. 可联系顶岗实习的行为规范帮助自己快速融入准职场，能把书中的现场管理方法运用到职场工作中。
3. 形成用 5S 工作习惯素养管理现场并重视现场问题。

引入案例

顶岗实习中的意外

小宁在某高职学校的机电一体化专业学习两年后，按照学校安排进入了顶岗实习阶段。他被分配到了一家大型的工程机械制造企业从事装配钳工岗位的工作。他每天需要用航车运大型齿轮，从一个工位到另一个工位。某一天，小宁像往常一样运输大型齿轮，正好有同事经过航车，齿轮突然有点歪，他担心齿轮会掉下来，所以就想用手去扶正齿轮，结果两个齿轮朝着他手扶的方向滑动，当时就夹住了小宁的右手中指和食指。由于是大型齿轮，两手指骨头都被夹断了。

分析： 安全是人生最大的智慧，这个最大的人生智慧并非与生俱来，它需要我们不停地学习和演练最新的安全知识，并能在"知"的基础上"会"保障自己与他人的安全。顶岗实习作为一种准职场劳动，需要大学生能相对独立参与实际的工作。在工作中安全无小事，小宁因为疏忽大意，付出了巨大代价。大学生只有提高自我安全保护意识和技能，才能顺利完成实习教学任务，缩短由学生转换成社会人的过渡期。

一、顶岗实习安全须知

顶岗实习是学校进行专业教学、实施素质教育的重要途径，是教学计划的重要组成部分，是学校专业教学过程的延伸，是贯彻理论联系实际教学原则的具体体现，是提高学生职业能力、培养高素质技术技能人才的重要环节。顶岗实习旨在开拓学生的视野，使学生提前了解社会，增强岗位意识和岗位责任感，提高学生对专业的认识，培养学生适应岗位的能力和创新能力，特别是提高学生的实践动手能力，达到完成专业培养计划和培养目标的目的，为学生"零距离"就业打下坚实的基础。

（一）顶岗实习的生产安全

对于顶岗实习期间可能面临各种各样的安全问题，应注意以下4个方面：

（1）明确生产实习任务，遵守安全操作规程，注意保密工作，严格遵守劳动纪律、工艺纪律、操作纪律、工作纪律。严格执行交接班制度、巡回检查制度，禁止脱岗，禁止与生产无关的一切活动。

（2）工作中要积极主动，遵守纪律，服从实习指导老师的工作安排，对重大问题应事先向实习指导老师反映，共同协商解决，自己不得擅自处理。要认真执行《岗位安全操作细则》，防止刀伤、碰伤、棒伤、砸伤、烫伤、踩踏跌倒及身体被卷入转动设备等人身事故和设备事故的发生。

（3）开机前，必须全面检查设备有无异常：对转动设备，应确认无卡死现象、安全保护设施完好、无缺相漏电等，并确认无人在设备作业，方能启动运转。启动后如发现异常，应立即检查原因，及时反映，在紧急情况下，应按有关规程采取果断措施或立即停止。

（4）严格遵守特种设备管理制度，禁止无证操作。正确使用特种设备，开机时必须注意检查，发现不安全因素应立即停止使用并挂上故障牌。

（二）顶岗实习的住宿安全

1. 消防安全

俗话说："水火无情"，"贼偷一半，火烧全光"。而住宿区作为职工日常生活起居的重要场所，要确保消防安全必须做到以下几点：

（1）进入一个新的环境，首先必须了解和熟悉距离最近的逃生路线。

（2）注意用电安全，不违规用电，不乱拉乱接电线电源。

（3）选用合格电器产品，严禁使用劣质电器、电源插销及插座。

（4）宿舍中不可存放汽油、酒精等易燃易爆物品，不擅自使用煤炉、液化炉、酒精炉等灶具。

（5）爱护楼内的消防设施和灭火器材。

（6）发现安全隐患要及时向管理人员或有关部门报告。

2. 煤气中毒

煤气中毒通常指的是一氧化碳中毒。住宿区特别是出租房屋是煤气中毒的高发区，主要是因为出租房屋设施陈旧、管道破损，直排式燃气热水器的使用仍然较多。为了防止悲剧发生，应注意以下几点：

（1）检查屋内的天然气管道是否破损、有无漏气现象。

（2）看看使用的热水器是否为已经明令淘汰的直排式。

（3）检查排烟管道是否畅通，有无堵塞物。

（4）睡觉前确认天然气已经关闭。

（5）不在室内使用蜂窝煤等炉具。

（三）社交安全

顶岗实习期间也是大学生首次独立走向社会的第一次，离开了熟悉而单纯的校园环境，面对陌生而复杂的社会，如何确保自己在社会交往中的安全就显得尤为重要。

（1）洁身自好，不贪钱财，不流连于酒吧、歌厅。

（2）保持距离，谨慎交友，防人之心不可无。

（3）外出或晚归，最好有人陪伴，至少要向同学或朋友说明自己的去向。

（四）人身和财产安全

（1）要有预防意识，保持良好的防护习惯。

（2）用法律维护自己的人身财产安全。对正在进行的严重危及自身安全的暴力犯罪行为，可采取防卫行为。

（3）发生案件、发现危险要快速、准确、实事求是地报警求助。

（4）留心观察身边的人和事，及时规避可能针对自己的侵害。注意防火、防盗、防交通意外。

（5）积极预防不法侵害危及的人身安全。

二、顶岗实习的行为规范

顶岗实习是教学计划中的实践性教学环节之一，各职业院校为使学生能顺利完成实习任务，一般都会就学生的行为规范做出一些规定，具体可参考案例8-3。

案例8-3

××××学校顶岗实习学生行为规范

1. 实习学生必须明确目的、要求和做法，坚持理论联系实际，学习生产工艺、管理方法，参加生产劳动，完成规定的各项实习任务，完成实习后，经实习单位和学校双方审核，评定学生实习成绩。

2. 参加实习的学生，必须按照统一计划，服从指挥，在生产岗位上必须严格听从领导、技术人员和工人师傅管理。

3. 实习学生必须严格遵守实习单位的作息时间、安全保卫、保密和生产管理等的各种规定，进入生产现场，按实习单位要求穿戴，正确使用个人防护用品及安全防护设施。

4. 实习学生必须在指定的生产岗位上工作，认真完成规定的工作任务。严格遵守操作规程，不得擅离职守、越位游荡；不得在实习场所内追逐打闹，随意乱动生产设备、开关按钮等，防止各类事故发生。若因不遵守实习纪律、操作规程及有关规章制度等过错行为，造成自己、他人或集体人身、财产损害，由学生本人承担责任。

5. 注意文明礼貌，不讲粗话脏话，注意整洁，讲究卫生，尊敬工人师傅、技术人员和各级领导，听从带班师傅及指导教师管理。凡严重违反纪律者，实习单位、指导教师可责令其停止实习。被停止实习的学生，按学籍管理规定处理。

6. 爱护公物、工具和各种器材设备，借用物品必须办理手续，按时归还。不得带走工具、零件、仪表等公用物品，如有此类行为，除严肃批评教育外，还要根据实际情况给予处分，并负责经济赔偿。

7. 实习学生应发扬艰苦奋斗、勤俭节约、团结友爱的精神，互相关心，互相帮助。注意搞好与其他实习学生和实习单位职工的关系，维护学校集体荣誉，虚心向工人师傅和技术人员学习、请教，发现异常情况及时报告，自觉维护正常的生产和工作秩序。

8. 实习期间，党员、团干部、班干部要主动协助教师做好各项工作，积极发挥学生干部、党团员的先锋模范作用。

9. 学生在实习期间，有事必须请假，经批准后方能离岗，否则按旷课处理。实习成绩不及格者留到下一年级顶岗实习。实习期间如有缺勤，按实习单位制度处理，学校按学籍管理规定处理。

10. 学生在实习期间，由实习单位统一安排住宿，严禁自行在外租房居住，自觉遵守就宿纪律，不晚归，不留宿他人，不在外留宿。

11. 严禁在宿舍私接电线，使用违规电器，如电炉、电热杯、电饭煲、电吹风、电热棒等。

12. 不擅自离开实习单位，有事外出必须履行请假手续，并留下详细联系方式。个人擅自离开实习单位，发生的一切安全事故，均由学生本人负责。一周内未返回实习单位者，按学籍管理规定处理。

13. 严禁赌博，不滋事生非，不打架斗殴。

14. 严禁吸烟、喝酒、泡网吧。

15. 严禁携带和私藏管制刀具。

16. 严禁染发、文身、戴饰物，男生不留长发。
17. 严禁学生到游泳池以外的任何水域游泳。
18. 学生外出集体活动，必须经过申请，经批准后，方可外出。不乘坐"无证"交通工具。

◎知识链接

顶岗实习注意事项

三、现场管理与安全

（一）现场管理的概念

现场管理是管理人员对生产现场人、机、料、法、环等生产要素进行有效管理，并对其所处状态进行不断改善的基础活动。5S是以整理（Seiri）、整顿（Seiton）、清扫（Seiso）、清洁（Seiketsu）这"4S"为手段，实现第5个"S"素养（Shitsuke）的目的，营造一目了然的现场环境，使企业中每个场所的环境、每位员工的行为都能符合5S管理的精神，最终提高现场管理水平、提升现场安全水平和产品质量。后来，又扩充了"安全（Safety）"和"速度/节约（Speed/Saving）"两个"S"（英文单词的首字母），演变为"7S管理"。7个"S"的含义见表8-7。

表8-7 7个"S"的含义

7S	宣传标语	具体内容
整理（Seiri）	要与不要，一留一弃	区分需要的和不需要的物品，果断清除不需要的物品
整顿（Seiton）	明确标识，方便使用	将需要的物品按量放置在指定的位置，以便任何人在任何时候都能立即取来使用
清扫（Seiso）	清扫垃圾，美化环境	除掉车间地板、墙、设备、物品、零部件等上面的灰尘、异物，以创造干净、整洁的环境
清洁（Seiketsu）	洁净环境，贯彻到底	维持整理、整顿、清扫状态，从根源上改善使现场发生混乱的现象
素养（Shitsuke）	持之以恒，养成习惯	遵守企业制定的规章纪律、作业方法、文明礼仪，具有团队合作意识等，使之成为素养，员工能发出自发的、习惯性的改善行为
安全（Safety）	清除隐患，排除险情，预防事故	保障员工的人身安全，保证生产的连续安全正常的进行，同时减少因安全事故而带来的经济损失
节约（Saving）	对时间、空间、能源等方面合理利用	发挥它们的最大效能，从而创造一个高效率的、物尽其用的工作场所

5S活动之间是紧密联系的，整理是整顿的基础，整顿是对整理成果的巩固，清扫是显现整理、整顿的效果，而通过清洁和素养，则可以使生产现场形成良好的改善氛围。各"S"活动的运作关系如图8-7所示。

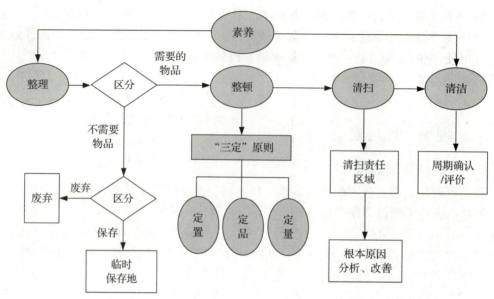

图 8-7　5 个 "S" 活动运作关系示意图

（二）各 "S" 的基本要求和作用

1. 整理

整理现场不必要的物品。整理不仅是 5S 活动的基本活动之一，也是防止事故、火灾，保证现场安全的基础。将一些非必需品放置在现场，不仅占用了作业现场的空间和通道，而且妨碍了现场的作业，同时还影响到应急事件的处理，是潜在的安全隐患，因此必须坚决清理非必需品，将其清除或放置在其他地方。

2. 整顿

整顿即按定置、定品、定量的 "三定" 原则进行现场整顿。整顿不仅是 5S 活动的基本活动之一，也是防止事故、火灾，保证现场安全的基础。考虑通道的畅通及合理，应尽可能将物品隐蔽式放置及集中放置，减少物品的放置区域，采用各种隔离方式隔离放置区域，合理利用空间，使用目视管理，标识清楚明了，安全消防设施放置要易取。

3. 清扫

选定清扫的负责区域并把负责的区域清扫干净。现场作业人员在执行清扫工作的同时也是在做检查工作。对清扫中发现的问题，要及时进行整修。清扫发现的问题包括但不限于以下 5 个方面。

（1）地板凹凸不平，使搬运车辆中的产品发生摇晃甚至碰撞，导致发生问题，则要及时整修。

（2）对于松动的螺栓要马上紧固，补上丢失的螺钉、螺母等配件。

（3）对于需要防锈保护、润滑的部位要按照规定及时地加油或保养。

（4）更换老化的或可能破损的水、气、油等各种管道。

（5）通过清扫随时发现工作场所的机器设备或一些不容易看到的地方是否需要维修或保养，及时添置必要的安全防护装置。

清扫不仅是5S活动的基本活动之一,也是防止事故、火灾,保证现场安全的基础。恶劣的环境对设备或系统造成安全隐患,如电缆沟内积水、积泥,长期可能导致短路。清扫干净可使作业人员心情良好,头脑清醒,保证安全。

4. 清洁

为了对前面"3S"(整理、整顿、清扫)工作的规范化、制度化,务必使现场一直保持清洁的状态。清洁标准可使清洁工作内容和目标更加明确化,因此5S推行人员应根据各部门工作内容、工作环境制定明确的清洁标准,以指导各部门清洁工作。

清洁是巩固整理、整顿、清扫的必要手段,应规范清洁管理,落实安全责任。

5. 素养

素养是通过宣传、教育和各种活动,使员工遵守5S规范,养成良好习惯,以进一步使企业形成良好文化,导入目视化管理法,使现场的每个人都能容易理解,鼓励全员参与到5S管理活动中,使员工逐渐形成5S工作习惯的素养。

◎知识链接

安全目视化管理

素养的要点是制度完善、活动推行、监督检查。制度完善是指根据企业状况、5S实施情况等完善现有的规章制度,如厂纪厂规、日常行为规范、5S工作规范等。活动推行是指通过班前会、员工改善提案等方法的实施,改善现场的工作状况。监督检查是指将定期检查和不定期巡检结合,加强监督、考核,使各部门人员形成良好的工作习惯和素养。

素养的目的是提升人员素质、形成良好习惯。提升人员素质是指通过制度培训、行为培训、检查监督考核,不断提高员工素质。形成良好习惯是指通过宣传培训、各种活动的施行统一员工行为,养成良好习惯,同时具有良好的个人形象和精神面貌,遵礼仪、有礼貌。

素养活动也应经常进行检查,素养活动的检查内容包括如下3项,见表8-8。

表8-8 素养活动检查项目表

素养检查大项	素养检查细则
服装检查	(1)是否穿戴规定的工作服上岗。 (2)服装是否整洁、干净。 (3)厂牌等是否按规定佩戴整齐,充满活力。 (4)工作服是否穿戴整齐,充满活力。 (5)鞋子是否干净、无灰尘。
仪容、仪表检查	(1)仪容、仪表是否整洁,充满朝气。 (2)是否勤梳理头发,不蓬头垢面。

续表

素养检查大项	素养检查细则
行为规范检查	（1）是否做到举止文明，有修养。 （2）能否遵守公共场所的规定。 （3）是否做到团结同事，大家友好沟通、相处。 （4）上下班是否互致问候。 （5）是否做到工作齐心协力，富有团队精神。 （6）是否做到守时，不迟到、早退。 （7）是否在现场张贴、悬挂5S活动的标语。 （8）现场是否有5S活动成果的展示窗或展示栏。 （9）是否灵活应用照相或摄像等手段协助5S活动的开展。 （10）员工是否已经养成遵守各项规定的习惯。 （11）车间、班组是否经常开展整理、整顿、清扫、清洁活动。

总结案例

王先彬：我主动申请延长顶岗实习

"我们同意王先彬同学寒假实训时间延长的申请。现在是国家危难之时，正是用人之日，他现在实训的岗位也是服务人民。'天下兴亡，匹夫有责'，这时更应该挺身而出，为国家奉献自己的一分力量，作为家长我们必须支持他们的工作！"

这是湖南安全技术职业学院安全工程学院轨道1805班学生王先彬的父母给学校写的一纸同意书，王先彬便这样留在了深圳地铁进行顶岗实习。

2020年1月5日，王先彬随着学院五十多人来到深圳地铁进行顶岗实习。因新型冠状病毒肺炎疫情发展，1月28日，王先彬所在的实习班级收到了学校要求提前撤离岗位的通知。

王先彬成了继续留在深圳地铁顶岗的唯一学生。负责地铁入口行李安检是王先彬的主要工作内容。对于这样的工作，王先彬适应得很快，也觉得很轻松。"专业就是这个，之前也有类似的实习经历。"

疫情之下，工作增添了额外的困难，但最让王先彬委屈和不解的是乘客的不配合与不理解。王先彬记得有一次在看安检机时，发现一名乘客包里有一小瓶100毫升的白酒。王先彬便拿出来检查。按规定，白酒不是按毫升来算，而是按度数，超过50度的需要登记。

但乘客并不理解，说酒只有100毫升，不愿意登记。"这位先生很不理解，指责我们，说我们上班是不是闲的。有时，也会觉得委屈。"

但后来经历多了，王先彬的心态也在逐渐调整，"干这个就是从细节做起，为大家服务。"

分析： 对于正在顶岗实习的学生，在个人自愿，学生、学校、企业签订三方协议情况下，企业确保防控健康安全的前提下，职业院校可允许学生暂不返校、延长顶岗实习。此举既解了企业复工复产的用工燃眉之急，又让学生完成实习任务，还履行了职业院校的社会责任，一举三得。当然，如何做到疫情防控保健康、顶岗实习保实效、顶岗就业两促进，仍是不小的挑战。为此要做到：学生自律、企业尽责、学校尽心。

 课堂活动

班组现场安全管理该如何做

一、活动目标

根据 5S 管理，结合专业实习经验，掌握现场安全管理的关键点，为未来进入职场的作业现场安全管理奠定良好基础。

二、活动时间

建议 30 分钟。

三、活动流程

1. 教师按照 6~8 人把学生划为一组，要求每名学生必须提出至少 3 个有建设性的建议。
2. 所有人带着"班组现场安全管理该如何做"的问题查找相关资料，并把自己的建议逐一记录下来。
3. 小组成员集体头脑风暴，通过小组内部讨论形成小组观点，列出本组认为的关键点及其原因。
4. 每组选出一名代表分享本组观点，其他小组可以对其进行提问，小组内其他成员也可以回答提出的问题；通过问题交流，将每一个需要研讨的问题都弄清楚。
5. 教师进行分析、归纳、总结。
6. 教师根据各组在研讨过程中的表现给予点评并赋分。

主题8.3　角色转换和职场适应

> ◎哲人隽语
>
> 明白事理的人使自己适应世界；不明事理的人想使世界适应自己。
> ——萧伯纳

 学习目标

1. 理解角色转换的概念，可描述学生角色与职业角色区别。
2. 愿意尝试尽快适应职场环境的方法和在工作中运用融入工作团队的方法。
3. 积极提升自身职业适应性，为未来就业奠定基础。

 引入案例

一项令人意外的调查结果

中国社会调查针对社会对大学生的评价和大学生进入社会后的自我感觉进行了调查，结果让人很吃惊：在工作精神方面，67% 的企业认为毕业生不够踏实、缺乏实干

模块八 职场劳动实践

精神；而71%的毕业生认为自己是能够吃苦耐劳的；在团队合作方面，52%的企业认为毕业生团队合作精神较差，以自我为中心情况严重；而76%的学生认为自己具备与团队共进退的精神；在薪资方面，61%的企业认为毕业生的薪金要求较高，不切合实际，用这些钱可以聘用到经验更为丰富的人；而79%的学生认为，他们的薪金要求是合适的，与他们的学历、能力相吻合。

分析：调查的结果在一定程度上反映了毕业生从学校生活到社会上的不适应和种种矛盾。首先，大多数学生对崭新的职场生涯抱有良好期待的主观愿望，却发现客观实际出现各种不如意的地方，两者之间都会产生非常强烈的矛盾。其次，在大学期间所形成的各种习惯和行为，与社会和企业中的要求格格不入，也是容易出现的矛盾之一。此外，学生在学校中往往接受的是书本知识而缺少实际经验，这与进入职场后立刻需要各方面的动手操作能力之间也会形成矛盾。正是这些矛盾导致了毕业生在角色转换时易出现各种问题。毕业生在走向社会时，虽然自我感觉良好，但社会对他们的表现并不是很满意，相当一部分毕业生在如何顺利地实现自己的角色转换、尽快适应社会方面存在问题！

一、从学校到职场

（一）职场和学校的不同

对于即将走上工作岗位的大学生来说，了解学校和职场的区别，直接关系到他们能否顺利地迈出职场生涯的第一步。

1. 功能和目的不同

学校是教书育人的地方，学校的一切工作都是围绕培养人这个目标来进行的，而职场是应用知识和应用技能的场所。企业的根本目标是获得利润，满足自身的生存和发展。企业希望员工能发挥最大的潜能为企业创造价值，至于培养员工仅仅是一个次要目标或者副产品。对于刚刚毕业的职场新人，企业经常等不及他们成长，希望他们能来之能战，战之能胜。

因此，大学生在求职时，要充分考虑自己的兴趣、爱好、能力等与职位和企业的匹配度。入职前，要提前练习，做好准备。

2. "作战方式"不同

学校里学生基本上是"单兵作战"，独自完成各类作业和任务。少量需要团队合作的事情，个人在其中往往也可以被代替。个人的失误一般不会对团队产生致命的影响。

在职场上，大多数工作任务都需要通过团队协作来完成。任何一个环节的缺少、效率低下或错误都会给整体任务的完成带来不利的影响，并进一步损害企业的效益。

因此，在职场里个人就不能像在学校读书一样仅靠单打独斗就行。他们既要有螺丝钉般地坚守，又要有链条般的配合。

3. 奖惩原则不同

学校和职场都看重绩效，但学校主要看学习成绩，职场主要看工作业绩。

在学校犯错，一般不会威胁学校的生存，影响可控；而职场的一个失误，轻则给企业造成一定的损失，重则可能整垮一家百年老店，并断送自己的职场前程。

所以，在职场上每个人都肩负着自我成长和企业发展的双重责任，员工的所作所为一定要合法合规。工作创新，须在遵守程序，领导允许的前提下才能尝试。

4. 管理方式不同

学校的管理相对来说是民主的，以教育为主，学生有相当大的自由度；企业更多的是要求遵从和服从。企业按规章办事，违规即罚，纪律严明。

职场新人，很容易把职场当学校，追求个性表达和工作的自主性，这样很容易引起同事和上级的反感，为自己的职场发展造成障碍。

5. 成长模式不同

校园是一个规范化的成长体系，学生按部就班读书就行，有老师和学校保驾护航，不用特别考虑前进的方向和长远的目标。

职场类似荒野求生，处处荆棘，根本没有一条常规的逃生路线。职场新人要随机应变，不断调整自己的行为方式和目标，做出有利的选择。

刚入职场的大学毕业生，很容易把职场简化为考场，希望有人能为自己指出一条从初级考到中级再到高级，从普通员工晋升到高级管理人员的成长路径，这样肯定会失望。企业招聘员工是为了企业的需要，不是为了个人的成长。员工的成长需要自己想办法，只有兢兢业业做好每一件事情，为企业实现价值，企业才会给员工提供成长的空间。

6. 经济来源不同

在学校里是花父母的钱，读自己的书。经济来源和支出项目相对简单，量入为出即可，无须专门做财务规划。

在职场中每个人要靠自己的努力挣钱。职场收入除了供自己的日常花销外，还要考虑回馈家庭、回报社会，更要为自己未来的发展和建立家庭积累财力。

有些初入职场的大学毕业生，和上学期间一样，发多少钱，花多少，不够了还想着找家人赞助。初入职场，每个人都要做好经济独立的准备，学会为自己的收入和支出做规划。

7. 人际关系不同

大学里，人与人之间不存在明显的、长期性的利益冲突，人际互动相对简单，同学之间、师生之间的关系往往是平等的、民主的。

职场中因为晋升资源稀缺等方面约束，人与人之间经常处于一种竞争态势。由于管理和执行力的需要，企业员工之间是有等级差别的，下级服从上级是基本的纪律。所以，大学毕业生就业以后面临的一个重要挑战就是学会处理与上级、同事的关系，为自己的职场发展建造良好人际环境。

（二）从学生到职场人的角色转换

角色转换就是在社会关系中个体地位的动态描述。人的社会任务和职业生涯不断变化，角色也随之变化，从一个角色进入另一个角色，这个过程称为角色转换。人的一生有许多次角色的转换，例如：婴儿——幼儿园小朋友——学生——职业人；子女——父母。

从学生角色到职业人角色的转换是每个人必须经历的过程，也是个人人生中最重要的一次转折，是劳动者真正社会化的关键环节。

1. 学生角色

接收任务、储备知识、培养能力，经济无法完全独立，一直生活在家长和学校的庇护下，社会经验缺乏，人际交往较为简单。

2. 职业角色

工作目的性明确，家庭经济压力大，环境变化大，工作负荷量大，更强的社会责任感，承担各类风险，生活独立，与同事心灵沟通较少，生活较为单一，人际关系复杂。

◎知识链接

学生角色与职业角色区别

二、入职须知

（一）全面了解新环境

1. 主动了解入职企业的基本情况

正所谓"知己知彼，百战不殆"，职场新人在正式进入企业就职之前，应该通过各种途径搜集企业信息，全面了解就业单位情况，包括企业的建制沿革、发展现状、企业文化、组织架构、工作流程、规章制度、薪资福利等，这样可以减少自己心理上的不适应感，尽快进入工作角色，为今后正式就职融入团队打下良好的基础。

2. 了解企业的企业文化

企业文化是文化现象在企业中的体现，是在一定社会历史环境下，企业及其成员在长期生产经营活动中形成的文化观念和文化形式的总和，是企业员工共同的价值取向、经营哲学、行为规范、共同信念和凝聚力的价值观念体系。对于新员工而言，熟悉企业文化是了解该企业的关键环节。只有了解和体会企业文化，才能迅速理解企业的精神和宗旨，使自己的行为符合公司或企业的总体目标，适应企业发展的步伐，使自己迅速融入公司这一大家庭，以及和公司员工的人际交往之中。

（二）塑造良好的职业形象

职业形象是社会公众对职业人的感受和评价，职业人从事职业活动时的形象就是职业形象。一个职业人的职业形象是公众对他的着装、气质、言谈、举止能力、敬业精神、乐观自信等外在形象和内在涵养的综合印象。

良好的职业形象不仅能够提升个人品牌价值，而且还能提高自己的职业自信心。职业形象也是维护职业声誉的重要组成部分，是企业文化和社会文明的重要组成内容。得体的职业形象会给初次见面的人以良好的第一印象。

（三）建立良好的职场人际关系

建立良好的职场人际关系也是化解职场冲突和危机的重要方式。在职场中，需要重点关注的人际关系主要是与上级的关系、与同事的关系和与客户（工作对象）的关系。

1. 与上级建立良好的关系

与上级友好相处是职业生涯发展的最基本策略。与上级建立友好关系有多种方式，其主要目标是使自己被看作是对工作群体有重大贡献的人。具体策略有以下几方面：

（1）取得出色的工作绩效。
（2）表现出良好的职业道德。
（3）展现出较高的情商，有效处理好感性和情绪问题。
（4）认真对待工作，展现出可靠和诚实。
（5）即使没有被许诺给予特别的报酬，也愿意为了组织的利益而工作。
（6）营造适时出现的好印象，包括参与大家高度关注的项目，和团队成员多多接触，参与管理者关注的活动，给出关于工作的建设性意见，主动承担上级不喜欢但不得不做的事。
（7）了解上级对你的期待，适应上级的工作方式。
（8）尽量少抱怨。
（9）避免越级上报。
（10）慎重参与上级的社交活动，与上级保持一般而友好的社会关系。

2. 建立良好的同事关系

如果个体不能融洽地与他人合作，完成工作会变得很困难，可能会产生工作挫折感、压力感，还会降低工作效率。而良好的同事关系会让自己在工作中感到愉快，更容易获得合作和支持。下面是一些维持良好同事关系的策略。

（1）通过提高自己的修养来建立同盟。彬彬有礼、善良、富有合作精神且保持乐观心态的人，易于在职场中获得朋友和同盟军。
（2）让他人觉得自己是重要的。一个培养与他人良好关系的准则，就是让对方感到自己的重要性。
（3）维持开诚布公的关系。与同事进行坦率而有策略的沟通，准确表达自己的感受。
（4）成为团队建设的高手。要关注团队的绩效和合作，而不是只是关注个人绩效、对他人的困难袖手旁观。
（5）遵守团队的行为准则。准则是成员在团队中区分应该做和不应该做的事情的标准，它指导团队成员如何与其他成员进行积极互动。
（6）关心同事的工作和个人生活。关心他人，用心发现与同事的共同点，但不要打探隐私和过度介入他人私人生活。
（7）适当地称赞别人。称赞同事最引以为豪的事情，给予他人认可。

3. 和客户建立良好的关系

和客户建立良好关系的有效方法是，成为尊重客户的好员工。以下的一些建议能帮个体和顾客建立起密切的、有价值的、持续的关系。

（1）确立客户满意目标，这样目标将会决定取悦客户的努力方式和努力程度。
（2）理解客户的需要，并把它们置于首位，集中精力满足客户的需要，而非应付。
（3）在和客户接触的过程中，要对他/她的生活情况表示关心和关注。
（4）以积极的态度来沟通。可以通过表情、友好的手势、热情的音调和良好的交流技巧来表达自己的积极态度。
（5）让客户因为接受自己的服务或从自己这里购买商品而感觉良好。
（6）展示高尚的商业道德，像珍视家人和朋友一样对待客户。

（7）面对客户抱怨时，首先是伸出援助之手，而非首先辩白。

（8）邀请回头客，这种邀请越具体、越有针对性，就越会对客户的行为产生影响。

三、职业环境适应

（一）心理适应

职场适应指员工接纳自己的工作和职场环境（包括环境中的人），且与工作和环境处于协调、平衡的一种良好状态。心理学家把为了形成平衡状态而不断进行自我调整的过程也叫职场适应。职场适应是获得职业幸福感和职场成功的重要前提。

职场适应的核心是心理适应。青年人步入社会，初进职场，一定会面临众多陌生和不适应的场景。如何积极调整心态，采取一些有效措施促进心理适应，让自己迅速融入职场，是每个即将开始职场生涯的大学生都应了解和重视的问题。

1. 正确认识自己的角色

学生踏进职场，一定要迅速转变角色。企业招员工进来的根本目的是为它创造价值。要实现自我价值达到自我成长，必须以给企业做贡献为前提，认识到这一点非常重要。

一些职场新人，一副以天下为己任、指点江山的姿态，不屑于从基层做起，不尊重老职工，处处看不顺眼，事事想走捷径，这样很容易引起同事的排斥和上级的反感。这种不踏实、不务实的职场态度和行为模式不仅不利于自己的职场适应，反而会影响个人的职业发展。

2. 学会管理自己的情绪

在职场中，学会情绪管理不仅能帮助职场新人缓解心理压力，还有利于提高劳动效率，改善人际关系。一个成熟的职业人士，应该是一个会认识、接纳并调控自己情绪的人。

3. 建立良好的人际关系

职场压力很重要的一个来源就是职场人际关系不良。作为职场新人，要谦卑，要向同事学习。要从别人身上看到优点，在发现他人缺点后不是立即指责对方，而是自我反省，克服自己身上类似的缺点。

4. 合理安排时间

时间管理的原则主要有两点：首先，今日事今日毕，严守任务的时间节点，不拖拉；其次，事情要按轻重缓解排好队，按顺序处理，部分简单的工作可以并行处理。

时间管理的具体方法有很多种，如简单的事情和复杂的事情交替做，把每天（每周）要做的事情写在纸条上，完成一件划（撕）掉一条的"消除法"等。

5. 建立工作和生活的边界

工作和生活是人生的两个组成部分，缺一不可。把工作和生活分开，建立平衡和边界，这有利于提高工作效率和享受多彩人生。

一些职场新人工作中想着生活，生活中还在工作，缺乏边界。从早到晚，忙忙碌碌。短时间可以，长期这样，会让自己疲惫不堪，造成职业幸福感降低和严重的职业倦怠。

6. 坚持学习，勇于尝试

要想职场获得好的发展，必须要坚持学习和善于学习。现在知识更新很快，新技术新工具层出不穷，啃老本很难适应激烈的职场竞争。要向书本学习，向网络学习，更要向人学习，还要多思考多总结，这样才不会在时代前进的步伐中掉队。

还要勇于尝试不同的职业和工作方法。人的成长障碍经常就是自己，比如很多人经常自设禁锢，认为自己学机械的就不能做化工，学养殖的就不能做销售。其实试一试，没准自己也能做，并且能做好。生涯规划从来不是静态的东西，它是个动态的过程，只有考虑企业和社会的需求，同时不断尝试，找到自己的兴趣点和特长，发掘自己的潜能，就有可能走上自己职业发展的光明大道。

（二）生理适应

从一个学生转换成一个职业人，原来的许多生活习惯就需要改变。在学校的时候，上课迟到等行为也许不会带来什么严重的后果，但在工作期间，如果迟到旷工，耽误的是整个团队的业绩，随时有被开除的可能。如果工作失误，会造成重大的经济损失，没有挽回的机会。所以为了自己的职业前途，职场新人需要及时调整生活规律，加强自我管理，遵守职场的规则，快速适应职场生活。

（三）岗位适应

职场新人在踏上工作岗位后，要学会根据现实的环境调整自己的期望值和目标，为自己做一个良好的职业规划，明确职业目标是什么，在职场中自己该扮演什么角色，该怎样去强化自己的职业，并且持续投入钻研，自然就能得到较好的发展。

（四）知识技能适应

初入职场的新人可能文凭比单位里一些前辈要过硬，但现实常常是刚刚工作的新人什么都不会。因为在学校里比较注重的是学习理论知识，而在职场上更注重的是动手能力和经验的积累。因此，职场新人要主动投入到再学习中，学习能让自己尽快适应工作的知识技能。正所谓，干到老，学到老。职场竞争在加剧，学习不但是一种心态，更应该是一种生活方式。

案例 8-4

频繁跳槽为哪番

小秦自 2015 年从学校毕业后，不到 5 年时间就换了 13 份工作，最长的不到一年，最短的一个月都不到。兜兜转转，从深圳回到了济南，最后找了一份月薪 4 000 元的工作混日子，感觉很苦恼。很多和他类似的年轻人，每个岗位做 3~5 个月，可到头来，不是嫌弃老板克扣工资无良压榨，就是挑剔公司环境不好同事钩心斗角。于是入职时间不长就想着跳槽，去到新公司后老毛病复发继续跳槽。

麦可思研究显示，2018 届本科生毕业半年后离职率为 23%，高职高专生毕业半年后离职率为 42%。数据分析发现，"个人发展空间不够""薪资福利偏低""想改变职业或行业"是大学生毕业半年内选择主动离职最重要的 3 个因素。而对 2014—2018 届大学生毕业半年内主动离职原因进行分析，其中增长明显的一个离职原因是"工作要求高，压力大"，也就是初入职场无法适应岗位的要求。

四、融入工作团队的方法

（一）加强对班组的理解和认识

班组属于团队的一种形式，它是企业的基层组织。企业的生产活动都在班组中进行，班组工作的好坏直接关系着企业经营的成败。

（二）提升挫折耐受能力

挫折耐受力指个体在遭遇挫折情境时，经得起打击和压力，可以摆脱和排解困境而使自己避免心理与行为问题的能力，这反映了一个人的心理素质水平。因当代的大学生从小遇到的困难和挫折较小，导致自身独立能力差，承受挫折的能力比较弱，所以提升挫折耐受能力对于现在的大学生来说非常重要。

（三）提高学习自主性

自主学习能力是工作团队对其成员的基本要求，也是工作团队成员的核心素质体现。在崇尚提高团队创新力、构建创新型团队的社会，自主学习能力是非常重要的。

（四）加强自我管理能力

如今，市场竞争激烈，自我管理能力不仅是企事业单位提高运营效率的有效手段，也是团队成员从业和发展个人能力的基本要求，所以国内众多企事业单位和其他组织机构都把自我管理能力作为对高素质人才的基本素质要求。

五、应对职场不良情绪和行为

工作并非总是一帆风顺，有些时候个体会承受难以承受的压力，从而出现各种各样的情绪和行为问题，一些极端的情绪和行为问题会极大损害个体的健康，应该妥善处理。

（一）应对愤怒情绪

愤怒是一种极端不友好、不愉快或恼怒的体验，无法控制好愤怒情绪会损害职业生涯和个人生活，甚至导致攻击行为，因此个体应该觉察和管理好自己的愤怒情绪。

首先，理性看待愤怒情绪，从积极的方面看，愤怒可以是一种令人奋发的力量，只要降低它的负性影响，愤怒可能会使自己成就非凡的业绩。其次，要养成在愤怒还没有升级之前就释放的习惯，不要让愤怒情绪达到自己不能控制的程度。再次，当自己要发怒时，放慢一些，先强迫自己从 1 数到 10 再去发怒，就有可能避免由于自己的愤怒情绪伤害了彼此的关系。最后，主动寻求反馈，以了解自己的愤怒造成的后果或产生的效果。

（二）克服和预防自暴自弃行为

在一些极端的情况下，人们可能出现自暴自弃的行为。克服和预防自暴自弃行为有以下 6 种广泛应用的策略。

1. 检查"人生剧本"并做出必要的改变

如果发现个体的"人生剧本"中有太多自暴自弃的场景设定时，就应该有意识地改写剧本，并在必要时寻求心理咨询专家的专业支持。

2. 不再把个人问题归罪于他人或命运

个体应该积极地思考和行动，以提高个人的控制力，为自己的问题负责，把命运的控制权交回给自己。

3. 寻求对自己行为的反馈

仔细倾听来自上级、同事、下级、客户以及朋友的任何形式、直接的或间接的评价，尽力不要对这些反馈进行防御性的反应。

4. 学会从批评中获益

学会在批评中进行换位思考，尝试寻找批评中可能的价值，将会使个体从批评中受益。

5. 不要否认问题的存在

否认是一种回避痛苦现实的防御性策略，如果否认了问题的存在，自然就不会采用恰当的方式解决问题。

6. 想象自我强化行为

运用想象，为自己制定一套克服自暴自弃行为和想法的措施。想象自己正在进行自我强化，采取合理的行动，拥有正确的想法，当完美的结局即将呈现时，想象自己正在进行高峰体验。

六、应对职业发展中的变化

从个人首次踏入工作到退休，可能要经历 40 年左右的职业生活。个体的职业生活并非一成不变，处理好职业发展中的各种变化，可以帮助个体顺利而成功地度过职业生涯。

（一）职业发展的特殊时期

职业发展过程中会经历各种各样的特殊时期（以下简称"特期"），我们把这些特殊时期归纳为组织发展特期、职业发展特期和个人发展特期。

1. 组织发展特期

组织发展特期是指组织在自身发展过程中会经历的特殊发展阶段。一方面，任何组织的发展都会经历导入期、成长期、成熟期和衰退期；另一方面，组织也会因为外部环境变化或自身发展方向的调整而不断进行变革，例如企业的合并、分立、划转，组织机构的职能转变、机构改革等。组织经历特定的发展阶段时，组织文化、制度、上级行为、工作要求等方面也会变化，从而对员工产生影响。

2. 职业发展特期

职业发展特期是个人的岗位或职责变化过程中所经历的特殊阶段，包括新入职、岗位调动、晋升或晋升失败、技术岗转管理岗、承担上级责任、退休等特殊时期。每一个岗位或职责的变化都会需要员工去进行适应。

3. 个人发展特期

个人发展特期是个人在人生发展过程中所经历的特定阶段，包括恋爱、结婚、生子、孩子青春期、赡养和照顾老人、丧失亲人、进入更年期等。每个人生发展特期都对会个人的身体和心理造成一定影响。

（二）职业发展早期的心理调适

在职业发展的早期，初入职场、岗位变化、结婚生子等可能对个体的心理状态影响会更大，下面将介绍一些心理调适的策略。

1. 度过职场"蘑菇期"

初入职场的新人有时会像蘑菇一样被置于阴暗的角落，不受重视，有时还会遭受无端的指责，代人受过。"蘑菇期"是很多职场新人必须经历的一个过程，在这种情况下，与其浑浑噩噩浪费时间，不如以正确的态度对待工作。在这个时期，要学会积极乐观地做好每一件小事，细细体味其中包含的道理和学问；认真踏实地处理好每一个细节，不急于求成，而是按照既定的计划踏踏实实地把每个细节做好；以平常心对待每一个结果，保持自我的真性，不陷于盲目的贪欲和痛苦之中。

2. 应对"老员工综合征"

工作一段时间后，新人就会成为组织中的老员工，在工作越来越熟练的同时，可能会患上"老员工综合征"，不思进取、思维固化、拉帮结派、居功自傲，这种心理状态会严重影响个体的心理健康和职业发展。对于老员工来说，要尽量发挥自己的年龄、经验和阅历优势，多注意更新现代知识和技术，更新自己的观念，对工作重新赋予意义，努力做一个"舒心"的老员工。

3. 岗位调整中的心理调适

岗位调整对有些人而言会带来比较大的适应问题。岗位适应困难的主要原因包括对新工作操作流程理解不清、工作量的改变带来工作节奏的变化、职位变化带来的焦虑感、不适应新上级或同事的工作风格等。对于岗位适应困难的人而言，首先应该多花时间充分了解与新任岗位有关的各种信息，从而做好履职的心理准备；在适应新岗位的过程中，合理安排时间和适时调整工作习惯；保持积极良好的工作状态，不能视新工作为包袱和压力；给自己一些时间，主动与主管沟通和交流。另外，对于开始承担上级职责的员工，还要主动学习与下级沟通的技巧，学会影响激励和引领下级。

4. 工作与生活的平衡

由于人们在工作和生活中分别承担着各种角色，每种角色的履行都需要投入时间和精力，当个体的时间和精力不能充分地在各个角色间进行分配时，冲突就会产生。冲突的表现可能是由于履行工作角色而不能很好地照顾家人、享受生活，也可能是由于履行生活角色影响了工作任务的完成。

促进工作生活平衡可以采用以下 5 个策略。

一是改变理念，要建立起工作和生活需要相互平衡、相互促进的理念，充分意识到工作生活存在冲突的原因。

二是要让自己更健康，通过关注自己的身体健康、定期的身体锻炼、建立良好的生活习惯等方式提高身体素质。健康的体魄让个体可以有更多的精力去分配给工作和生活。

三是更好地管理自己的时间并学会让自己放松下来，即便是在紧张的工作之中，也能让自己有放松的时间，从而避免心理资源的过度耗竭。

四是必要时寻求专业支持，专业的心理支持可以让个体更好地评估自己的工作与生活状态，并做出改善。

五是多举办和参与家庭活动，提高与家人的陪伴质量，增进与家人的感情，并获得家人的支持。

 总结案例

勤学善思的新人

韦天亮第一天上班就感觉到新人的一点小尴尬。他首先接到的任务是看文档，以及给写好的程序改"漏洞"（bug）。由于接触的是偏技术工作，他有时候找遍手头的资料还是拿不出解决方案，需要问同事但是总问同事也是会招人烦的，但这也锻炼了他沟通的技巧，死磕的次数多了，反而渐渐和同事熟络起来。他仔细琢磨了入职手册，意识到公司喜欢有创造力的员工，于是他开始在改 bug 的间隙也写上几行代码，有几次同事觉得他的思路不错，还增补到源文件中。韦天亮把这些文档保存下来，在试用期结束的时候随自我评价一起交给上司。最后他顺利转正，工资还提高了一档。

分析： 公司对新员工的要求与老员工是没有差异的，无非是在试用期里主管可能会多布置些工作给新员工，看他们在一个新环境下的实际工作能力以及适应能力。新人要做好的是：适应新公司的文化、价值观；适应新领导的管理风格；适应新工作环境中与老员工的关系；做好可能会"被欺负"的心理准备。

 课堂活动

职业适应能力测试

一、活动目标

教师通过测试引导学生了解自身职业适应能力水平。

二、活动时间

建议 20 分钟。

三、活动流程

1. 教师出示以下阅读材料，并要求学生先做自我测试，并提出问题：针对下面的具体问题提升职业适应能力的方法有哪些？

本测试共有 20 道题，每道题后附有 3 个可供选择的答案。请仔细阅读后，选出一个最符合你实际情况的答案。

（1）假如朋友突然带来一个你最不喜欢的人到你家里，你会（　　）。

　　A. 表示惊奇　　　　　　　　　　B. 把你的感觉完全隐藏着

　　C. 暂时忍耐，以后再把实情告诉你的朋友

（2）对自己的某次失败，你（　　）。

　　A. 只要别人有兴趣，随时都可以告诉他

　　B. 只在谈话时顺便说出来

　　C. 决不说，怕会被别人抓住弱点，对自己不利

（3）遇到困难时，你（   ）。
　　A. 毫不犹豫地向有关人员征求意见　　B. 经常向熟人请教
　　C. 很少麻烦别人
（4）你骑车去一个较远的地方参加社交活动，找不到目的地，你（   ）。
　　A. 赶快查自带的地图
　　B. 大声埋怨，不知何时才能到达目的地
　　C. 耐心等待过路车或有人走过时，问个清楚
（5）当你选择衣服时，你（   ）。
　　A. 总是固定在一种款式上
　　B. 跟随新潮流，希望适合自己
　　C. 在选定以前，先听取朋友或售货员的意见
（6）当你知道将会有不愉快的事时，你会（   ）。
　　A. 自己进入紧张状态　　B. 相信事实并不会比预料的糟糕
　　C. 感觉完全有办法应付
（7）在嘈杂混乱的环境里，你（   ）。
　　A. 总觉得很烦，不能静下心来学习
　　B. 仍能集中精力学习，但效率降低了
　　C. 不受影响，继续学习
（8）和别人争吵起来时，你（   ）。
　　A. 能有力地反驳对方
　　B. 常常语无伦次，事后才想起如何反驳对方，可是已经晚了
　　C. 能反驳，但无多大力量
（9）每次参加正式的考试或竞争，你（   ）。
　　A. 常常比平时的成绩更好些　　B. 常常不如平时的成绩好
　　C. 和平时成绩差不多
（10）必须在大庭广众面前讲话时，你（   ）。
　　A. 常常怯场，不知所措或说话结结巴巴
　　B. 感觉虽然难，但还是想方设法完成
　　C. 总能侃侃而谈
（11）对团体或社会性的集会，你（   ）。
　　A. 总是想找领导讨论　　B. 只有在知道讨论的题目时才参加
　　C. 讨厌在集会上说话，所以不参加
（12）受到别人的批评，你（   ）。
　　A. 想找机会反过来批评他　　B. 想查明受批评的原因
　　C. 想直接听一下批评的理由
（13）当情况紧迫时，你（   ）。
　　A. 仍能注意到该注意的细节　　B. 粗心大意，丢三落四
　　C. 慌慌张张

（14）参加各种比赛时，比赛越激烈，群众越热情，你（　　）。
  A. 成绩越好　　　　　　　　　　B. 成绩越上不去
  C. 成绩不受影响
（15）碰到阻力或困难时，你（　　）。
  A. 经常改变既定的主意　　　　　B. 不改变既定的主意
  C. 越有干劲
（16）你符合下列哪种情况（　　）。
  A. 不安于现状，总想改变点什么　B. 凡事只求"规范"，不办破格的事
  C. 礼貌要讲，但事也要办
（17）你赞成下面哪一种说法（　　）。
  A. 只要是正确的，就坚持，不怕打击，不怕被孤立
  B. 在矛盾方面让一让，就过去了
  C. 尽量求和平，把批评和斗争降到最低的限度
（18）假如自己被登报时，你（　　）。
  A. 有点自豪，但并不以为然　　　B. 很高兴，想让朋友也看看
  C. 完全不感兴趣
（19）为了给人留下好印象，你（　　）。
  A. 想方设法，并花一定时间考虑计划
  B. 不特意去做，但有机会就利用
  C. 根本不想在别人面前做这件事
（20）你同意下列哪一种观点（　　）。
  A. 为了深入了解自己的国家，学习外国的东西是件好事
  B. 外国的事与我们没有任何关系
  C. 学习外国的东西比学本国的东西更有趣

计分方法：根据自己的选择，对照下面的计分表（见表8-10），计算出自己的分数。

表8-10 职业适应能力测试计分表

选项	1	2	3	4	5	6	7	8	9	10	11	12	13	14	15	16	17	18	19	20
A	2	2	3	2	1	1	1	3	3	1	2	1	3	3	1	3	3	3	2	2
B	1	3	2	1	3	2	2	1	2	3	3	2	2	1	2	1	1	1	3	3
C	3	1	1	3	2	3	3	2	1	2	1	2	3	2	2	2	2	1	1

如果得分为49~60分，说明你的适应能力很强；
如果得分为37~48分，说明你的适应能力较强；
如果得分为25~36分，说明你的适应能力一般；
如果得分在25分以下，说明你的适应能力较差。

2. 教师将学生按照 6~8 人划分小组，小组按照这 20 个问题进行讨论并形成小组观点。

3. 每个小组选出一名代表分享本组观点和方法，其他小组可以对其进行提问，小组内其他成员也可以回答提出的问题；通过问题交流，将每一个需要研讨的问题都弄清楚。

4. 教师进行分析、归纳、总结。

5. 教师根据各组在研讨过程中的表现给予点评并赋分。

第三部分

提升职业素养

◆ 弘扬职业精神
◆ 提升职业素养

模块九

弘扬职业精神

导读导学

社会发展的进程表明，人类的职业生活是一个历史范畴。一般来说，所谓职业，就是人们由于社会分工和生产内部的劳动分工，而长期从事的具有专门业务和特定职责，并以此作为主要生活来源的社会活动。人们在一定的职业生活中能动地表现自己，就形成了一定的职业精神。全面提升从业人员的职业素养必须要恪守职业道德，弘扬职业精神。作为当代大学生，无论未来从事什么职业，良好的职业道德，是良好的职业素质的前提条件。从现在起就必须培养发扬主人翁的责任感和敬业精神，脚踏实地学习、工作，尽职尽责完成各项学习工作任务，始终保持高昂的热情和干劲，做到干一行、爱一行，干一行、钻一行，切实提高自身职业素养，切实提高自身学习、工作水平。

大学生是未来社会主义现代化建设的主力军，具备良好的职业道德、职业意识和职业责任是学生未来走入职场的前提保障。因此，需要在校大学生提前做好职业精神方面的培养和准备，要知晓职业道德，养成职业意识，明确职业责任的使命担当。

本模块包括恪守职业道德、树立职业意识和担当职业责任三部分。在恪守职业道德部分中，重点阐述了职业道德概念、特征以及职业道德的规范和要求。在树立职业意识部分中，重点阐述了职业意识的概念和内涵，以及培养职业意识的方法和过程。在担当职业责任部分，通过鲜活的案例，凸显职业责任的内涵，并提供给学生提升职业责任的方式方法。

主题9.1　恪守职业道德

> ◎ 哲人隽语
>
> 世界上唯有两样东西能让我们的内心受到深深的震撼，一是我们头顶上灿烂的星空，一是我们内心崇高的道德法则。
>
> ——康德

 学习目标

1. 了解职业道德概念、本质和特征。
2. 能结合个人实际情况制定自己的职业道德养成方法。
3. 能对职业道德内涵进行分析并自觉提升自身职业道德水平。

 引入案例

成功的应聘

一家软件公司招聘程序员，待遇非常优厚，所以很多求职者都来应聘。陈赓力原来是一家网络公司的程序员，因公司多年效益不好导致其失业了。陈赓力对自己的技术能力非常有信心，因此应聘的笔试轻松通关。在面试环节时，主管技术的面试官突然发问："听说你原来就职的公司开发出了一项信息完全维护的软件模块，你是否参与过研发？"陈赓力愣了一下，但是依然诚实地回答说："是的。"面试官继续问："你能把这项技术的核心内容说一下吗？"他立刻站起来，告诉面试官："对不起，我不能回答这个问题，如果贵公司为此而让我获得这个工作机会，我宁愿放弃。"说完向面试官鞠了一躬，便离开了面试考场。随后他继续投简历，找工作。历经了近半个月的时间，他突然接到公司人事部门的电话，说他被录用了，他被告知："那只是一道面试题，你的行为已经交了一份很满意的答卷。"

分析： 作为一家企业的员工，要遵循起码的职业道德。不能为了自己的前途，毫无顾忌地出卖原公司的利益，这家公司对陈赓力的问题实际上是在考验他，因为作为程序员如果把原公司的核心技术透露给第三方，那谁又能保证他们会不会把现有公司的技术机密透漏给别人呢？诚实守信是一名员工必备的基本素质，对工作忠诚是一种高贵的道德品质。坚持原则，不改初心，不管世事沧海桑田，本色从不动摇，是一种职业道德。

一、认识职业道德

（一）职业道德的概念

道德是指人们在长期的劳动、生产、生活中形成的被普遍接受的具有社会规范性的普遍的思想观念和行为准则。不同的社会制度，不同的社会阶层都有不同的道德标准。

职业道德是指从事某一行业中的人们在长期的生产、经营、管理活动中形成的被本行业中绝大多数人所接受的，本行业中的行为人有普遍约束力的思想观念和行为准则。

职业道德的概念有广义和狭义之分。广义的职业道德是从业者在职业活动中应该遵循的符合自身职业特点的行为规范，是人们通过学习与实践养成的优良职业品质，它涉及了从业人员与服务对象、职业与职工、职业与职业之间的关系。狭义的职业道德是在一定职业活动中应遵循、体现一定职业特征的、调整一定职业关系和职业行为准则和规范。不同的职业人员在特定的职业活动中形成了特殊的职业关系，包括了职业主体与职业服务对象之间的关系、职业团体之间的关系、同一职业团体内部人与人之间的关系，以及职业劳动者、职业团体与国家之间的关系。

（二）职业道德的本质

1. 职业道德是社会关系所决定的社会意识形态

职业道德虽然是在特定的职业生活中形成的，但它作为一种社会意识形态，则深深根植于社会经济关系之中，决定于社会经济关系之中，职业道德随着社会经济关系的变化而变化。

2. 职业道德是职业活动对职业行为的道德要求

没有相应的道德规范，职业活动就不可能真正担负起它的社会职能。职业道德是职业活动自身的一种必要的生存与发展条件，是职业活动引导职业行为的必然要求。

3. 职业道德是调节职业活动的各种职业关系的手段

在职业关系中，职业道德发挥着巨大的调节作用，职业道德就是作为适应并调整职业生活和职业关系的行为规范而产生的。

（三）社会主义职业道德的特征

1. 继承性与创造性相统一

社会主义制度虽然是历史上最新型、最先进的制度，但反映社会主义生产关系和社会方式的职业道德，不是无源之水、无本之木。职业道德是在长期实践过程中形成的，也会被作为经验和传统继承下来。一方面，它在继承传统优秀道德的基础上，根据时代发展的要求和社会主义制度的特征，对传统职业道德进行调整，赋予它新的内涵；另一方面，根据社会主义生产方式的要求，它也提出了新的职业道德要求，如全心全意为人民服务等。因此，社会主义职业道德反映了继承性和创造性的统一。

2. 阶级性与人民性相统一

社会主义职业道德具有鲜明的阶级性。其根本目的和任务在于反映工人阶级和广大劳动人民的根本利益，维护工人阶级和广大劳动人民的政治统治地位。在社会主义初级阶段，社会主义虽然从根本上消灭了剥削阶级和剥削制度，但其他非公有制成分将长期存在，社会主义职业道德这种鲜明的阶级性也必然会长期存在。同时，社会主义是为绝大多数人谋利益的，因此，它反映和体现的是全体人民的利益和意志。此外，职业道德的内容因职业不同而有所区别，反映着特定职业活动对从业人员行为的道德要求。每一种职业道德都只能规范本职业从业人员的职业行为，在特定的范围内发挥作用。因此，社会主义的职业道德是阶级性和人民性的统一。

3. 具有先进性

社会主义职业道德的先进性主要表现为：它是迄今为止人类社会最先进社会经济关系的反映；它以马克思主义为指导，批判地吸收了人类历史上职业道德的优良传统，从我国的政治、经济、文化、公民受到的教育程度和基本道德观念等方面的实际情况出发，体现着由高到低的不同层次。对社会主义职业道德先进性的评价应该有一个可以衡量的客观标准。客观标准就是要有利于解放和发展生产力，有利于国家的统一、民族的团结和社会的进步，有利于追求真善美、抵制假恶丑，有利于弘扬正气、构建和谐社会，有利于公民自觉履行权利和义务，以开拓创新、锐意改革的精神和诚实守信、无私奉献的品德创造美好生活。只有符合这些基本要求，才能真正体现出社会主义职业道德的先进性。

4. 具有多样性

不同的行业、不同的职业，有不同的职业道德标准。职业道德的职业性决定了职业道德的多样性。

二、职业道德的内涵

职业道德的基本范畴是职业道德体系的重要组成部分。

（一）职业义务

职业义务主要是指在职业活动中，在道德上应尽的责任和不要报酬的奉献。其具体含义有三层：一是指公民和法人按法律规定应尽的责任；二是指在道德上应尽的责任；三是指不要报酬的奉献。同时，职业义务具有利他性和无偿性的两个基本特点。利他性是指从业人员在尽职业义务时，实际上做出了有利于他人、有利于社会的行为，这种行为的客观效果是对他人有利，而不是对自己有利，甚至有时还要做出某种程度上的自我牺牲。职业义务的无偿性是指从业人员在履行职业义务时，不把履行职业义务与谋求个人权利和回报联系在一起，也就是说，它是一种"不要报酬"的奉献。作为未来走入职场的大学毕业生而言要努力培养自己的职业义务感，自觉主动地履行职业义务，全心全意为人民服务。

（二）职业责任

职业责任主要是指从事某种职业的个人，对他人、集体（班组、部门、单位、行业）和社会所承担的责任。行业不同责任不同，但忠于职守、尽心尽力、保质保量完成工作，是共同的职业责任要求。其特点主要有：一是差异性；二是独立性；三是强制性。不同职业的岗位的性质、功能、业务规范以及技术要求均不相同，因此职业责任也互不相同，体现其差异性。不同岗位的职业权利有时相互独立，这种独立性决定了各自的职业责任具有排他性，不能受他人干预，体现其独立性。职业责任一般通过制定具体的规章制度、岗位职责、条例等来表现，体现其强制性。作为当代未来走入职场的大学毕业生而言，就业后一是要认真履行职业职责，做好本职工作；二是要尽快熟悉业务，与同事协同配合；三是处理好关系，将国家和集体利益放在第一位，个人利益放在第二位，个人利益要服从国家、集体利益，必要时甚至牺牲生命。

（三）职业纪律

职业纪律一般是指由国家、机关、企事业单位等组织制定的规章、条文等人们要共同遵守的行为准则。其特点主要有：一是一致性；二是特殊性；三是强制性。不同行业的职业纪律基本要求是一致的，并主要反映在组织、劳动、财经和群众纪律方面体现其一致性。每种行业的特点不同，在职业纪律方面也按其特殊要求区别开体现其特殊性。在职业活动中，不遵守职业纪律，会根据情节轻重、态度好坏，给予行政或经济的制裁体现其强制性。作为未来走入职场的大学毕业生而言，要明确职业纪律，避免无知违纪。要严守职业纪律，不能明知故犯。

（四）职业良心

职业良心一般是指从业人员在履行义务的过程中所形成的职业责任感，以及对自己职业行为的稳定的自我评价与自我调节的能力。其特点主要有3方面：一是时代性；二是内隐性；三是自育性。职业良心是人们在职业生活中逐渐形成的，它与时代紧密联系体现其时代性。它是一种具有看不见、摸不着、不直接受外力约束道德情感，体现其内隐性。在职业生活中，职业良心经过自我培养、自我教育形成体现其自育性。作为未来走入职场的大学毕业生而言，要自觉培养自身的职业良心，做好职业活动前的筛选导向，在职业活动中做好监督调节，在职业活动后要进行总结批评。

（五）职业荣誉

职业荣誉一般是指从业者对自己的职业行为所具有的社会价值的自我意识和自我体验。其特点包括：一是阶级性；二是激励性；三是多样性。时代不同、职业荣誉的内涵也不尽相同，使职业荣誉随时代的变迁体现出阶级性。社会通常把从业人员对单位、对社会的贡献的大小同荣誉联系起来，贡献越大，荣誉的级别也就越高，体现其激励性。职业活动的内容多种多样，获得职业荣誉的形式也多种多样，体现其多样性。作为未来走入职场的大学毕业生而言，要树立纯正的争取职业荣誉的动机、使用正确获得职业荣誉的手段，谦虚对待获得的职业荣誉。

（六）职业幸福

职业幸福一般是指从业人员在具体的职业活动中，由于奋斗目标、职业理想的实现而获得的精神上的满足和愉悦。其特点包括：一是阶级性；二是层次性；三是广泛性。不同的阶级对职业幸福的理解不同，所以，不同阶级的职业幸福不同，体现其阶级性。不同层次的职业人员都与自己所处层次相对应的职业幸福，体现其层次性。每种职业，每位从业人员都有自己的职业幸福指数，体现其广泛性。作为未来走入职场的大学毕业生而言，要正确处理好个人幸福与集体幸福之间的关系，要正确处理好物质生活与精神生活的关系，要正确处理好创造职业幸福和享受职业幸福的关系。

（七）职业权力

职业权力一是指政治方面的强制力量；二是指职责范围内的支配力量。强制力量包括国家的权力、人民代表大会的权力、企业法人的权力等；支配力量包括在职业范围内或职业活动中拥有的支配人、财产、物品的力量。其特点有三：一是具有权威性；二是具有利己性；三是具有隐蔽性。在职业活动中对他人、对其他行业有很强的约束力量和支配力量。体现其权威性；它可以给自己带来利益和好处，不像职业义务那样有从业人员做出某种牺牲，为他人为社会谋利益，体现其利己性；职业人员在行使职业权力时，有不被人警觉的一面，体现其隐蔽性。树立正确的职业权力观，正确使用手中的权力以及敢于抵制滥用权力的不正之风是正确行使职业权力的基本要求。作为未来走入职场的大学毕业生而言，要明确职业权力，将其应用于职业发展，服务于人民事业。不能以权谋私，做超出权力范围内的事宜，更不要滥用职权，要同不良行为做斗争。

案例 9-1

借职务之便违反职业道德

2014年，史某进入模具公司，双方签订劳动合同，岗位为质量检验员。

2018年8月，因有员工举报史某收礼，模具公司派工作人员向史某作调查谈话，史某承认车间操作员胡某、沈某曾给过其几瓶酒，但认为收取酒的行为未影响其正常履行工作职责。

2018年9月1日至5日，模具公司还向员工李某等几人进行了调查，分别形成调查笔录，上述员工反映史某会因与操作员关系的好坏而采取不同检验标准，确有操作员向史某送过酒，而且是史某开口索要的，在收到好处后史某检验会松一点，给史某送酒后，班组还被评为优秀班组。

2018年9月10日，公司管理部门做出对史某问题的处理意见，以史某利用工作之便收受车间职工礼品为由，建议辞退。模具公司当面向史某送达了解除劳动合同的处理决定。史某不服公司处理意见，申请仲裁要求公司支付解除劳动合同补偿金。法院经审理认为，史某收取酒的行为已严重违反规章制度，模具公司解除与史某的劳动合同事实清楚，规章制度依据充分，程序正当，系合法解除，无须支付史某赔偿金。

三、职业道德养成与规范

（一）爱岗敬业，尽职尽责

敬业就是敬重自己的工作，把使命注入自己的工作当中，并从努力工作中找到人生的意义，敬业就是对自己负责，工作态度的好坏决定工作成败，认真就是工作敬业的表现。认真工作是提升自己的最佳办法，将工作的每一项任务，都做到极致，做到足够好，美好和使命自然涌现。

（二）满腔热情，热忱服务

好的服务意识是职场必备的素质，培养服务意识包括3个方面：①热爱自己的工作和工作环境；②学会服务沟通的技巧（尊重备至、温良谦恭、彬彬有礼、真诚质朴）；③具备娴熟的业务技能。

（三）精益求精，讲究质量

精益求精、讲究质量关系到企业发展和人民群众的切身利益，它是企业的生命和未来，它是经济发展、净化社会风气的必然要求，也是从业人员恪守职业道德的要求。作为当代大学生，国家和人民赋予了其更多的责任，在未来的社会工作中，必须有高度的责任感和敬业精神，树立精益求精、讲究质量的职业道德意识。

（四）诚实守信，服务群众

讲求信誉、诚实守信是社会交往中应遵循的道德准则，在社会生活中有着重要的作用。它是做人做事的根本，人们不仅需要靠思想、情感、兴趣、爱好等相互吸引，还要

模块九　弘扬职业精神

靠讲求信誉、诚实守信来维系。它是个人成就事业的根基，是每个人在职业生涯中得以在市场竞争立足的基本条件。此外，作为公司的员工，对公司忠诚是员工素质的必要条件。

  总结案例

> **公交司机突发脑出血，昏迷前 1 秒他的动作让人泪奔**
>
> 　　2020 年 6 月 22 日中午 12 点左右，河南周口 26 路公交车司机宋安平驾车行驶在七一路五一广场站附近，这里人流量密集，正值中午通勤高峰期，来往车辆非常多。从当日的公交车公共视频显示驾车行驶过程中，51 岁的宋安平感到身体不适，将车停稳打开车门后，他先是摘下眼镜往下拉了拉口罩，紧接着用右手拉起手刹，之后便倒在了自己的驾驶座上。在逐渐失去意识的过程中，他的右手始终没有离开手刹……随后，下车的乘客和路过的公交车司机赶忙拨打 120 急救电话，宋安平被送往医院急救。经过 CT 扫描，诊断为脑干出血，经过几天的治疗他依旧深度昏迷，虽有了微弱的自主呼吸，但还需要依靠呼吸机辅助呼吸。（来源：中央广电总台中国之声）
>
> 　　**分析：** 宋安平是一名优秀的公交车司机。虽然突发疾病，失去意识，但他不忘拉住手刹，保住乘客的安全。这体现了宋安平司机崇高的职业道德。不管什么职业，都有相应的职业操守和职业道德，拥有良好的职业道德是作为成功职场人的重要体现。

 **课堂活动**

诸葛亮的战役故事

一、活动目标

引导学生扎实掌握职业道德的相关知识。

二、活动时间

建议 20 分钟。

三、活动流程

1. 教师出示以下阅读材料，并提问：通过这个故事能够发现诸葛亮身上哪些优秀品质，这些品质对自己今后的职业生活有何帮助？

　　三国时期，战争连年。蜀、魏两军对峙，诸葛亮的蜀军只有十几万，魏国的精兵近三十万。蜀军明显不是魏军的对手，而在这紧急关头，蜀军又有近一万人兵期将到，需退役返乡。期满的老兵归心似箭，很多人建议诸葛亮，让老兵们打完这一仗再退役，但诸葛亮断然否决："治国治军须以信为本，他们为国鞠躬尽瘁，父母妻儿在期盼，不能为了需要，失信于军、失信于民。"于是责令老兵退役返乡。老兵们听到消息感动不已，纷纷表示要为国家再次征战，为国效力。老兵们的拔刀相助大大振奋了在役的其他士兵，大家奋勇杀敌，志气高涨，在诸葛亮的指挥下势如破竹，最终赢得了这场战役。

2. 教师将学生按照 4~6 人划分小组，通过小组内部讨论形成小组观点。

3. 每个小组选出一名代表陈述本组观点，其他小组可以对其进行提问，小组内其他成员也可以回答提出的问题；通过问题交流，将每一个需要研讨的问题都弄清楚。
4. 教师进行分析、归纳、总结。
5. 教师根据各组在研讨过程中的表现予以点评并赋分。

主题9.2 树立职业意识

◎哲人隽语

播下一个行为，收获一种习惯；播下一种习惯，收获一种性格；播下一种性格，收获一种命运。
——威廉·詹姆士

学习目标

1. 了解职业意识的概念和重要性，可概述职业意识的内涵。
2. 能列出提升职业意识的基本要求和途径。
3. 研究大学生职业意识提升的具体途径和方法，积极树立自己的职业意识。

引入案例

一定要做到最好

美国一家公司在中国上海某企业订了一批价格昂贵的玻璃杯，为此公司专门派了一位经理来中国工厂监督生产。在上海这家企业的工厂里，他发现，这家玻璃厂的技术水平和生产质量都是世界一流的，生产的产品几乎完美无缺，而且中方的要求比美方还要严格。他很满意，也就没有刻意去检查和监督什么。

他随意来到生产车间，发现一名工人正从生产线上挑出一部分杯子放在旁边。他上去仔细看了一下，并没有发现挑出的杯子有什么问题，就好奇地问："挑出来的杯子是干什么用的？"

"那是不合格的次品。"工人一边工作一边回答。

"可是我并没有发现它们和其他的杯子有什么不同啊？"美方经理不解地问。

"如果你仔细看看，就能发现这里多了一个小的气泡，这说明杯子在制造的过程中漏进了空气。"工人回答说。

"可是那并不影响使用呀！"美方经理说。

工人很干脆地回答："我们既然工作，就一定要做到最好，绝不能出现任何问题。任何的缺点，哪怕是客户看不出来，对于我们来说，也是不允许的。只要有问题，就要挑出来。"

当天晚上，这位美国经理给总部写邮件报告说："一个完全合乎我们检验和使用标准的杯子，在这里却被在无人监督的情况下用几乎苛刻的标准挑选出来。这样的员工堪称典范，这样的企业绝对可以信任。我建议公司可以马上与该企业签订长期的供销合同，而我也没有必要再待在这里了。"

分析：在一个优秀而有竞争力的公司里，需要每个员工树立很强的职业意识，每个人都必须设法将自己的工作做到最好，让问题在自己这里消失。只有这样才能生产

模块九　弘扬职业精神

出高质量的产品，为顾客提供优质服务。而作为一名员工，也只有以这样的高标准严格要求自己，认真负责地对待工作，才能赢得领导的信任和器重，获得相应的回报和提升。

一、理解职业意识

（一）职业意识的概念

职业意识是指作为职业人所具有的意识，它是人们对职业劳动的认识、评价、情感和态度等心理成分的综合反映，是职业道德、职业操守、职业行为等职业要素的总和，是支配和调控全部职业行为和职业活动的调节器。

◎知识链接
职业意识的内涵

职业意识包含经营意识、前瞻意识、营销意识、全局意识、危机意识、安全意识、角色意识、自动意识、表率意识、责任意识、诚信意识、规则意识、自律意识、问题意识、自信意识、竞争意识、沟通意识、团队意识、服务意识、创新意识、效率意识等方面。

（二）职业意识的重要性

马克思主义哲学告诉我们，存在决定意识，意识对存在具有反作用。职业意识对大学生的职业社会化起着重要的作用。大多数人认为职业意识是对所从事的专业的认同，因而，职业意识可以最大限度地激发人的活力和创造性，是敬业精神的前提。职业意识强的人会在工作中努力拼搏、奋斗不息；积极健康的职业意识有助于大学生职业选择的顺利实现以及职业生涯的顺利发展和事业的成功。

案例 9-2

第十二块纱布

有一位护士专业的毕业生在一家大医院进行护士毕业实习。实习期满，如果能让医院满意，就可以与其签约。一天来了一位生命垂危的伤员，实习护士被安排做主刀医生的助手，手术从清晨一直到黄昏，眼看患者的伤口即将缝合，这名实习护士突然严肃的盯住主刀医生说："我们用了12块纱布，可你只取出来了11块。""我已经全部取出来了，一切顺利，立即缝合！"主刀医生头也不抬，不屑一顾的回答。"不行，"实习护士高声说道，"我记得清清楚楚，手术中我们共使用了12块纱布！"主刀医生没有理睬她，命令道"听我的，准备缝合！"这名护士毫不示弱，大声叫了起来："您是医生，您不能这样做！"直到这时，主刀医生冷漠的脸上才浮起了一副欣慰的笑容，他举起右手心握着的第十二块纱布，向在场的人员说："这是我最满意的助手！"于是这名实习生与这家医院顺利签约，成了正式的护士。

二、提升职业意识的基本要求及途径

提升职业意识具体要从树立职业理想、强化职业责任、遵守职业纪律、提高职业技能、提升职业道德5个方面做起。

（一）树立职业理想

职业理想指人们在职业上依据社会要求和个人条件，借想象而确立的奋斗目标，即个人渴望达到的职业境界。它是人们实现个人生活理想、道德理想和社会理想的手段，并受社会理想的制约。职业理想是人们对职业活动和职业成就的超前反映，与人的价值观、职业期待、职业目标密切相关的，并与世界观、人生观密切相关。

职业理想是职业选择的向导，是取得职业成功的推动力，是事业成功的精神支柱。要树立正确的职业理想，必须做到以下几点。

1. 全面地认识自己

要树立正确的职业理想，首先必须全面地认识自己。一要全面认识自己的生理特点，主要包括性别、身高、体重、视力、健康状况、体质和相貌等；二要全面认识自己的心理特点，主要包括兴趣、能力、气质和性格特点、人格类型以及道德品质等；三要全面认识自己的学习水平和将来可能达到的状态；四要正确认识自己的身心特点、学识能力等与未来职业需要之间的差距，要在全面认识自己的基础上，结合自己的发展潜力，对自己进行合理的定位。

2. 全面地了解社会

树立正确的职业理想，要全面、科学地了解社会、了解职业。一要了解党和国家的路线、方针、政策；二要了解我国社会的经济构成及其发展状况；三要了解我国的基本国情；四要了解各地区的产业结构、行业结构和职业结构；五要了解各种产业、行业和职业对职工共同的基本要求和不同的具体要求；六要了解自己所学专业所对应的职业群，以及该职业群在社会主义建设中的地位和作用；七要了解该职业群中各种职业的社会价值、工作性质、工作条件、工作待遇、从业人员的发展前途，以及该职业群中各种职业对人员的素质要求，包括学历、专业、性别、智力、体力、性格等方面的要求。

3. 树立正确的人生观

人生观是人们对于人生目的和人生意义的根本看法和根本态度，不同的人生观会产生对人生的不同看法和不同态度，而对人生的不同看法和不同态度，则会导致人们选择不同的人生道路。因此，要根据时代的要求，根据社会发展的要求，坚持以辩证唯物主义和历史唯物主义的立场、观点和方法看待人生，坚持以最广大人民群众的根本利益为核心，坚持以实现社会主义的共同理想为目标，不断加强学习，不断提高自己的思想觉悟，不断提高自己的思想素质、文化素质、能力素质，不断地完善自我，做到自尊、自爱、自强，树立正确的价值观、苦乐观、幸福观、荣辱观，进而树立为人民服务的正确的人生观。

4. 树立正确的职业观

职业观是人们在选择职业与从事职业所持的基本观点和基本态度，是理想在职业问题上的反映，是人生观的重要组成部分。职业观具有3个基本要素：一是维持生活；二是发展个性；三是承担社会义务。在3个基本要素中哪一个要素占主导地位，将决定一个人职

模块九　弘扬职业精神

业观的类型与层次。正确的职业观是把3个基本要素统一起来，以承担社会义务作为主导方向。有不同的职业观，就有不同的职业理想。

（二）强化职业责任

所谓职业责任就是清楚明了地知道什么是责任，并自觉、认真地履行职业职责和参加职业活动，把责任转化到行动中去的心理特征。有责任意识，再危险的工作也能减少风险；没有责任意识，再安全的岗位也会出现险情。职业责任意识强，再大的困难也可以克服；职业责任意识差，很小的问题也可能酿成大祸。有职业责任意识的人，受人尊敬，招人喜爱，让人放心。

强化职业责任意识，要从以下三方面来践行。

1. 责任教育

主要从大、小两方面来讲：大的方面是引导人们树立正确的世界观、人生观和价值观，把个人的前途命运融入中国特色社会主义的伟大事业中；着眼于服务和奉献，引导人们服务他人、奉献社会，在这一过程中实现个人的正当利益；着眼于爱国主义和集体主义，引导人们把国家、集体、个人的利益有机结合起来，坚持国家利益、集体利益高于个人利益；着眼于职业道德和职业精神，引导人们把职业目标同远大理想结合起来，在自己的岗位上忠实地履行对社会、对国家、对人民的责任，自觉地把责任意识转化到"全心全意为人民服务"的行动中去。小的方面是做好自己的本职工作，每个人的尽责是对集体的尽责，每个集体的尽责是对社会的尽责。应在全社会共同营造这样一种风气和氛围：负责任光荣，不负责任可耻。

2. 培养勇于负责、敢于负责的精神

勇于承担责任是中华民族的优良传统。大禹治水"三过家门而不入"，诸葛任事"鞠躬尽瘁，死而后已"；范仲淹挥写"先天下之忧而忧，后天下之乐而乐"，文天祥高歌"人生自古谁无死，留取丹心照汗青"。不怕牺牲、尽忠职守、责在人先，是志士仁人相传的思想标杆，是后世子孙生生不息的精神动力。

3. 责任建设，以制为本

讲责任，也要讲责任制；有履责要求，也要有责任追究。落实责任制，一在履责，二在问责。没有问责，责任制形同虚设。问责，要贯穿到履责的全过程。事前问责是提醒，事中问责是督促，事后问责是诫勉。对认真负责的，要给予奖励和表彰；失职渎职的，要予以追究和惩罚。只有把责任和责任制统一起来，把履责和问责结合起来，才能确立一种良性的责任导向，增强责任心、培育责任感、提高责任意识。

（三）遵守职业纪律

自觉遵守职业纪律是履行岗位职责的前提条件。没有规矩不成方圆，如果人们对职业纪律置之不理，就会出现有令不行、有章不循的现象，必然导致工作出现无序和混乱。因此，在工作中只有人人自觉遵守工作的规章制度，照章办事，才能使各项工作井然有序，从而提高工作效率。

（四）提高职业技能

职业技能，是指大学生将来就业所需的技术和能力。职业技能不仅能在人们确立职

业态度、明确职业理想的过程中起到积极作用,而且也是从业者职业理想付诸实现的重要保障。大学生具备良好的职业技能是能否顺利就业的前提。如今,高职院校正在推广实行"1+X证书制度",即"学历证书+若干职业技能等级证书"双证,其目的就是引导高职学生在获取专科学历证书的同时,也能够获得相关职业资格认证,使双证并重互通。提高职业技能,要做到以下几点。

1. 要掌握扎实的专业理论基础

理论来源于实践,也能指导实践。没有理论的实践是盲目的实践。

2. 要勤动手,多实践

实践出真知,实践是检验真理的唯一标准。问题唯有自己亲自处理,印象才会深刻,下次处理同样问题时才不致盲目,处理速度才会加快。处理问题的经验也是从亲自动手实践中来。

3. 要熟悉职业岗位业务

唯有了解业务,熟悉设备,弄懂工作流程,才能更好地巩固职业技能,更快地使用和操作相应的设备。多巡检,多处理问题,这也是熟悉职业岗位业务的有效途径。

4. 要勤学好问,多向师傅请教

对于不懂的问题要有打破砂锅问到底的精神,弄懂为止。师傅们工作时间长,经验丰富,有很多值得新人学习的地方。对于师傅讲过的东西,要熟记于心,领会贯通,并用于自己的行动之中。肯钻研,凡事多问问一个为什么,然后一个一个地去解决这些疑问。

5. 要学会总结经验和教训

每次处理解决问题之后,要进行总结,哪里做得不好,哪里做得好;做得不好的,下次吸取教训;做得好的,继续发扬。经历是个好东西,它使人进步和成熟,吃一堑,长一智,一次做得不好,第二次就应该尽量做好。

(五)提升职业道德

职业道德规范的主要内容有:爱岗敬业、诚实守信、办事公道、服务群众、奉献社会等。

提升职业道德,首先,要树立正确的人生观;其次,要从培养良好的行为习惯着手;最后,要学习先进人物的优秀品质,不断激励自己。此外还可通过以下几点有效提升职业道德:

(1)学习职业道德规范、掌握职业道德知识。

(2)努力学习现代科学文化知识和专业技能,提高文化素养。

(3)经常进行自我反思,增强自律性。

(4)提高精神境界,努力做到"慎独"。

蘑菇管理定律

 总结案例

抗疫一线——职业精神驱使着向前

高志荣,濮阳市第五人民医院一名普通的护士,也是一名巾帼礼仪志愿者服务队队员,她利用自己的业余时间到特殊学校献爱心,帮助特殊学校的孩子讲文明学礼仪,弘扬正能量。面对新型冠状病毒肺炎疫情,她没有退缩,毅然请战,责任在肩,她不能做家人的暖心人，却成为大家的守护者。她说："我必将打赢这场防疫阻击战。"她每次上班都要穿上一层一层的防护衣，戴上一层一层的口罩，工作10分钟，就觉得胸口闷，像有块石头压着。进入隔离区，这里有许多需要救治的病人，她总是竭尽所能地帮助他们。记得有位病人，血压高、胸闷、气促，需要持续低流量吸氧、心电监护，精神状态很差，不愿进食。她一直陪在他的身边，轻言细语地安慰他，鼓励他，耐心地解释病情，树立他战胜疾病的信心。几天后患者症状减轻了，复查胸部CT病灶吸收了很多。她激动地流泪了，因为自己的付出终于有了回报。当别人问她："这么近距离接触患者，你不害怕吗？"她说："不害怕是假的，但是作为一名护理人员，我们有一种职业精神驱使着我们。"

分析： 高志荣护士对自己的职业定位非常明确。她对自己的职业兴趣、适合做什么工作有准确的定位。高志荣护士彰显了敬业、奉献等良好的职业意识，强烈的职业责任感，全身心投入到工作中。她是一名"90后"护士，用最简短、最朴实的语言诠释了救死扶伤、无私奉献的职业精神。

课堂活动

满脸微笑的汽车销售

一、活动目标

理解拥有良好职业意识的重要性，树立正确的职业意识。

二、活动时间

建议15分钟。

三、活动流程

1.教师出示以下阅读材料，并提问：为什么这个销售员最后获得了成功？

微笑换来财富

在一个炎热的午后，有位穿着汗衫、满身汗味的老农夫，伸手推开了汽车展示中心的玻璃门。他一进门，张丽丽立刻笑容满面地迎面走去，很客气地询问："老大爷，我能为您做点什么吗？"老农夫有点腼腆地说："不用不用，只是外边有点热，我刚好路过这儿，想进来吹吹冷气，马上就走。"张丽丽听完后亲切地说："您一定热坏了，我给您倒杯凉茶吧。"接着，她便请老农夫坐在柔软豪华的沙发上休息。喝完凉茶，老农夫闲着没事，便走到展示中心内的新汽车前，东瞧瞧，西望望。这时，张丽丽又走了过来："这款车不错，要不要我帮您介绍一下？"老农夫连忙说："不用不用。我可没钱买，种田的人也用不着这种车。""不买没关系，以后有机会您还可以帮我们介绍啊！"然后，张丽丽便详细而耐心地将汽车的性能逐一解说给老农夫听。老农夫听完后，突然从口袋里拿出一张褶皱的白纸交给张丽丽，并说："这些是我要订购的车型和数量。请你帮我处理一下啊。"张丽丽有点诧异的接过来一看，这位老农夫一次要购买8辆汽车。她连忙紧张地说："您一下订这么多车，我们经理不在，我必须找他回来和您谈，请您先试车吧。""小姐，你不用找经理了，我信任你。这几天我走了好几家，每当我穿着这样的旧汗衫走进汽车销售场，同时表明我没钱买车时，常常会受到冷落，只有你们公司与众不同，我从你的工作态度上信任你们公司。你不知道我会是你的客户，还那么热心的接待我，为我服务，对于一个不是你们客户的人都如此，更何况成为你们的客户呢！"后来，张丽丽因为对工作认真负责而顺利晋职。

2. 教师将学生按照6~8人划分小组，通过小组内部讨论形成小组观点。

3. 每个小组选出一名代表陈述本组观点，其他小组可以对其进行提问，小组内其他成员也可以回答提出的问题；通过问题交流，将每一个需要研讨的问题都弄清楚。

4. 教师进行分析、归纳、总结。

5. 教师根据各组在研讨过程中的表现给予点评并赋分。

主题9.3 担当职业责任

◎哲人隽语
　　责任就是对自己要求去做的事情有一种爱。
　　　　——歌德

学习目标

1. 了解职业责任的概念、种类和特点。
2. 能评价职业责任内容。
3. 能够熟练运用提升职业责任的方法，提升自己的职业责任感。

引入案例

企业家的责任与担当

有一位企业家，他用多年好不容易攒下来的积蓄开办了一个小企业。但是，不久后由于一场大火，把他的企业全烧光了，他不仅破产而且还欠了很多客户的钱。经过一段时间的痛苦反思后，他准备从头开始，重新创业，他决定偿还那些天文数字般的欠款。所有人都劝他："你为什么要这么做？公司已经破产清算了，你不需要再去还那些钱的。"但是，他却回答说："是的，在法律上也许我没有责任，但是，在道义上，我有责任，我应该偿还这笔'债'。"而他这么做的代价就是20年的艰苦奋斗，当他还上最后一笔"债务"时，他轻叹："现在我终于无债一身轻了。"

分析：这位企业家用一生的付出和汗水书写出两个工整的字，那就是"责任"。他还的不是债务，而是他那闪着光芒的真心。勇于承担自己的责任，即使是还债又能怎样？他用自己的行动证明了自己，他带给了社会巨大的精神财富，让我们都明白什么是责任。古人说，"大事难事看担当，顺境逆境看襟怀"。对于应负的责任，即便是迎着风险也要干好，做到敢担当，能担当，会担当，善担当。

一、职业责任的特点和种类

职业责任是指人们在一定职业活动中所承担的特定的职责，它包括人们应该做的工作和应该承担的义务。职业责任是由社会分工决定的，是职业活动的中心，也是构成特定职业的基础，往往通过行政的甚至法律的方式加以确定和维护。

职业责任有3个特点：一是职业责任具有明确的规定性；二是职业责任与物质利益存在直接关系；三是职业责任具有法律及其纪律的强制性。

职业责任的种类可分为消极责任和积极责任两种。消极责任是把责任作为一种义务的责任，是关于在给定状态下谁来承担责任的问题，即在事情发生后所要承担的责任。消极责任的一个中心问题是"你为什么那么做"；而积极责任则重点强调当前状态下的活动，或是对未来不希望发生的事情的阻止行为，它的中心问题是"需要做什么"。新时代职业责任有了更为丰富的内涵，包含个人责任、对家庭的责任、对组织的责任和对社会的责任4个层面。其中，个人责任最为重要，是其他一切责任的基础。

二、职业责任的内容

（一）肩负的职责和应尽的义务

1. 对个人的责任

从本质上说，责任是一种与生俱来的使命，它伴随着每一个生命的始终，是生命价值的体现。人可以不伟大，也可以清贫，但不可以没有责任。扛起了责任，就是扛起了信念，扛起了生命的机制。个人的责任就是自我产生的责任，是自己对自己负责，自己就是自己的主管，能够对自己进行评判，是自己对自己、对自己行为的责任。

2. 对集体的责任

这是从业人员对自己供职单位所承担的职责和义务。不同职业或不同岗位的责任是不同的，其责任大小也是有差别的。一般而言，管理者的责任都大于普通员工的责任，职业责任与职业行为相伴随行。无论是管理者还是普通员工，在职业行为之前必须明确责任意识，对工作尽心尽力，就是对集体的负责，就是勇于担当对集体的责任。在实际工作中，那些有职业责任感的人不仅在工作中严谨认真、一丝不苟，而且总是主动承担工作中的过失。

3. 对社会的责任和义务

社会学家戴维斯说："放弃了自己对社会的责任，就意味着放弃了自己在这个社会中更好的生存机会。"每个人都是社会的一分子，每个人都应该承担一定社会责任。正是因为社会分工赋予了各种职业的各种责任。每个职业人都应该明确自己的职业和社会之间的联系，明确其中的社会责任和义务。

（二）承担的后果和责任

责任是人天赋的职责和使命，它是永恒的职业精神。我们时刻都要对自己的行为负责，对家庭负责，对工作负责，对社会负责。一个缺乏责任感的人，或者一个不负责任的人，会失去自己的信誉和尊严，会失去别人对自己的信任和尊重，也得不到别人对自己的认可。每一种职业都有相关的法律法规和职业道德规范来规定从业者的职业行为及其因此而承担的责任。职业责任的承担形式不一，主要有道德责任、纪律责任、行政责任、民事责任和刑事责任五种。

1. 道德责任

道德责任是指从业人员在履行职业职责的过程中，由于违反职业道德而受到同行的批评、社会舆论的谴责或自我良心的谴责。这是从业人员最基本的一种承担职业责任形式。

2. 纪律责任

纪律责任是指从业人员在履行职业职责的过程中，因违反职业规范、职业纪律而应当受到的纪律处分，纪律处分一般有警告、记过、记大过、降级、降职、撤职、开除等。

3. 行政责任

行政责任是指从业人员在履行职业职责的过程中，因违反行政法规而依法应当承担的责任。如对律师的行政处罚就有警告、没收违法所得、停止营业、吊销执业证书等方式。

4. 民事责任

民事责任是指从业人员在履行职业职责的过程中，因故意或过失而违反了有关法律、法规或职业纪律，构成民事侵权、形成债权债务关系等依法应当承担的责任。

5. 刑事责任

刑事责任是指从业人员在履行职业职责过程中，因个人行为给国家、集体或个人造成损失、伤害，并触犯了刑法的有关规定依法应当承担的责任。

◎知识链接

工作责任心

 案例 9-3

本可以免于开除的资深员工

一名员工回老家看望自己生病的父母，老板知道后，不仅没有任何安慰，反而把这名员工开除了，为什么如此不近人情？

原来这名员工是企业管理层的资深员工，那天上班时间，老板给这个员工打电话沟通工作，但他当时不在工作岗位上，由于心虚所以在电话里支支吾吾，想用几句谎话蒙混过关。

可是，老板的眼睛里是揉不进沙子的，这名员工没在工作岗位上的情况最后还是败露了。老板对他的处理结果是：直接开除！

这件事情发生后，有的人认为，作为老板就应该这么做，这叫杀鸡儆猴，看你们谁还不老实？有的人认为，老板这么做实在太狠了，简直是暴君，以为自己做了CEO就了不起了？就能为所欲为了？

其实，这需要谈的是一个职业操守问题。

老板在专访中谈到企业精神时，说公司注重的是诚信，在招聘员工时，道德品质也是首位。说谎，触碰了他的底线。这名员工如果如实说，有责任感，或许不会落得被开除的下场。

三、提升职业责任感

大哲学家柏拉图认为，只要社会上从事各种职业的人各尽其责、各司其职，那么就会出现正义的社会。每个人根据自己所从事的职业，做自己应该做的事，完成自己应担负的工作，那么国家就会和谐，个人就会实现幸福。职业职责是每一个人应尽的义务，任何不愿意败坏自己声誉的人都必须认真履行自己的职责。在人的一生中，人们都应该通过自己的努力和行为来履行自己的义务，积累自身的财富。持久而良好的职业职责是每一个人应具备的最起码的品格。职业责任感是职业人的第一素质。不管从事什么职业，缺乏职业责任感的后果都是非常严重的。大学生可以通过以下几种方式提高自己的职业责任感。

（一）强化思想道德意识

作为当代大学生，强化思想道德意识是必修的课程。每个人的道德觉悟和水平因政治因素、经济状况和文化素养的影响都不同。但是责任心是国家对每名公民、社会对每位成员、企业对每名员工共同的道德要求。构建好思想道德意识是提升职业责任感的根基，是衡量一个人思想道德品质的一个重要尺度。

（二）培养责任意识

就即将步入社会的大学生而言，在责任意识方面存在一定的弱化和缺失，主要表现为：自我意识浓重，个人责任淡化；公德和纪律意识低下，角色责任弱化；个人责任与社会责任错位。其原因如下：一是受不良社会风气的影响。二是德育教育的不足导致学生责任意识缺失。三是家庭教育的疏离是造成学生责任意识缺失的重要因素。四是大学生心理发展的矛盾是形成其责任意识缺失的关键因素。因此，在进入职场前，大学生必须明确责任，明确职业责任，有效培养和提升职业责任意识。

案例 9-4

承担责任，让人变得更强

1988年，24岁的杨元庆进入联想工作，公司给他安排的第一份工作是做销售业务员。多年以后，杨元庆还清楚记得，他骑着一辆破旧自行车，穿行在北京的大街小巷，去推销联想产品时的情景。

虽然刚开始杨元庆并不喜欢销售工作，但他觉得那就是自己的责任，干得非常认真，并且卓有成效。正是销售工作的历练，杨元庆后来才能够面对诸多困难而毫不退缩。也正是杨元庆敏锐的市场眼光和出色的客户服务，引起了联想集团前总裁柳传志的注意。

1992年4月，联想集团任命杨元庆为计算机辅助设备部总经理。他在这个位置上依旧尽职尽责，不仅创造出了很好的业绩，而且还带出了一支十分优秀的营销队伍。两年后，柳传志任命杨元庆为联想微机事业部总经理，把从研发到物流的所有权力都交给了他。

2001年4月，37岁的杨元庆正式出任联想CEO。柳传志在给他一份新的责任的同时，也给了他一份新的机遇；杨元庆在承担这份责任时，也抓住了机遇，在磨炼中让自己得以不断成长。经过不断"折腾"，杨元庆最终被炼成了一块好钢。柳传志就是让他们在不断锤炼中成长，让他们承担起责任，使他们的能力在承担责任的过程中不断提升。

(三)提高主动性

职业责任感的形成与工作的主动性是相辅相成、辩证统一的关系,责任感是主动性的内在基础,主动性是责任感的外在表现,责任感因为主动性而起作用。

作为一个有高度责任感的职业人,实现自己的理想和自身价值才是最主要的。当我们对工作充满强烈的责任感时,我们就得更主动的从中学习其中的行业知识,培养对这份工作的兴趣,同时也有了更加饱满的工作热情。只有抱着这种价值观,才会真正激发起我们的职业责任感,在工作中自觉发挥主动性,更好地挖掘自身潜力,以更积极、更强烈的工作热情投入工作。只有这样,才可能在工作中不断取得进步,收获成功。

(四)认认真真做事

工作责任感的强烈与否,体现了一个人的工作态度。态度决定一切,是尽自己最大的努力去完成任务,还是随便敷衍了事,这一点,也正是事业成功者和事业不成功者的分水岭,有人说成功的人的品质都是一样的,而不成功的人却是各有各的不同。一个人是否可靠,是否可以托付,是通过一件件事情的完成来感觉和判断的。弄虚作假,早晚会被察觉,因为虚假的事情,无法自圆其说。比如在公交车上的司售人员,能把行车所载的乘客安全送达并做到几年如一日,在拥挤的城市中穿梭,在复杂的路面上平稳安全的启车、转弯行驶。而当责任感从一朝一夕到年复一年地践行着,事实证明强烈的责任感它虽然不能使我们的工作由平凡变为高尚,但它能提升我们的工作能力和工作品质。

(五)不找借口

在日常工作中,企业判断员工有无责任意识的一个标准就是员工是否会为工作未达到目标而找借口。工作中,一旦没有达到预期目标,找借口不仅于事无补,反而会分散精力、浪费时间,养成推脱责任、散漫慵懒的工作作风。但凡成功的人,都是敢于承担责任、从来不找任何借口的人。员工要养成"不找借口找原因"的思维习惯,一旦工作中出现失误,能勇于负责,把精力集中在解决问题上,减小失误带来的损失。

(六)重视过程和结果

对企业来说,既能够做事情,又出结果的员工才是好员工。做负责任的好员工,至少要干得比说得漂亮,做得比答应得精彩。把结果带回来,做一名负责任的员工,这是走向事业成功的前提。失败有一千种理由,但成功却只有一种方法:做任何事情都出结果。有人说:"过程比结果重要。"其实,过程和结果没必要分得那么清楚。毕竟,过程决定结果。有些人说他在过程中努力了,但是没有成功,所以他认为过程不重要。这明显就是个错误,为什么没有成功?那是因为努力得还不够。

(七)想方设法履行承诺

在工作约定进行过程中,遇到事先没有预想到的困难如何保证承诺的兑现呢?不重视约定的人,总是强调客观原因;而遵守约定的人,则能够承担个人利益的牺牲,千方百计地履行承诺。

模块九　弘扬职业精神

总结案例

铁人张定宇：与时间赛跑

他身患"渐冻"绝症，妻子被感染隔离，却瞒着全院医护人员，率领600多名白衣卫士冲锋在前，与病魔争抢时间。他就是武汉最大的专科传染病医院——金银潭医院院长张定宇。

"不要急不要急，在医院门口稍等，我马上安排人出来接。""快些，要抓紧，病人的事一刻都等不得，越快越好！"不到1小时内，一瘸一拐的张定宇连接了8个来电。在疫情中坚守的前30多天，他往往是凌晨2点刚躺下，4点就得爬起来，各种突发事件、电话，应接不暇。"雷厉风行"是身边同事对张定宇评价最多的词语。"性子急，是因为生命留给我的时间不多了。"张定宇接受采访时说："我是一个渐冻症患者，双腿已经开始萎缩，全身慢慢都会失去知觉。我必须跑得更快，才能跑赢时间，把重要的事情做完；我必须跑得更快，才能从病毒手里抢回更多的病人。"

抗击疫情的每个时刻，张定宇兵不解甲、马不停蹄。他说："身为共产党员、医务工作者，非常时期、危急时刻，必须不忘初心、勇担使命，坚决顶上去！"

就在张定宇（见图9-1）日夜扑在一线，为数百名重症患者转诊开启生命通道时，同为医务人员的妻子，却因新型冠状病毒感染，在十几公里外的另一家医院里独自忍受着病痛，接受治疗和隔离。分身乏术的张定宇，有时忙得一连三四天都顾不上去看她一眼。

图9-1　工作中的张定宇

分析：张定宇不顾个人安危、出生入死，一心为党，兑现对组织、对人民的承诺。为了新型冠状病毒感染的重症病人得到及时救治，他完全忘却自己是一名渐冻症患者，冒着被感染的风险，拖着病残的伤腿，坚守在抗击病毒一线。这充分体现了他的担当和责任，诠释了他为党为民的牺牲精神，他践行自己的承诺，不讲条件，冲锋在前，坚决服从党的安排，把对组织的承诺时刻铭记在心，用行动践行初心和使命。

课堂活动

抗"疫"中的责任与担当

一、活动目标

理解如何树立青年人的责任与担当。

二、活动时间

建议 15 分钟。

三、活动流程

1. 教师出示以下阅读材料，并提问：我们如何树立社会责任与担当？

用行动诠释青年人的责任与担当

出生于 1996 年的张锐聪是哈尔滨工业大学研一的学生，寒假回到温江后，她没有选择在家休息，而是主动向社区请缨，加入志愿者行列，承担起新尚天地小区停车场入口的检查服务工作。

对于自己的志愿者行为，张锐聪表示："有时候出去看见门口的物业工作人员非常辛苦，同时学校的党支部，一直在号召大家做这些事情，我身为学生党员也该担负起责任。"

2020 年，除了在家上"网课"，其他时间张锐聪都蹲守在小区停车场入口，确保一切来往车辆和人员登记在册。不仅如此，张锐聪还要做好人员体温测量以及来往车辆消毒工作。刚开始遇见不配合的业主，她觉得委屈和无奈，但她也理解有些人工作上有一定的压力，因为检查来来回回折腾麻烦，所以态度不太友好，碰到这种情况她就尽力与他们做好沟通。

张锐聪身材娇小，外表柔弱，面对新型冠状病毒肺炎疫情，却十分坚强。无论刮风还是下雨，张锐聪都坚守在岗位上，一站就是半天的时间。

当很多企业陆续复工复产后，进出小区的车辆更多了，张锐聪也更加忙碌了，但她坚持做到学校开学，"其实不论是像我们这样的志愿者，还是很多的一线医护人员，都是非常年轻的'90 后''95 后'，我们是一代人。以前总觉得自己还是个小孩，但现在突然意识到，其实自己也已经成年了，这些社会责任该我们担起来了。"

像张锐聪这样的青年志愿者，在大学城社区还有许多，他们默默付出，用行动诠释青年人的责任、勇敢与担当。

2. 教师将学生按照 6~8 人划分小组，通过小组内部讨论形成小组观点。

3. 每个小组选出一名代表陈述本组观点，其他小组可以对其进行提问，小组内其他成员也可以回答提出的问题；通过问题交流，将每一个需要研讨的问题都弄清楚。

4. 教师进行分析、归纳、总结。

5. 教师根据各组在研讨过程中的表现，给予点评并赋分。

模块十

提升职业素养

导读导学

　　高素质的职业人，是一个具有健康心理和生理素质、科学文化素质、良好思想品德的人，也应该是掌握一定劳动技能的劳动者。人们无论是从事理论研究、科学发明，还是从事行政管理、市场营销，乃至工农业的生产，都是以一个劳动者的身份立足于社会的。因此，培养自己热爱劳动和劳动人民的品质，增强劳动观念和意识，提升职业素养至关重要。

　　职业素养不是与生俱来的，它需要后天的培养。从呱呱落地到咿呀学语，人类从无知到懵懂，逐渐了解社会，认识社会。随着年龄的增长，心智的成熟，知识的积累，人类在认识社会的同时渐渐树立了个人独有的世界观、价值观与人生观。各种观念的树立渐渐培养了个人对学习、对工作的认识，并渐渐地形成个人独有的职业素养。大学生可以通过洞悉职业认识，了解职业发展与变迁，洞悉职业发展趋势和新职业，清晰职业定位并做好职业规划；探索人的兴趣、性格、能力，更好的认识自己，让自己做匹配的合适的职业；初入职场后养成终身学习的良好习惯，主动学习、不断探索、自我更新、学以致用、优化知识，更好地实现职业生涯价值和实现个人梦想。

　　本模块包括洞悉职场和职业人、努力追寻人职匹配和培养终身学习习惯三部分。围绕大学生踏入职场，提高职业素养做好准备。在洞悉职场与职业人中重点阐述了职业的发展趋势及新职业、职场的关键要素、优秀职业人的素质；在探索人职匹配中运用霍兰德的职业适配性探索职业兴趣、使用MBTI16种性格类型的特征和职业倾向探索职业性格、职业能力；在培养终身学习中重点强调了终身学习的习惯培养及对职业生涯的价值需要。

主题10.1 洞悉职场和职业人

> ◎哲人隽语
> 世上没有卑贱的职业，只有卑贱的人。
> ——林肯

学习目标

1. 熟悉职业的概念，能解释职业发展，积极关注涌现出的新职业。
2. 能归纳职业的关键要素，可运用职业定位方法帮助自己找准职业方向。
3. 积极研究优秀职业人的素质，提升个人职业素养水平。

引入案例

从普通工人成长为首席技师

2015年，孟维当选共青团中央"全国向上向善好青年"。孟维曾带领团队完成了多项创新成果为企业创造直接经济效益约500万元。

多年前，18岁的孟维（见图10-1）刚从技校毕业，就进入了徐工集团车床操作车间成为一名普通工人。刚参加工作时，在技校学习的基础知识用到生产一线显得非常"小儿科"，孟维甚至无从下手，不甘心的他就开始"蛮干"，别人干8小时，他就干12小时。厂里带孟维的师傅看不下去了，点拨他应该用"动脑筋"代替"耗时间"。孟维就跟着师傅学习、向专家求教。几年下来，他竟然成了一个数控车床

图10-1 工作中的孟维

维修的"土专家"，应付起了大大小小的数控车床维修工作。

孟维的收入也有了很大提高。正当他有些沾沾自喜之时，在第一届全国数控技能大赛的选拔赛上，他受挫了，但他不服气，继续发扬勤学苦练精神。随着时间的推移和技术水平的提升，一个个创新成果让孟维有了很大的自我满足感。孟维也从一名普通的工人成长为江苏省企业首席技师、江苏省有突出贡献中青年专家、江苏省五一劳动奖章获得者，并入选"2012江苏好青年百人榜"。

（节选自《中国青年网》，有修改）

分析： 每个大学生都应该练就职业技能。现实告诉我们，只有耐得住寂寞，能吃苦，有耐心，肯付出，就一定会得到相应的回报。孟维进入职场后，在师傅的指导下通过"动脑筋"代替"耗时间"，随着时间的积累和自己的努力，凭着过硬的职业技能从一名普通工人成长为了企业的首席技师。

模块十 提升职业素养

一、职场

职场是指一切开展职业活动的场所。广义上还包括与工作相关的环境、场所、人和事,以及与工作、职业相关的社会生活活动、人际关系等。

(一)职场的关键要素

1. 职业定位

职业定位就是清晰的明确一个人在职业上的发展方向,它是人在整个生涯发展历程中的战略性问题,也是根本性问题。职业定位包括三层含义:一是确定自己是谁,自己适合做什么工作;二是告诉别人自己是谁,自己擅长做什么工作;三是根据自己的爱好、特长、能力以及个性将自己放在一个合适的工作(生活)的岗位上。职业定位是自我定位和社会定位两者的统一,是一个动态过程,需要结合个人职业生涯的不同阶段不断做出修正调整。

大学生的职业定位受就业意识支配,它是大学生价值观的重要组成部分。而就业意识的核心是就业动机,大学生的就业动机总是从一定的动机出发并指向一定的目标。谋生型、创业型和贡献型三种就业动机影响着作为大学生的职业定位。

案例 10-1

中小微企业是高职生就业的理想职业定位

中小微型企业是指中小型企业、微型企业、经营部、个体工商户的统称。目前,全国范围内经工商注册登记的中小微企业占全部注册企业总数的 90% 以上,其上缴税收比例已经达到全国企业上缴税收的 50%。中小微企业的工业总产值、销售收入、实现利税分别占总量的 60%、57% 和 40%,流通领域中小微企业占全国零售的 90% 以上,大约提供了 75% 的城镇就业机会。中小微企业已经成为劳动社会经济的新增长点,成为推动中国经济社会发展的重要力量。

但中小微企业优质人才匮乏,求贤若渴。市场调查显示,中小微企业是人才需求面广、数量大的雇主,招聘市场上长年不断招聘的企业往往都是中小微企业。中小微企业员工的学历普遍偏低,这类企业对高素质技能型职业人才格外青睐。因大型企业往往门槛较高而中小型企业数量多、人才需求大,个人学习成长空间大,所以高职毕业生初入职场不妨选择中小微企业,它们是高职生的理想职业定位。

2. 职业素质

职业素质是工作者对职业了解与适应能力的一种综合体现,主要表现在职业兴趣、职业能力、职业个性及职业情况等方面。影响和制约职业素质的因素很多,主要包括:受教育程度、实践经验、社会环境、工作经历以及自身的一些基本情况(如身体状况等)。工作者能够顺利适应职场环境,取得职场成就,很大程度上取决于个人的职业素质。职业素质越高的人,获得成功的机会就越多。

3. 职业意识

职业意识是指人们对职业的认知、意向及所持的观点，是正确认识和把握社会需求对自己进行正确社会定位的思维能力，是指工作者对自己未来所从事的职业，有明确的追求和全面、清醒的认识，包括职业的就业现状、发展前景等。职业意识能够为人们指明方向，成为人们以某一特定职业去为人类和社会进步服务的内在精神支柱。

4. 职业规划

职业规划是对职业生涯乃至人生进行持续的系统的计划的过程。初入职场，职业规划有助于使个人认清自身发展的进程和事业目标，作为选择职业与承担任务的依据，把相关的工作经验积累起来，准确地充分利用有关的机会与资源，指引自我不断进步与完善。职业规划能够准确评价个人特点和强项，评估个人目标和现状的差距，提供奋斗的策略，增强职业竞争力。

5. 职业发展

职业发展是致力于个人职业道路的探索、建立、取得成功和成就的终身的职业活动。根据中国职业规划师协会的定义：职业发展就是在自己选定的领域里，在自己能力所及的范围内，成为最好的专家，也就是在某一领域有深入和广泛的经验，对该领域有深刻而独到的认知的人。

（二）未来的职场

如今，在移动、互联、智能技术的推动下，企业正在改变它的组织形态。相应的，未来的工作和职场也在被重新定义。一方面，市场环境瞬息万变，企业需要具备更多的灵活性和应变能力，让组织的能力可以随市场的需求快速延展或收缩，传统的组织形态和用人方式显然不能满足。另一方面，职场人的心态也发生了变化。随着自由职业者全球化及共享经济的盛行，"共享平台 + 企业 / 个人"的经济组织方式在未来 20 年将获得突破性进展。未来也许公司会消失，但是工作不会。未来没有稳定的工作，只有稳定的能力。

在未来，一些容易拆分且易于考核的短期业务会更多地以零工的形式流入企业外部的劳动力市场，与长期雇佣形成互补的态势。越来越多的"斜杠青年""个人供应商"将成为企业人力资源中重要的组成部分。过去企业对员工的评估主要取决于其与岗位所匹配的专业能力、专业知识，但随着时代的变化，员工的雇佣价值将逐渐从过去的以"技能"为核心的单一维度，转变为多维度的综合评价体系。

二、职业人

职业人是指具备较强的专业知识、技能和素质，通过参与社会分工为社会创造物质财富和精神财富，并获得报酬，在满足物质需求和精神需求的同时实现自我价值的职场人士。

七种好职员的表现盘点

（一）优秀职业人的素质

1. 具备职业精神

职业人要想适应职场环境，必须具备明确的工作目标和强烈的责任心，有良好的职业态度，能踏实、高效地完成本职工作，塑造值得信赖的职业形象，获得上级、同事及客户的信任。

2. 良好的职场礼仪

优秀的职业人应当具备良好的职场礼仪，打造符合职业要求的形象，塑造良好的职业化行为，对外展现个人态度、个人修养、个人能力，同时也能代表组织的良好形象及管理水平。

3. 良好的职业心态

优秀的职业人都拥有好奇心和求知欲，勇于面对挫折与挑战，勇于承担任务及责任，能够坦然接受失败，具备强大的抗压能力，善于解决问题，处理矛盾，化压力为动力。

4. 过硬的职业技能

优秀的职业人需要具备持续学习的能力，高效合作的团队协作能力，能够迅速融入团队的沟通与适应能力，足够专业与理智的自控能力，能够主动出击、创造机遇的执行力和行动力，具有敏锐的思维觉察与创新能力。

（二）形成正确的价值观和职业价值观

1. 价值观与职业价值观

价值观是指个人对客观事物（包括人、物、事）和自身行为结果的意义、作用、效果和重要性的总体评价，是对什么是好的、什么是应该的总的看法，是推动并指引一个人做出决定、采取行动的原则和标准，是个性心理结构的核心因素之一。人的价值观在形成之后会相对持久和稳定，但也会随着人们经历或经验的增加而发生变化。

职业价值观是个人追求的与工作有关的目标，是个人价值观在职业问题上的反映，即个人对于与工作有关的客观事物的意义、重要性的评价和看法。职业价值观体现了一个人真正想从工作中得到什么，它决定了个体对工作的相对稳定的、内在的追求，对于个体的职业选择和发展起到方向导引和动力维持的作用。

2. 大学生应该具备的职业价值观

大学生进入职场的过程中，应有意识地建立一些与职业和工作有关的价值观，可以帮助改进工作习惯和工作效率。

（1）将职业发展的愿景作为行动指南，在决定如何安排生活中的每一天时，给予使命相关目标最高的优先权。

（2）重视出勤和准时。无论是在工作中，还是在学校或日常生活中，好的出勤和准时会潜移默化地影响个人声誉。

（3）重视时间管理。重视时间的人会充分地利用时间，会更合理地安排时间。

（4）重视整洁、秩序和速度。整洁、秩序和速度是工作效率的保障，应给予足够重视。

（5）聪明地工作。寻求导致好的结果的灵活方法，而非单纯地埋头苦干、蛮干。

（6）对自己负责。要在意自己每天到底做了哪些工作，反思自己的工作对自己工作绩效和生活质量的提高有没有起到促进作用。

（7）重视休息和放松。过度工作会导致工作压力增高，甚至工作耗竭，适当地休息有助于保障工作效率和工作质量。

（8）关注效果。将注意力放在影响工作成效的关键因素上，而非工作本身。

（三）学会目标设定和自我激励

1. 目标设定的优点和原则

目标是人们想要达到的结果、境况、目的或状态。目标设定是一种激励方法，设置特定的、具有适当难度的目标能够有效地提升个体的工作效果。

目标设定是一门艺术，在目标设定过程中，可以参考以下原则：

（1）形成简明的目标。一个实用的目标通常可以用简洁明了的方式表达出来，过长的目标表述会涉及太多的行动，难以作为一个行动指南为行动服务。

（2）描述当达成目标后将会怎样。所列出的目标应该明确，应该是对实际行动的描述。

（3）设定现实的目标。目标既不能过于简单又不能过难，应当是具有一定的挑战性，但是通过努力可以实现的。

（4）在不同时期设定不同目标。目标最好根据不同时期而有所不同，设立日常、短期、中期或长期目标。

（5）在个人目标设定中保留一些幻想，幻想目标可以弥合职业和生活目标之间的鸿沟，可以帮助个体进行自我调整，有助于缓解焦虑。

（6）经常回顾自己的目标。要经常回顾目标实现情况，并确保这个目标还有激励作用。

2. 自我激励的技巧

目标的设定可以为个体带来心理上的激励，但更重要的是，人们要学会更好地自我激励。以下是常见的自我激励的技巧：

（1）寻找工作的乐趣或工作本身的价值，寻找挑战和新鲜感。

（2）获得工作绩效的反馈。反馈信息很重要，它实际上代表着一种回报，如果知道自己的努力是有价值的，就会感到欢欣鼓舞。

（3）注重自我行为矫正。行为矫正是一个在做对事情时给予奖励而在做错时给予惩罚的激励系统，人们可以运用这套机制来改变自己的行为，例如克服饮食障碍、烟瘾、网瘾、啃手指头以及无故拖延时间等。

（4）使技能提升与个体的目标相联系。个体应该接受适当的培训来提高自己的技能水平，以满足工作岗位的需要。适当的培训会给个体带来出色完成工作的信心，同时也会加强个体对自我效能的认知。

（5）提升自我期望的水平。个体可以对自己的期望更高一些，尽管高的自我期望和积极的心理状态需要花很长的时间来培养，但是在很多情况下，它们非常重要。

（6）培养强烈的工作道德准则。一个自我激励的高效战略就是培养强烈的工作道德准则。如果个体认为大部分工作是很有意义的，并且是愉快的，那么自然很容易受到激励。

（四）杜绝拖延行为

拖延行为本身并不是十分严重的问题，然而当拖延行为积累成习惯，进而影响到工作进展、人生发展，甚至带来其他负面的情绪时，就需要采取有效措施杜绝这种现象的不断扩大。

1. 造成拖延的原因

造成拖延的原因很多，常见造成拖延的因素主要有以下几点：

（1）不够自信：容易逃避，产生拖延。

（2）完美主义者：要求太高，过分追求完美。

（3）内心消极颓废：觉得什么事情都很难。

（4）内心太胆小：对失败及至成功的恐惧，顾虑太多，执行力弱。

（5）过度自信：错误估计时间进度。

（6）缺乏干劲：得过且过，能拖多久是多久。

（7）外部因素：非个人原因造成的拖延。

2. 如何杜绝拖延行为

个体可以在以下几方面做出调整：

（1）学会善待自己。重新定位自我，学会自我减压，不必求全责备。

（2）学会"储蓄"时间。当身心疲惫时，不妨停一停，换一下环境，把工作能量储存起来，再回来全力再战。

（3）自我奖励。每完成一项工作后给自己一个奖励，即使有些工作没有得到及时的回报，或者效果很难确切地看出来，也可以为完成工作而自我奖励一番。

（4）设定完工期限。为了自我约束，必须定下最后期限，最后期限是一种无形压力，以避免毫无计划的自我放任。

（五）提升解决问题的效能

无论多么复杂的问题，如果个体遵循一个标准的问题解决步骤，通常会产生良好的效果。问题解决的步骤如下：

（1）觉察问题。问题解决开始于人们意识到了问题的存在。

（2）界定问题原因。在采取任何行动之前，必须首先明确和澄清问题的原因。界定问题原因时，通常会从人、材料、机器和设备、物理环境、方法的角度提出问题。

（3）寻找创新方法。创造力与想象力也同问题解决和决策相关。成功的决策者有能力想出多的解决方法，那些迫使自己寻找一种不同的问题解决方法的人，更有可能寻找到突破性解决方法。

（4）权衡不同方法。这个步骤仅指对先前阶段所产生出来的不同解决方法的利弊进行检查。一个重大决策中，应该严肃考虑每一种方法。在实践中，权衡不同方法通常是指记录下每种可能选择的好处和坏处。

（5）做出选择。在选择解决方法时，不必过分执着于为自己的问题寻找唯一正确的答案，许多问题都会有多种解决方法。

（6）实施选择。在自己决定了采用哪套方案后，将自己的选择付诸实施。

（7）评估选择。实施选择后，个体要评估自己的选择是否达到理性的效果，从而判断问题解决的有效性，并根据评估结果对前述的问题解决过程进行回顾、反思和调整。

 总结案例

3个砌墙工

在一个建筑工地,有位社会学专家对正在砌墙的3个工人进行了随机调查。

专家问第一个砌墙的工人:"你在干什么?"

第一个砌墙工人没好气地说:"没看见吗?我不是在砌墙吗?"

专家又问第二个砌墙的工人:"你在干什么?"

第二个砌墙工人抬起头,笑了笑说:"我在盖一幢高楼。"

专家再问第三个砌墙的工人:"你在干什么?"

第三个砌墙工人一边砌墙一边哼着歌曲,笑容灿烂地回答:"我在建设一座城市。"

10年之后,社会学专家了解到,第一个砌墙工人仍然在建筑工地上砌墙;第二个砌墙工人已经坐在办公室里画图纸;第三个砌墙的工人呢,已经是前两个工人的老板。

分析: 且不看3个人未来的命运如何,单看第三个人的职业心态就非常令人钦佩。如果都像第一个人,消极愁苦地面对自己的工作,再好的工作也不会有什么成效;而同样平凡的工作,一样的看似简单重复,枯燥乏味,有的人却能以积极的职业心态面对,在平凡中感知不平凡,在简单中构筑自己的梦想,化压力为动力,克难攻坚。

 课堂活动

绘制"理想职业"规划彩虹图

一、活动目标

要实现自己的职业目标,我们需要根据自己的职业愿景设计一份目标行动路径图,一定会诞生很多新的职业认识和就业机会,淘汰旧职业,清晰职业定位。

二、活动时间

建议20分钟。

三、活动准备

空白纸、彩笔若干。

四、活动流程

1. 教师引导学生想象自己未来的生活角色,并在空白纸张上画彩虹图的半圆(见图10-2)。

模块十 提升职业素养

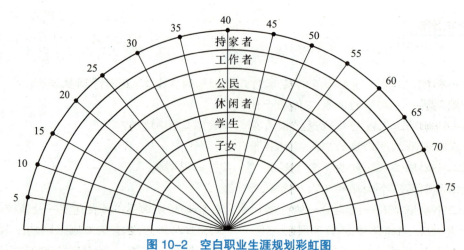

图 10-2 空白职业生涯规划彩虹图

2. 标注年龄阶段和自己可能扮演的角色名称。

3. 将在某个年龄阶段所希望扮演角色的区域按照个人认为的重要程度,涂上颜色,一种角色一种颜色。

4. 教师将学生按照 6~8 人划分小组,每个组员进行组内分享,谈一下自己对职业变化的思考。

5. 每组推选 1 名代表在班级上分享其个人对职业变化的思考。

6. 教师进行分析、归纳、总结,并根据每个人在整个活动中的表现赋分。

主题10.2 努力追寻人职匹配

> ◎哲人隽语
> 所有智力方面的工作都要依赖于兴趣。
> ——皮亚杰

 学习目标

1. 能够概述人职匹配包含的内容、理论和工具。
2. 能够使用霍兰德职业兴趣图,更多了解自己,为择业做准备。
3. 能在指导下运用 MBTI 探索职业性格,愿意与他人交流关于自身人职匹配方面的疑惑。

 引入案例

明智的职业选择

小霞是一名计算机网络技术专业的女生,对口工作都是与计算机相关的,但是她觉得自己并不喜欢做技术,专业知识学的也不够好,因此决定换个就业方向。

刚开始她很迷茫,不知道自己能做什么。一次偶然机遇,二年级开始她在学校招生就业处担任了学生助理,平时负责帮助老师组织校内招聘会,接待用人单位,因此和很多企业的人力资源经理有过接触,也了解了很多不同行业的企业信息。由于长期接触招聘工作,并且经常帮助老师处理办公室行政事务,她对人力资源工作产生了兴趣，便开始有意识地留意学校有哪些企业可以提供人力资源岗位，并且了解人力资源岗位的具体要求。因为经常组织招聘活动，她对招聘流程有了清晰了解，再加上出色的沟通能力和组织协调能力，很快就被一家企业人力资源部录用。

分析： 有的学生对专业不了解，凭感觉选择了专业，学完后，发现和当初自己想象的不一样，不想从事相关工作，这时候应该怎么选择？小霞在关键的时候做出了正确的职业选择。一个人的职业成就与所学专业没有直接关联。在求职的时候，大学毕业生的专业跟将要应聘的职位几乎不相关，但只要他们实际上具备这个职位所需求的各项技能，就可以证明自己有资格去胜任它。

一、人职匹配

人职匹配，就是"人的信息与职业的信息之间的匹配"关系。人与职业环境的类型匹配是形成职业满意度、成就感的基础。霍兰德的职业适配性，强调的是基于"我是谁"去做选择。在职业兴趣测试的帮助下，个体可以清晰地了解自己的职业兴趣类型和在职业选择中的主观倾向，从而在众多的职业机会中找寻到最适合自己的职业，避免盲目行为。尤其是对于大学生和缺乏职业经验的人，霍兰德的职业兴趣理论可以帮助他们更好地去做职业选择和职业设计。

◎知识链接

霍兰德职业兴趣理论

二、探索职业兴趣

兴趣是个体力求认识某种事物好从事某项活动的心理倾向，它表现为个人对某种事物或从事某项活动的积极态度。兴趣是在一定需要的基础上，在社会实践中发生和形成的。李开复曾对于兴趣给出五点参考：选你所爱；爱你所选；把握每一个选择兴趣的机会；忠于自己的兴趣；找到最佳结合点。兴趣在人的职业选择过程中具有重要的作用，是进行职业选择的重要依据。人们在选择职业时，当外界环境限制较少时，更倾向于寻找与自己兴趣有关的职业。

◎知识链接

霍兰德兴趣岛测试

职业环境的变化和社会生活的日益丰富、科学技术的发展、新行业和新职业的不断出现，都会对人的兴趣产生影响。有的人兴趣一经形成就稳定不变，尽管以后兴趣面不断拓宽，但始终保持原来的职业兴趣。有些人则职业兴趣多变，缺乏稳定性和持久性，对某一职业很容易发生兴趣，但很快又会被另一种职业兴趣所代替。在选择职业时，这种态度很难适应职业生涯的要求。只有稳定的职业兴趣才能推动深入理解问题，从而获得系统和深刻的知识，奠定成功的基础。

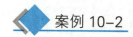

案例 10-2

兴趣使他不会疲倦

年仅 40 岁就获得诺贝尔奖的丁肇中,从小就对物理有浓厚的兴趣。20 岁时,他带着仅有的 100 美元,远赴重洋到美国密歇根大学学习数学和物理。在 3 年多的时间里,他刻苦读书,把全部精力都贯注于学业中去,有人问他:"这样刻苦攻读,你不觉得苦吗?"丁肇中笑着答道:"不、不、不,一点也不,没有任何人强迫我这样做,正相反,我觉得很快乐。因为我有兴趣,我急于要探秘密。"正因为如此,丁肇中以优异成绩毕业,并被留在普林斯顿从事研究工作,后来,又成为哥伦比亚大学助理研究员,与里奇特同一天发现了 J/Q 粒子,共同获得了诺贝尔物理学奖。

作为世界顶尖的物理学家工作到六七十岁后本可像许多科学家那样功成身退,但他依然选择奋战在科研一线。他说,好奇心和兴趣是他生命的原动力,"工作就是我的兴趣,兴趣使我不会疲倦。"

三、探索职业性格

(一)职业性格的定义

性格是指人们在对人、事、物的态度和相应行为上表现出来的特征,它是一种个体内部的行为倾向,是相对稳定、具有核心意义的、与社会联系最为密切的个性心理特征。性格具有较为复杂的结构,主要包括态度、意志、情绪、理智 4 个方面的特征。

职业性格是指人们在长期特定的职业生活中所形成的与职业相联系的、稳定的心理特征,是个人内部的动力,也是确定个人在职业上的特征性行为的依据。

(二)性格类型与职业倾向

(1)从心理机能上划分,性格可分为:理智型、情感型和意志型。

(2)从心理活动倾向性上划分,性格可分为内倾型和外倾型。

(3)从个体独立性上划分,性格分为独立型、顺从型和反抗型。

(4)按人的行为方式,即人的言行和情感的表现方式可分为 A 型性格、B 型性格、C 型性格和 D 型性格。

MBTI 性格类型理论以瑞士心理学家荣格的人格分类理论为基础,与其相对应的 MBTI 职业性格测试是目前应用最为广泛的职业人格评估工具。MBTI 人格共有 4 个维度,每个维度有两个方向,共计 8 个方面,16 种类型,见表 10-1,分别是:

能量获取方式:外向(E)——内向(I)

信息获取方式:感觉(S)——直觉(N)

分析判断的方式:思考(T)——情感(F)

行事的方式:判断(J)——知觉(P)

主题 10.2 努力追寻人职匹配

表 10-1 16 种 MBTI 性格类型

ISTJ 内向+实感+思维+判断	ISFP 内向+实感+情感+知觉	INFJ 内向+直觉+情感+判断	INFP 内向+直觉+情感+知觉
ESTJ 外向+实感+思维+判断	ESFP 外向+实感+情感+知觉	ENFJ 外向+直觉+情感+判断	ENFP 外向+直觉+情感+知觉
ISFJ 内向+实感+情感+判断	ISTP 内向+实感+思维+知觉	INTJ 内向+直觉+思维+判断	INTP 内向+直觉+思维+知觉
ESFJ 外向+实感+情感+判断	ESTP 外向+实感+思维+知觉	ENTJ 外向+直觉+思维+判断	ENTP 外向+直觉+思维+知觉

4 个维度的两个方面，可以组合出 16 种性格类型，见表 10-2。

表 10-2 MBTI 16 种性格类型的特征和职业倾向

性格类型	特征	职业倾向
ISTJ	工作缜密、有责任心、讲求实际	管理者、执法者、会计、审计师、行政人员
ISFJ	沉静友善、忠诚、有奉献精神，喜欢实际可行的帮助别人	教育、健康护理、宗教服务、服务员
INFJ	正直坚定、富有理想、对别人有洞察力、感情强烈	咨询服务、教导/教育、电影编剧等艺术工作者
INTJ	具有创意头脑、能很快掌握事物规律、思维严谨、有怀疑精神、坚韧不拔	科学家、研究人员、工程师等
ISTP	容忍、冷静、坦率诚实、重视效率、善于观察、擅长分析	各类技术专家、技师、熟练工种、执法者、军人等
ISFP	敏感仁慈，沉静友善，喜欢有自我空间，灵活，易于相处，多用行为表达情感	健康护理、服务业、机械和维修、手工制作者
INFP	敏感、理想化、忠诚、信仰坚定、具有忍耐力和适应性、有好奇心	艺术家、作家、咨询服务、社会工作者、社科类研究人员
INTP	缄默超然、灵活易变、思维开阔、喜欢分析。喜欢理念思维多于社交	科学或技术研究人员、作家、设计师、艺术家等
ESTP	活跃、率直友善、随遇而安、讲求实际、专注及时的效益、善于用行动解决问题	各类贸易商、零售商、房地产经纪人、保险经纪人、体育工作者等
ESFP	热情大方、乐于助人、擅长交际、喜欢具体的事实，富有灵活性、即兴性	销售人员、客户经理、表演人员、节目主持人、导游、社区工作人员、健康护理、儿童保育等
ENFP	乐观自信、富有创造性、好奇、乐于欣赏支持别人、观察力强	儿童教育工作者、职业规划顾问、社会工作者、培训师、节目策划人、广告撰稿人
ENTP	思维敏捷，喜欢变化与挑战，开放健谈，富有想象力、善于洞察别人、随机应变	投资顾问、市场营销人员、广告创意、艺术总监、访谈类节目主持人、制片人

续表

性格类型	特征	职业倾向
ESTJ	传统、合群、高效、务实、善于分配和处置资源、喜欢制度分明、稳定的工作环境	大中型企业员工、业务经理、职业经理人、管理者
ESFJ	友好、富有同情心和责任感、重视人际关系、果断坚定、谨慎、讲求实际	办公室行政或管理人员、秘书、医护人员、教师、学校管理者、银行、酒店、餐饮业管理人员等
ENFJ	温情，有同情心，关心他人，社交活跃，积极协助他人成长	人力资源、销售培训员、职业指导顾问、心理咨询师、记者、节目主持人（新闻、采访类）等
ENTJ	自律、有条理、分析能力强、富有远见、善于领导、决策和组织、乐于指导他人	各类管理者、领导者、行业领域专家等

粗心的邮递员

张华是一所高职应届毕业生，成功应聘某市邮局从事邮递员工作。面试时，他表现热情大方，憨厚中透着精明，做人积极乐观、做事认真负责。性格开朗的他入职以来跟谁都自来熟，单位组织活动及同事有什么事，他都愿意帮一把；但是做事太毛糙，做邮包分区分类时投递经常出错，邮包投递出去因为区域分错又送回，往往要花很多时间重新检查投递，有时候连累其他同事陪着他加班，时间长了，其他人难免有怨言。这让张华的上级主管十分为难。

分析： 根据MBTI性格类型理论，可以确定张华是较为典型的外倾（I）型人格类型（为人热情，入职后跟谁都自来熟）；同时，也具备典型的直觉（S）型人格类型，对于事情的细节把握不够，出现邮包分区分类的差错。N型人即使是对工作很重视、很认真，往往也很难完全避免差错。所以张华的性格类型与岗位不匹配。

四、探索职业能力

任何职业岗位都有相应的岗位职责要求，一定的职业能力是胜任某种职业岗位的必要条件，因此，大学生在择业时，首先要明确自己的能力优势及胜任某种工作的可能性。

◎知识链接

职业基本能力

1. 操作型职业能力

以操作能力为主，运用专业知识或经验，掌握特定技术或工艺，并形成相应的职业技能与技巧的能力为特点，适合打字、驾驶汽车、种植、工厂技术员等岗位。

2. 艺术型职业能力

以想象力为核心，运用艺术手段来再现现实生活和塑造某种艺术形象的能力为特点，适合写作、绘画、演艺、美工等岗位。

3. 教育型职业能力

运用各种教育手段传授知识和思想或组织受教育者进行知识与态度学习的能力为特点，适合教育、宣传、思想政治工作等岗位。

4. 科研型职业能力

以创造性思维为核心，通过实验研究、社会调查和资料检索等手段进行新的综合、发明与发现的能力为特点，适合研究、技术革新、发明等岗位。

5. 服务型职业能力

以敏锐的社会知觉能力和人际关系的协调能力为主，借助人际交往或直接沟通使顾客获得心理满足的能力为特点，适合商业、旅游业、服务业等岗位。

6. 经营型或管理型职业能力

以决策能力为核心，能够广泛获得信息，并以此独立地做出应变、决策或形成谋略的能力为特点，适合经理、厂长等管理领域及各行业负责人等岗位。

7. 社交型职业能力

以人际关系协调能力为核心，了解人情世故，能够掌握人际吸引规律，善于周转、协调，并能使对方通力合作的能力为特点，适合联络、洽谈、调节、采购等岗位。

职业能力并不单一。同一个职业往往要求几种职业能力，不同职业之间也可能包括相同的职业能力，因此在学校期间，大学生除了专业职业能力以外，还需要特别注意一般职业能力的培养，才能更具备职业适应性。

 总结案例

余婷的未雨绸缪

又是一年毕业季，与其他同学相比，2019届旅游专业高职毕业生余婷的求职过程比较顺利，她很快就成功应聘到一家公司任文员，薪水待遇她也很满意。

求职时，余婷并没有四处撒网投递简历。因为，在大二时，她知道自己现阶段对职业岗位定位还不精准，所学的专业看似"万金油"，哪个行业都可以干，应该给自己一个明确的定位：自己想做什么？自己能做什么？所以，在校期间，她除了学好专业课外，还自学了与办公自动化相关的课程。她研究了一些招聘信息后发现，目前旅游专业需求并不高，但文员需求量大，只要熟练掌握办公软件的操作，招聘单位就很难不动心。

分析： 选择劳动岗位时需要从自身出发，包括个人的兴趣、性格、能力等，既要考虑客观因素又要结合自身的主观意向，选择一个适合自己、能够发挥长处的最匹配的行业和岗位，余婷目前的选择也许不是最好的，但绝对是非常明智的。职业定位一定要落在"定"和"准"上，要善于从小事、从最具体的职业岗位做起，只要这种小事、具体事与自己的最终职业目标一致，有利于个人职业目标的实现，都可以选择确定为自己的最初劳动岗位，要把内、外优势结合起来，拧成一股绳，形成职场打拼的强有力的核心竞争力。

模块十　提升职业素养

　**课堂活动**

思考人生

一、活动目标

探索人职匹配，促进对个人生涯规划的思考。

二、活动时间

20 分钟。

三、活动流程

1. 请学生思考一下自己喜欢做的五件事，其中，哪些可能与将来的职业有关，把它们写在表 10-3 中。

表 10-3　自己喜欢做的五件事

序号	喜欢做的事情	有关的职业
1		
2		
3		
4		
5		

2. 根据表 10-3 中自己所填写的内容，谈谈自己的感受。

3. 以宿舍为单位分成若干组，每组选出组长，由组长负责对问题进行讨论并归纳组内同学的想法。

4. 组内推选出一名代表在班级分享本组想法，其他小组可以对其进行提问，小组内其他成员也可以回答提出的问题。

5. 教师进行分析、归纳、总结，根据各组在研讨过程中的表现予以赋分。

主题10.3　培养终身学习习惯

> ◎哲人隽语
>
> 学习是终身的职业，在学习的道路上，谁想停下来就要落伍。
>
> ——钱伟长

　学习目标

1. 理解终身学习的概念和内涵。
2. 能复述终身学习的特点，可归纳培养终身学习的五个习惯，愿意尝试培养习惯的方法。
3. 分析终身学习对个人的意义，愿意养成终身学习习惯。

　引入案例

两条鱼的故事

鲮鱼喜欢吃鲦鱼，鲦鱼总是躲避鲮鱼。有位生物学家曾经用这两种鱼做了一个试验：用玻璃板把一个水池隔成两半，把一条鲅鱼和一条鲦鱼分别放在玻璃板的两侧。开始时，鲅鱼渴望吃到鲦鱼，飞快地向鲦鱼发起进攻，可一次次都撞在玻璃板上，被撞得晕头转向。撞了十几次之后，沮丧的鲅鱼失去了信心，不再向鲦鱼那边游去。更有趣的是，当实验者将玻璃板抽出来之后，鲅鱼也不再尝试去吃鲦鱼了，放弃了本来可以达到目的的努力。

几天后，鲦鱼因为得到生物学家供给的鱼料依然自由自在地在水中畅游，而鲅鱼却翻起雪白的肚皮漂浮在水面上死去了。

分析： 在自然界中，每个物种都存在着属于自己的天敌，在这一次实验中，原本属于食物链上层的生物放弃了对下一层生物的捕食，而当中的原因竟是因一块玻璃板。可想而知，在现实生活中，人们也许会遇见一块又一块"玻璃板"，是选择"接受现实"抑或是选择"改变命运"呢？相信大部分的人都是后者，因为当一个人完全的接受现实后，带来的是无尽的黑暗，对于当今这个高速发展的社会，唯有不断地学习才是应对未来变化最好的方法。

一、终身学习的概念和理论形成过程

（一）终身学习的概念

我们所常说的"活到老学到老"或者"学无止境"其实就是终身学习。终身学习是社会每个成员为适应社会发展和实现个体发展的需要，贯穿于人的一生的，持续的学习过程。终身教育和终身学习提出后，各国普遍重视并积极实践。终身学习启示我们在学校学习过程中要养成主动的、不断探索的、自我更新的、学以致用的和优化知识的良好习惯。

（二）终身学习理论形成过程

终身学习的思想古已有之，儒家创始人孔子就是终身学习的倡导者和践行者，同样在日本，古代亦有"修业一生"的观念。20世纪70年代，联合国教科文组织第一次提出了终身教育的理念，"学会生存""终身教育""学习化社会"等观念传遍世界。

1973年，美国卡耐基高等教育委员会发表了《迈向学习社会》一书，描述了学习社会的构想，解释了从传统学习向新的学习方式转变的原则。

1979年，罗马俱乐部发表题为《学无止境》的研究报告，提出面向未来的"创新性学习"。

1990年，世界全民教育大会通过《世界全民教育大会宣言——满足基本学习需要》，它告诉人们，人类社会命运共同体维系的基本前提是全体人民都能享受应有的教育。

1994年，首届世界终身学习会议召开，提出了终身学习是21世纪的生存概念，认为人们如果没有终身学习的概念，就难以在21世纪生存，并采纳终身学习的定义为："终身学习是通过一个不断支持的过程来发挥人的潜能，它激励并使人们有权利去获得他们终身所需要的全部知识、价值、技能和理解，并在任何任务、情况和环境中有信心、有创造性和愉快地应用它们。"

1996年，联合国教科文组织发布了《学习：内在的财富》报告，提出了学习的四大支柱，即"学会认知""学会做事""学会共同生活"，以及"学会生存"，同时宣扬终身学习和学会学习理念。

总之，人类文明已发展到了一个新的转折点，学习也从来没有像现在这样成为一个人最基本的生存能力，学习是我们每一个人乃至整个社会开启富裕之门的钥匙。

案例 10-4

在图书馆上"大学"的金克木

1935 年，只有小学学历的金克木（见图 10-3）经人介绍，到北京大学图书馆工作，负责借书还书。一天，他忽然想道："我为什么不能也像那些教授、学生一样读一些书呢？"

但如何在书海中寻到最有价值的书，令他一筹莫展。后来，他想到了一个办法——"索引"，就像他根据"索引"给借书人找书一样，反过来，他也可以从借书人那里搜索到有价值的书啊！从此，借书人就成了他的"导师"。白天，他在借书台和书库间穿梭，晚上他就偷偷阅读那些被别人借过的书。他的"导师"五花八门，但以毕业生为主，这些学生要写论文，因此他们借的书都很有方向性。

图 10-3　工作中的金克木先生

给金克木留下深刻印象的，是一位从十几公里外步行赶来的教授。他夹着布包，手拿一张纸往借书台上一放，一言不发。金克木接过一看，全是些古书名。待这位教授走后，金克木赶紧把记下来的书名默写出来，以后有了空闲，便按照书单到善本书库中一一查看。日久天长，这个曾经的懵懂少年不仅靠自学精通了梵语、印地语等十多种语言文字，还在文学、历史、天文等领域卓有成就，成为一代奇才，与季羡林、张中行和邓广铭并称为"燕园四老"。

二、终身学习的特点

（一）终身性

这是终身教育最大的特征。它突破了正规学校的框架，把教育看成是个人一生中连续不断的学习过程，是人们在一生中所受到的各种培养的总和，实现了从学前期到老年期的整个教育过程的统一。它包括了教育体系的各个阶段和各种形式。

（二）广泛性

终身教育既包括家庭教育、学校教育，也包括社会教育。可以说，它包括人的各个阶段，是一切时间、一切地点、一切场合和一切方面的教育。终身教育扩大了学习天地，为整个教育事业注入了新的活力。

（三）全民性

终身教育的全民性，是指接受终身教育的人，包括所有的人，无论男女老幼、贫富差别、种族性别。联合国教科文组织汉堡教育研究员达贝提出终身教育具有民主化的特色，反对教育知识为所谓的精英服务，使具有多种能力的一般民众能平等获得教育机会。而事实上，当今社会中的每一个人，都要学会生存，而要学会生存就离不开终身教育，因为生存发展是时代的主流，会生存必须会学习，这是现代社会给每个人提出的新课题。

（四）灵活与实用性

终身教育具有灵活性，表现在任何需要学习的人，可以随时随地接受任何形式的教育。学习的时间、地点、内容、方式均由个人决定。人们可以根据自己的特点和需要选择最适合自己的学习。

三、培养终身学习的习惯

（一）主动学习的习惯

主动学习，是指把学习当作一种发自内心的、反映个体需要的活动。它的对立面是被动学习，即把学习当作一项外来的、不得不接受的活动。

主动学习的习惯主要包括 6 个方面的内涵：一是把学习当成自己的事情；二是对学习有如饥似渴的需要；三是对自己的学习及时有效地进行评价；四是主动调节自己的学习行为，以适应不同的环境和需要；五是遇到困难坚持不懈；六是要正确对待别人的帮助。

（二）不断探索的习惯

不断探索，就是在未知的领域里，凭借自己的兴趣爱好、凭借自己的发现和寻找进行学习，多方寻求答案，解决疑问。

首先，要对周围某些事物、现象，对听到和看到的观点、看法有浓厚的兴趣。

其次，还需要不断丰富自己的信息资源。信息资源，既包括人的方面的资源，也包括知识方面的资源。

（三）自我更新的习惯

自我更新，就是不固守已经掌握的知识和形成的能力，从发展和提高的角度，对自己的知识、认识和能力不断地进行完善。

培养自我更新习惯可从以下几方面入手：①要让自己心态开放；②培养对新事物、新现象的敏感性；③要善于进行反思；④要进行自我更新；⑤虚心；⑥重视别人的意见，主动纳言。

（四）学以致用的习惯

常常听到有学生抱怨学校里学的东西没有用，果真如此吗？学不致用，当然无用；学以致用，自然会有用。在我国现阶段的学校教学中，可能由于种种原因，老师并不能经常引导学生把刚刚学到的知识与生活实践联系起来，很少给学生出一些生活类的题目，把一段时期学习的某个专题，甚至多种学科的多个专题的知识结合起来，进行综合运用。

"学以致用"的精髓，一方面在于把间接的经验和知识还原为活的、有实用价值的知识。这个还原的过程需要有一双敏锐的眼睛和始终思考的心灵。而始终思考的心灵，则让人们不断去发现现象背后隐藏的规律；另一方面在于动手。理论上行得通的东西，在实践中做起来可能远远比想象的复杂得多。对于技术性的工作，最优秀的往往不是学历高的人，而是有操作倾向、操作能力和操作经验的人。

培养学以致用习惯，可从以下几方面入手。

首先，要经常观察和思考。观察和思考是一切智慧的源泉。现象和规律都是客观地存在着，就像苹果园里的苹果年年都会往下掉，被砸中的人也不计其数，却只有牛顿因此发现了万有引力定律，这就是观察和思考的效果。可以说，几乎所有的发现都来源于细心的观察和思考。

其次，要学会"做"。"做"是这一习惯的核心，我们要不断动手去做实验，验证自己提出的想法和观点。

（五）优化知识的习惯

在知识社会里，信息浩如烟海，会游泳者生，不会游泳者亡。这里的"游泳"就是指管理知识与处理信息。可以肯定地说，21世纪最重要的学习能力就是学会管理知识和处理信息。具体说，个体不可能也不需要记住所有的知识，但他可以知道去哪里找自己需要的知识，并且能够迅捷地找到；个体不可能也不需要了解所有的信息，但他可以知道最重要的信息是什么，并且明确自己该怎么行动。

1. 优化知识习惯的内涵

首先，科学管理知识和处理信息，要学会反思。中国之所以有改革开放的巨变，得益于对历史与现实的反思。人类之所以向往和平与发展并越来越重视环境保护，也得益于对历史与现实的反思。具体到每一个人的真正进步，无不得益于对过去的反思。所以说，人之所以为人，反思是特别重要的特点之一。

其次，科学管理知识和处理信息，要学会有效地利用计算机和网络，同时要在了解的基础上避免对计算机和网络的不良运用。

案例 10-5

三省吾身的故事

春秋时期，孔子的学生曾参勤奋好学，深得孔子的喜爱，同学问他为什么进步那么快。曾参说："我每天都要多次问自己：替别人办事是否尽力？与朋友交往有没有不诚实的地方？先生教的学生是否学好？如果发现做得不妥就立即改正。"

——出自《论语·学而》

2. 培养优化知识习惯的要点

（1）要多思考。做错了题或写错了字，要自己主动思考，而不是急于去向老师、父母和同学问正确答案。因为学习是一个"悟"的过程，而"悟"是别人替代不了的。做完了作业，首先要自己检查，自己反思总结。

（2）要多复习。读书学习有一个把书变薄再变厚的过程，即读完厚厚的书或学完长长的课，经过反思会悟出最重要的知识，这就是把书由厚变薄。抓住最紧要的东西，加以联想、引申、升华，薄薄的东西便逐步加厚，又成为一本厚书。但是，这已经不是原来的书，而是学习者个人独创的书。

（3）要多动笔。俗话说："好记性不如烂笔头。"由于写作比讲话往往更深刻、更理性、更严谨，多动笔便成为反思的基本方法之一。譬如，写日记、写读书笔记等方法，值得大力提倡，这对自己的成长有特殊意义。每个人的成长过程都是自我意识发展的过程，是个人与社会互动的过程，必定伴随着酸甜苦辣，而这些都需要自己去一一品味。

（4）有效利用互联网。计算机和互联网有如此大的作用和影响，我们要学会健康有效地利用互联网。

四、终身学习是实现劳动者价值的需要

（一）终身学习是职业生存的需要

以往，一个人只要在学校学好一门专业，就可以一辈子当专家；学会一种技术和手艺，就可以受用终身。可是随着现代科学技术的发展，许多行业已不再是代代相承、永远不变。尤其是信息技术的迅猛发展，对人们的生活方式、学习方式产生着重要的影响，终身学习的重要性也越来越明显。"只有终身学习，终身受教育，才能终身就业"，终身学习已经成为现代劳动力市场的一条基本规律。

（二）终身学习是被尊重的需要

劳动者想要受人尊重，首先得有一定的学识，具备较高的素质。而学习是获得这些的前提和必要条件。学习是人类生存和发展的重要手段，终身学习是个体自身发展的必由之路。"活到老，学到老"是每个人应有的学习观。

如果个体不能经常更新知识结构，不能对新知识、新技能保持好奇与敏锐，就有可能落后于时代的脚步，成为别人眼里的"老古董"，甚至被职场和社会淘汰。

（三）终身学习是提高幸福感的需要

幸福感是一种心理体验，它既是对生活的客观条件和所处状态的一种事实判断，又是对生活的主观意义和满足程度的一种价值判断。它表现为在生活满意度基础上产生的一种积极心理体验。而幸福感指数，就是衡量这种感受具体程度的主观指标数值。终身职业学习可使个体紧跟时代的脚步，获得社会的认可，个人的认识有所提高，职场发展顺利，因此，个人生活的满意度也会随之提升，从而提升幸福指数。

从对幸福感的影响因素的分析中不难发现，就业状况、收入水平、教育程度等因素起着至关重要的作用，而这些因素无不可以通过终身职业学习去获得。对于个体来说，只有通过自己的刻苦努力，坚持不断地学习和实践，才能紧扣时代的脉搏，跟上时代的步伐，进而才可能拥有较好的职业和收入，提升职业幸福指数。

案例 10-6

宿管阿姨考上研究生

2018 年，因儿子计划考复旦大学的研究生，原梦园决定"伴考"，并报考了上海交通大学。为了提高英语水平，她应聘成了上海交通大学留学生公寓的宿管阿姨。

2019年7月20日,她离开了上海交通大学宿舍管理员岗位,前往广西大学攻读硕士学位,与她一同步入研究生学习的,还有她23岁的儿子,只不过,儿子将继续留在上海,去复旦大学求学。

2011年,儿子来上海读初三,原梦园来上海"督学"。为了给儿子作表率,她常到家附近的上海交通大学上自习,并在2016年通过成人高考,考入了复旦大学汉语言文学专业。

1991年从河南信阳师范学院毕业后,原梦园先是当老师,后被调到银行工作。婚后,她鼓励技校毕业的丈夫继续深造,丈夫一路念到博士,在上海一所大学任教。

"只要你愿意学,什么时候开始,都不会晚。"

"圆梦的道路不论多艰险,路的尽头一定是梦圆。"这句微信签名,道尽了上海交通大学宿舍管理员原梦园的心路和智慧。

(四)终身职业学习是适应社会和实现个人梦想的必然要求

学习是人类生存和发展的重要手段,要想更好地适应社会,驰骋职场,终身职业学习是必由之路。21世纪是"知识爆炸"的时代,知识老化加速,职工更替频繁,社会变化急剧,任何人都不可能拥有足以应对社会发展的知识。因此,必须通过学习,不断丰富自己。

通过终身学习,可以促进自己的学识、能力和素质的全面发展,提升个人的社会竞争力,适应飞速发展的社会,进而实现个人梦想。

 总结案例

不让一日闲过

怎样才算是在一天中没有闲过呢?齐白石对自己提出了一个标准,就是每天要挥笔作画,一天至少要画五幅。虽然他已经九十多岁了,但他还一直坚持这么做。

有一次,齐白石的家人、朋友和学生来给他过90岁生日,在喜庆的气氛中,他一直忙到很晚才把最后一批客人送走。这时他想,今天五幅画还没有完成呢,应该作完画再睡觉,于是他拿起笔作画,由于过度疲劳,难以集中精力,在家人的一再劝阻下,他才去休息。

第二天,齐白石早早地起床了,他顾不上吃饭,先到画室去作画,家里人都劝他先吃饭,他却不肯歇一歇。总算五张画画完了,家人都长长地松了一口气,等着他吃饭。谁知他摊纸挥毫又继续作起画来。家里人怕他累坏了,都说:"您不是已画够五张了吗?怎么还画呀?"

老人轻轻抬起头说道:"昨天生日,客人多,没作画,今天追画几张,以补昨天的'闲过'。"说完,他低下头继续作起画来。

分析: 齐白石正是凭着这种勤奋精神,每天坚持作画至少五幅,生命不息笔不辍,勤劳是齐白石一辈子艺术生活的特点,在长期的艺术实践中,他不断刻苦努力,终身学习,至老不衰。在七十余年的画画生涯中,他差不多天天都要作画。对艺术孜孜不倦的追求使得齐白石的画越作越精,受到了世界人民的喜爱。作为生活在人工智能时代的大学生更应该养成终身学习的习惯,做一名合格的社会主义现代化的建设者和接班人。

 **课堂活动**

沙盘活动——做学习的选择题

一、活动目标

正确认识终身学习；探索正当与非正当情况下，如何应对。

二、活动时间

建议 30 分钟。

三、活动过程

1. 教师准备人生初始卡片（例如主动学习、自我探索、不断更新等）、经历卡片（例如参加义务教育、获得人生荣誉、遭遇人生变故等）、选择牌（"接受"或"不接受"）。

2. 每位学生可选择初始 3~5 张卡牌作为自己的初始卡片，根据老师一段段的指令经历，学生为此做出选择，从而进行分组。

3. 通过经历卡片与选择卡片，老师将不同选择的学生进行分组，从而获得不一样的人生。

4. 每一组人生结局，选择 1~2 名学生进行分享，告诉大家自己为什么这样选择，自己的想法是什么，是否有同样的伙伴，等等。

5. 在经历不同的经历卡片时，不同选择会影响手中原有卡片的保留或失去。

6. 教师进行归纳、分析和总结，引导学生认识终身学习的重要性。

参考文献

[1] 刘向兵. 劳动的名义[M]. 北京：中国工人出版社，2018.
[2] [苏]B.A.苏霍姆林斯基. 苏霍姆林斯基论劳动教育[M]. 萧勇，杜殿坤译. 北京：教育科学出版社，2019.
[3] 彭新宇，陈承欢，陈秀清. 职业素养的诊断与提高[M]. 北京：电子工业出版社，2018.
[4] 罗小秋，职场安全与健康[M]. 北京：高等教育出版社，2014.
[5] 本书编写组. 马克思主义基本原理概论[M]. 北京：高等教育出版社，2013.
[6] 檀传宝等. 劳动创造美好生活[M]. 北京：中国劳动社会保障出版社，2019.
[7] 顾明远，边守正. 陶行知选集[M]. 北京：教育科学出版社，2011.
[8] 李珂. 嬗变与审视[M]. 北京：社会科学文献出版社，2019.
[9] 刘艾玉. 劳动社会学教程[M]. 北京：北京大学出版社，2004.
[10] 刘向兵等. 新时代高校劳动教育论纲[M]. 北京.社会科学文献出版社，2019.
[11] [美]Robert D. Lock. 把握你的职业发展方向[M]. 钟谷兰，曾垂凯，时勘，等，译. 北京：中国轻工业出版社，2006.
[12] 成志明. 苏宁：背后的力量——组织智慧[M]. 北京：中信出版社，2011.
[13] 董克用，李超平. 《人力资源管理概论（第三版）》学习指导与案例[M]. 北京：中国人民大学出版社，2013.
[14] 李艳. 人力资源管理工具大全[M]. 北京：人民邮电出版社，2009.
[15] 潘新民. 世界500强人力资源总监管理笔记2[M]. 北京：化学工业出版社，2014.
[16] 王志杰等. 职业素养基本训练[M]. 北京：中国劳动社会保障出版社，2015.
[17] 姚裕群等. 人力资源管理与劳动保障案例集[M]. 北京：清华大学出版社，2015.
[18] 姚裕群. 人力资源开发与管理通论[M]. 北京：清华大学出版社，2016.
[19] [德]克里斯托弗·迈内尔，[德]乌尔里希温伯格，[德]蒂姆·科罗恩. 设计思维改变世界[M]. 平嬿嫣，李悦，译. 北京：机械工业出版社，2017.
[20] [美]布朗温·卢埃林，[美]罗宾·霍尔特. 适合比成功更重要[M]. 古典译. 北京：中信出版社，2013.
[21] [美]德鲁·博迪，[美]雅各布·戈登堡. 微创新：5种微小改变创造产品[M]. 钟丽婷，译. 北京：中信出版社，2014.
[22] [美]菲利普·科特勒、营销管理[M]. 梅汝和，梅清豪，周安柱，译. 北京：中国人民大学出版社，2001.

［23］［美］凯文·凯利. 必然［M］. 周峰，董理，金阳，译. 北京：电子工业出版社，2016.
［24］［美］克莱顿·克里斯坦森，（加）迈克尔·雷纳. 创新者的解答［M］. 李瑜偲，林伟，郑欢，译. 北京：中信出版社，2013.
［25］［美］克莱顿·克里斯坦森. 创新者的窘境［M］. 胡建桥，译. 北京：中信出版社，2014.
［26］［英］马特·里德利. 自下而上：万物进化简史［M］. 闾佳，译. 北京：机械工业出版社，2017.
［27］包季鸣. 领导力与职业责任［M］. 上海：复旦大学出版社，2012.
［28］曹建华. 职业素质教育［M］. 北京：国防工业出版社，2015.
［29］陈川雄. 职业素质拓展［M］，北京：高等教育出版社，2014.
［30］陈春花，曹洲涛，曾昊. 企业文化［M］. 北京：机械工业出版社，2010.
［31］陈烈强. 高职创业教育与实践［M］. 广州：华南理工大学出版社，2014.
［32］陈松，张大红. 移动互联网背景下市场营销策略创新性研究［J］. 人民论坛·学术前沿，2018（7）.
［33］陈涛涛. 世界500强企业面试笔试攻略［M］. 北京：中国法制出版社，2015.
［34］陈一鸣. 硅谷最受欢迎的情商课［M］. 北京：中信出版社，2013.
［35］陈苡，史豪慧. 市场营销学［M］. 广州：暨南大学出版社，2015
［36］陈宇，姚臻. 就业与创业指导［M］. 北京：外语教学与研究出版社，2014.